AF315680

CAUSES CRIMINELLES

CÉLÈBRES

DU XIXe SIÈCLE.

II.

PARIS, IMPRIMERIE DE DECOURCHANT,
Rue d'Erfurth, n° 1, près l'Abbaye.

CAUSES CRIMINELLES

CÉLÈBRES

DU XIXe SIÈCLE,

RÉDIGÉES

PAR UNE SOCIÉTÉ D'AVOCATS.

TOME SECOND.

Paris,

H. LANGLOIS FILS ET Cⁱᵉ, ÉDITEURS,

RUE D'ANJOU-DAUPHINE, Nº 13.

M D CCC XXVII.

PROCÈS

DU

GÉNÉRAL SARRAZIN.

NOTICE

SUR

LE GÉNÉRAL SARRAZIN.

Aux vivans comme aux morts on ne doit que la vérité ; tous, sans doute, méritent que l'on s'exprime à leur égard avec quelque indulgence et quelque ménagement, lorsqu'une courte erreur est venue, par un concours de circonstances fortuites, obscurcir une vie jusqu'alors, et depuis, conforme aux principes de la vertu ; mais il n'en est peut-être de même à l'égard de l'homme qui, violateur de ses sermens les plus sacrés, a indignement trahi l'honneur et trafiqué de l'intérêt de sa patrie ; qui, couvert de ce crime, le plus infâme qu'on puisse qualifier, rentre au milieu de ses concitoyens, pour leur donner le spectacle douloureux du scandale et du mépris des lois conservatrices de la morale ; celui-là, fût-il vivant, n'a droit à aucune considération, et le général Sarrazin, quoique la mort ne l'ait pas encore arraché à l'infamie qui le flétrit, ne doit s'attendre qu'à l'inflexible impartialité. Toute sévère qu'elle soit, ce serait donner au vice de funestes encouragemens que d'user d'égards envers un grand coupable en esquissant les prin-

cipaux traits de sa vie et l'histoire du procès criminel
qui a mis le terme à son existence civile.

SARRAZIN (Jean) est né au bourg de Saint-Sylvestre,
département de Lot-et-Garonne, le 15 août 1770, de
parens cultivateurs. A l'âge de seize ans il s'engagea
dans le 5e régiment de dragons, et fut réformé l'année
suivante (1787), le 14 septembre. A cette époque il alla
s'établir à la Réole, département de la Gironde, où il
exerça la profession de maître de mathématiques, et obtint ensuite, le 1er septembre 1790, la place de profes-
seur de mathématiques à l'école de Corrèze, que dirigeaient alors des Bénédictins. Cette circonstance fit dire
plus tard qu'il avait été moine, mais ce fait n'est nullement prouvé. Cependant, deux ans après, il quitta cet
emploi pour suivre le mouvement général qui dirigeait
alors presque tous les Français vers les frontières, et il
se rendit à l'armée du Nord. Si l'on en croit Sarrazin,
il fut alors appelé à Châlons, pour l'instruction des as-
pirans à l'école d'artillerie, et il se trouvait dans cette
place lorsque, après la prise de Verdun, les habitans de
Châlons formèrent un bataillon dont il fut nommé ad-
judant-major, fonctions qu'il remplit jusqu'au 20 septembre 1792, que ce bataillon fut dissous. Mais ce qu'il
y a de bien certain, c'est que Sarrazin fut fait à Metz
lieutenant d'une compagnie franche, dite de *Saint-
Maurice*, à la fin de 1792, et capitaine de la même
compagnie le 18 mars 1793; c'était alors la pluralité
des voix qui décidait les nominations.

Il paraît que, dès son entrée au service, Sarrazin donnait déjà des marques de cet esprit inquiet et tracassier

qu'il a constamment montré dans sa carrière militaire.
Il avoue lui-même, dans un mémoire signé de lui et
présenté au gouvernement, que, pour avoir pris part
à des réclamations qui parurent séditieuses, il fut cassé
et dégradé par ordre du général Houchard, en 1793,
et forcé de servir comme simple soldat. Bientôt après,
il rejoignit, à Châtillon, département des Deux-Sèvres,
la compagnie franche des chasseurs de la Gironde,
assista à différentes affaires à l'armée de la Vendée,
passa ensuite en qualité de secrétaire auprès du général Marceau, et enfin fut nommé adjoint aux adjudans-
généraux, le 9 prairial an 2. Au mois de fructidor de
la même année, il fut promu au grade d'adjoint de
première classe au corps du génie, par le représentant
du peuple Gilet, en mission près de l'armée de Sambre-
et-Meuse; le même représentant le nomma, l'année
d'après, adjudant-général chef de bataillon, en considération des témoignages que le général Marceau avait
rendus de sa conduite après l'expédition de Coblentz :
sa nomination ne tarda pas à être confirmée par le
comité de salut public, et, le 25 prairial suivant, il obtint le brevet d'adjudant-général chef de brigade.

Après avoir fait les campagnes de l'an 3, de l'an 4
et de l'an 5, aux armées de Sambre-et-Meuse et d'Italie, Sarrazin reçut, en l'an 6, l'ordre de se rendre à
Rochefort pour y servir dans une des divisions desti-
nées à effectuer une descente en Angleterre. Il fut du
petit nombre des Français qui opérèrent leur débar-
quement en Irlande, et il fut nommé par le général
Humbert général de brigade à la prise de Killala, et

général de division à l'affaire de Castlebar, où il enleva un drapeau à la cavalerie ennemie. Mais à son retour en France, il trouva le Directoire exécutif peu disposé à confirmer un avancement aussi rapide. Alors, il demanda à servir comme adjudant-général à l'armée d'Italie, que commandait le général Joubert. Chargé de conduire un corps de troupes à l'armée de Rome, il fit avec cette armée la campagne de l'an 7, à Naples, et fut nommé général de brigade sur le champ de bataille, après l'affaire de la Trébia. A la même époque il contracta son premier mariage avec une demoiselle anglaise nommée *Schwartz*.

La conduite équivoque et tortueuse de Sarrazin à l'armée d'Italie l'exposa à des soupçons humilians pour un militaire ; on l'accusa hautement d'exercer l'odieux métier de délateur : son opposition constante aux ordres de ses chefs fortifia cette opinion. Enfin les désagrémens qu'il éprouva furent tels, qu'ils le forcèrent de demander lui-même à rentrer dans ses foyers. En 1801, il reçut l'ordre de revenir en France, et, quelques semaines après, il lui fut notifié qu'il n'était plus compris sur le tableau des officiers de l'état-major-général.

Rendu à la vie privée, son inquiétude naturelle lui inspira différens projets. Il demanda d'être employé tantôt en Amérique, tantôt dans les Indes orientales ; il témoigna le désir de prendre du service dans les troupes de la république Batave ; mais il n'accomplit aucune de ces résolutions, et il était encore en France, lorsqu'il fut rétabli sur l'état des généraux de brigade , en remplacement du général Colli, nommé général de division. Deux mois après il reçut l'ordre de passer à Saint-Domingue, où il ne resta qu'une année, le mauvais état de sa santé ayant déterminé le général Rochambeau à le renvoyer en France. A son retour, Sarrazin demanda et obtint d'être employé sous les ordres du général Augereau, qui commandait alors au camp formé à Brest. Son caractère porté à la dénonciation lui suscita bientôt de nombreux ennemis, et ce qui auparavant ne reposait que sur des soupçons put se baser sur des certitudes. Dans un mémoire adressé à Bonaparte, sous la date du 23 frimaire an 13, il se déclara l'accusateur des généraux et des administrations de l'armée. Ce mémoire était destiné à rester secret; mais les indiscrétions du délateur ayant révélé une partie des faits qui y étaient contenus, un cri d'indignation s'éleva contre lui et lui ôta le courage de soutenir publiquement le rôle dont il avait eu la bassesse de se charger. Pour éviter l'orage qui le menaçait, il demanda pour la deuxième fois de quitter ses fonctions. Il fut néanmoins maintenu à son poste, et il fit les campagnes de 1805 et de 1806 en Allemagne, d'où le gouvernement le rappela à cause de graves discussions qu'il eut avec le général Heudelet, dans la division duquel il servait.

Malgré les obstacles qui semblaient s'opposer à ce que Sarrazin obtînt dorénavant de l'emploi, le gouvernement lui donna, le 31 octobre 1806, le commandement du département de la Lys, sous les ordres du général Chambarlhac. Il ne se maintint pas davantage dans ce nouveau poste; la mésintelligence qui éclata entre le préfet et lui fit sentir la nécessité de lui donner un autre changement de destination, et il fut envoyé dans l'île de Cadzand. Là, comme ailleurs, sa conduite toujours hors de mesure, ses procédés arbitraires, indisposèrent contre lui les habitans, les autorités et le général Chambarlhac. Les plaintes qui parvinrent au gouvernement déterminèrent encore le changement de sa résidence; il reçut des lettres de service pour la seizième division militaire (1), et fut dirigé sur le camp de Boulogne.

S'il est vrai que jusque là Sarrazin n'avait été que le dénonciateur de ses camarades, il sera permis de croire que son ambition croissant avec son habitude de la trahison, il méditait depuis long-temps l'infamie qu'il allait accomplir. Quelques mois à peine s'étaient écoulés, le gouvernement et les chefs supérieurs de Sarrazin étaient sans inquiétude sur son compte, quand tout-à-coup on apprit qu'abandonnant ses drapeaux, il s'était rendu à bord d'un brick de guerre anglais pour être conduit en Angleterre. Voici comment le général Vandamme, dans son rapport du 11 mai 1810, rendait compte de cet événement :

« Le 10 mai au matin, le général Sarrazin, accompagné d'un domestique nègre, s'est embarqué à la Petite-Garenne, avec un pêcheur du Camier, pour faire

____

(1) Les détails qui précèdent sont extraits d'un rapport adressé, le 30 juin 1810, à S. M. l'empereur et roi, par le duc de Feltre, alors ministre de la guerre.

la pêche. Arrivé au large et ayant aperçu un brick anglais, il a forcé l'équipage de le conduire à bord de ce bâtiment, sous prétexte qu'il avait l'ordre d'aller en parlementaire. Une fois à bord du brick, il a renvoyé son équipage, après avoir donné au patron une déclaration constatant qu'il avait ordonné à ce bateau de pêche de le conduire à bord du brick anglais pour affaire de service. Ces faits sont établis par des rapports. »

Le général Vandamme, probablement pour justifier sa confiance en Sarrazin, terminait ainsi son rapport :

« Cette détermination de cet officier-général a frappé toute l'armée d'étonnement, et ne peut être attribuée qu'à une espèce de frénésie. Les généraux, les officiers, les soldats ne peuvent la concevoir, et moi-même j'éprouve une surprise d'autant plus forte que je recevais de la part de ce général les témoignages les plus certains de son zèle, de son amour pour ses devoirs et de son désir d'assurer le bien du service de S. M. Personne ne déployait une activité plus soutenue, ne s'occupait plus que lui des détails de son commandement, et par les mesures qu'il prenait, ne portait plus à faire croire que ce qu'il faisait tendait à procurer une amélioration de service. »

Sarrazin ne put pas long-temps dissimuler les véritables motifs de sa désertion. Vainement articula-t-il d'abord, et plus tard encore, qu'il n'y avait été contraint que « pour éviter l'humiliation de servir sous les ordres de jeunes gens ses anciens aides-de-camp. » Une aussi puérile excuse n'était pas de nature à être admise, et d'ailleurs la vérité fut bientôt connue. Lâche déserteur du poste qui lui avait été confié, il avait été vendre les secrets de la patrie : plus tard, il osa se faire un titre de gloire de cette action horrible. En 1813 il écrivait la lettre suivante, où, sans la moindre pudeur, il expliquait ainsi sa conduite :

« Ma désertion a été utile au gouvernement anglais, puisque les *plans* que j'ai fournis m'ont mérité plusieurs distinctions honorables, *entr'autres, de dîner avec tous les lords de l'amirauté,* le 2 août 1810, *pour me remercier du plan que j'avais donné pour attaquer l'Ile-de-France, plan qui a complètement réussi : c'est aussi de moi que vient le plan suivi en 1812, par les Russes, pour détruire l'armée de Bonaparte ;* je le remis aux ministres de Sa Majesté en 1810, avec tous les détails de l'attaque par les Français, qui se sont trouvés très-exacts. *Il n'y a rien dans tout cela qui puisse noircir mon caractère. Un bon Anglais ne peut haïr le général Sarrazin.* »

Mais cet homme sans foi et sans honneur, que l'amour de l'or avait rendu traître à son pays, fut puni de sa perfidie par ceux-là mêmes à qui elle devait profiter. Le mépris le plus accablant remplaça les distinctions avec lesquelles il avait été accueilli, et les services auxquels Sarrazin mettait un haut prix furent récompensés par le gouvernement anglais d'une pension provisoire de 12,000 fr.

Pendant que Sarrazin recueillait l'humiliation et la honte à la place des richesses qu'il avait convoitées, et que la France indignée appelait sur sa tête la vengeance des lois, le conseil de guerre permanent de la seizième division militaire, séant à Lille, rendait contre lui, le 15 octobre 1810, un jugement par contumace qui le condamnait à la peine de *mort*, prononcée par les lois pénales de tous les pays, contre les traîtres qui abandonnent leurs drapeaux pour passer à l'ennemi. Dès lors tout espoir de retour semblait perdu pour lui ; pour se dérober à l'état d'abjection dans lequel il était réduit à vivre, il obtint, en 1812, un passeport pour la Suède. Il arriva sur les côtes de ce pays où régnait un Français ; il sollicita la permission de débarquer, et un asile ; tout lui fut impitoyablement refusé : quoiqu'en guerre avec Napoléon, Bernadotte se souvenait que la France était sa première patrie, et le lâche qui l'avait indignement trahie se vit dans la nécessité de retourner en Angleterre, seul lieu qui lui restât où, malgré son indignité, il pût jouir encore de quelque protection.

Qui croirait, si l'évidence n'était là pour l'attester, que le général Sarrazin, après avoir foulé aux pieds les lois de sa patrie, se ferait un jeu de celles de la nation qui le supportait, et violerait enfin toutes les lois divines et humaines, fondant ainsi une réputation qui restera long-temps célèbre, et rappellera ce que le crime et le vice ont de plus scandaleux ?

Nous avons dit que pendant la campagne de l'an 7, en Italie, Sarrazin avait contracté un premier mariage avec une demoiselle anglaise nommée Schwartz. L'acte civil en avait été passé le 4 juin 1799, et, la veille, les

conditions en avaient été réglées par un contrat dans
lequel Sarrazin reconnut avoir reçu du père de sa
future épouse la somme de 28,750 fr. pour sa dot.
Au bout de quelque temps, celle-ci fut délaissée,
et avec elle un enfant, fruit de son malheureux mariage. Lorsque Sarrazin, repoussé par la Suède, retourna, en 1813, en Angleterre, il n'ignorait pas que sa
femme légitime était encore vivante ; cependant, inac-
cessible à aucune crainte, il s'introduisit chez la dame
Hutchinson, qui occupait un appartement dans la même
maison que lui, et, après quelques assiduités, demanda
la main d'une des filles de cette dame, nommée *Georgina.*

La famille Hutchinson était peu riche, mais respectable ; elle tenait aux premières maisons d'Angleterre,
et cette considération décida Sarrazin à passer sur le
défaut de fortune. Nous ne rechercherons point quel
lâche intérêt put le porter à s'engager dans une nouvelle alliance ; nous n'examinerons point non plus par
quelle erreur la famille Hutchinson se résolut à agréer
les démarches d'un homme qui n'apportait à son
épouse qu'un vain titre, une existence précaire et une
réputation souillée. Il suffit de dire que la demoiselle
Georgina accéda aux désirs de Sarrazin ; une longue
suite de douleurs l'a punie assez de son imprudence.

Toutefois, avant que le mariage projeté s'effectuât,
il se présenta une difficulté qui pour tout autre aurait été peut-être insurmontable. La famille Hutchinson professait la religion réformée, tandis que le général Sarrazin était catholique ; elle témoigna le désir

que ce dernier changeât de religion. Aucune considération n'arrête Sarrazin. Il s'empresse de se faire instruire, *et fait son abjuration suivant la formule de
l'Église anglicane, publiquement et pendant le service
divin, dans la paroisse de Sainte-Anne-Westminster.*
Nous pensons qu'il ne sera pas sans intérêt pour le
lecteur de mettre sous ses yeux quelques-unes des questions adressées, lors de cette cérémonie, au nouveau
converti, par le ministre anglican :

D.—Désires-tu vivement être reçu dans la communion de cette Église, comme formant une seconde partie de la sainte Église catholique?

R. — Je le désire vivement.

D. — Abjures-tu les erreurs et les superstitions de
l'Église de Rome actuelle, en tout ce qui peut être parvenu à ta connaissance?

R. — Je les abjure toutes.

Après cette abjuration, Sarrazin reçut le saint sacrement de la communion selon les rites de l'Église anglicane.

Toutes les objections étant levées, l'acte authentique
qui réglait les conditions civiles du mariage ayant été
dressé, Sarrazin conduisit enfin la demoiselle Georgina
à l'autel. Le 26 mai 1813, le mariage fut célébré suivant les formes usitées en Angleterre, où les ministres
du culte remplissent seuls, comme autrefois en France,
les fonctions d'officiers de l'état civil.

Des faits incontestables ont montré quel était le caractère public de Sarrazin.

Maintenant il se développera dans sa vie privée. On

II.   2

verra le mari de la demoiselle Hutchinson joindre auprès d'elle à une avarice sordide une brutale férocité, à
une obsession de tous les jours, une méfiance injurieuse,
en tout temps l'hypocrisie la plus révoltante au cynisme
le plus effronté.

Immédiatement après la célébration du mariage, les
nouveaux époux étaient allés habiter un appartement
que le général Sarrazin avait fait disposer loin de la
maison occupée par la dame Hutchinson. C'est là que
son épouse abusée fit l'épreuve des plus cruelles infortunes : long-temps elle souffrit avec résignation les
traitemens les plus cruels, les privations les plus amères ; plus d'une fois elle souffrit les horreurs du besoin,
son existence même et celle de l'enfant qu'elle portait
dans son sein furent compromises ; mais au milieu de
ses maux, que son attachement à ses devoirs lui faisait
patiemment supporter, une affreuse nouvelle vint bri-
ser son cœur. Jusque là sans défiance sur la validité
de son union, des personnes dignes de foi lui appren-
nent que l'homme dont elle porte le nom avait déjà
été marié en Italie ou en Suisse, et que sa première
femme vit encore. D'autres détails confirment presque
aussitôt les avis qu'elle a reçus ; on lui nomme la femme
avec laquelle le premier mariage a été contracté ; en
un mot, il ne lui reste plus qu'à obtenir les preuves
authentiques de son malheur.

Dans l'affreuse incertitude où la demoiselle Hutchinson se trouvait placée, quel parti lui restait-il à suivre ?
« L'honneur et sa conscience lui inspirèrent la seule
détermination qu'il convenait de prendre ; c'était de

s'éloigner d'un homme qui avait profané ce qu'il y a de plus sacré sur la terre, en lui jurant la foi qu'il avait jurée à une autre ; c'était de cesser une cohabitation légitime sans doute tant qu'elle avait été de bonne foi, mais qui ne devenait plus qu'un commerce adultère dès lors qu'il ne lui était plus permis de se regarder l'épouse d'un homme déjà marié. La demoiselle Hutchinson quitta donc le domicile du général Sarrazin le 9 juillet 1813, et se réfugia dans une maison respectable : elle crut devoir faire un mystère au général du lieu de sa retraite, craignant avec raison que celui-ci n'abusât de son titre d'époux, pour la forcer à reprendre une chaîne que la loi devait protéger tant que la preuve du premier mariage n'était pas rapportée (1). »

Vainement la dame Hutchinson, encore aveuglée sur le compte de Sarrazin, essaya-t-elle de décider sa fille à rentrer dans le domicile qu'elle avait fui : ses supplications, ses ordres furent inutiles. Sarrazin lui-même ne fut pas plus heureux; employant tour à tour les menaces et les prières, tantôt il lui écrit la lettre qui suit, le 23 juillet 1813 :

« Ma chère Georgina, reviens auprès de ton époux : souviens-toi des trois mois qui ont précédé notre mariage : songe aux engagemens sacrés que nous avons contractés au pied des autels... Si tu ne te rends pas à tes devoirs et aux instances de ton époux, la malédiction de ta mère, la haine de lady *Besboroug* (chez

______

(1) Mém. pour la demoiselle Hutchinson.

qui la demoiselle Hutchinson s'était retirée), et le mépris de tous les gens de bien, ne seront que les précurseurs *de la vengeance terrible dont le Ciel punit tôt ou tard les parjures...* Songe, ajoutait-il, que tu portes dans ton sein un gage précieux de notre amour. »

Deux jours après, il écrivait encore à la comtesse de Besboroug :

« Quant à la légitimité de son mariage, qu'elle paraît révoquer en doute à présent..., il est assez singulier qu'elle se tracasse d'une affaire terminée... Georgina est donc ma femme légitime : tout doute à ce sujet m'est injurieux et hors de saison. »

Tantôt, au contraire, furieux de ne rien obtenir, il poursuivait sa victime des imputations les plus outrageantes, et se servait, dans les lettres qu'il lui adressait, de termes que toute personne honnête se refuserait à prononcer. Nous lisons dans les réponses de la demoiselle Hutchinson à ces missives insultantes, les phrases suivantes qui peuvent en donner une idée :

« Il est affreux, disait-elle dans une lettre du 27 août 1813, que vous fassiez passer mademoiselle *Fosse* pour ma m....... Je lui ai tout dit, et elle est bien résolue de se disculper devant la justice. »

Dans une autre lettre en réponse, du 22 septembre suivant, elle s'exprimait en ces termes :

« Je suis fâchée que vous attribuiez mon refus de vous voir à une cause peu honorable. Vos lettres se contredisent tellement, que je ne sais à quoi m'en tenir. Si vous me croyez capable des crimes qu'on me reproche, comment pouvez-vous désirer d'avoir avec vous une personne si indigne de votre confiance? La comtesse de Besboroug s'amusera beaucoup, comme je l'ai fait, en lisant *dans votre lettre* que je couche toutes les nuits dans le lit du comte, tandis que lui et son cheval font ensemble cent ans. Excusez-moi si je refuse une entrevue avec vous... »

Et pourtant le même Sarrazin, à qui on était obligé de répondre ainsi, disait, quelques jours avant, du ton le plus pathétique :

« Tu es ma femme, la moitié de moi-même... Tu as assez de bon sens pour rejoindre la maison de ton mari, quand tu seras persuadée que tu y trouveras le bonheur. Que ce soit demain, dans un an ou dans dix, tu seras toujours reçue à bras ouverts. Je ne t'ai point épousée pour tes richesses ni pour ta beauté, mais pour avoir une compagne qui adoucisse les amertumes de la vie, pendant le peu de temps que j'ai à rester dans ce monde. Que ce ne soit pas le devoir qui te ramène : si cette démarche ne t'est pas dictée par le cœur, reste là où tu peux être heureuse ; ton bonheur me sera toujours plus cher que le mien. »

Cependant, le 14 mars 1814, la demoiselle Hutchinson donna le jour à une fille. Le général Sarrazin en fut immédiatement informé, et la mère de son enfant réclama pour lui des secours qu'elle n'avait jamais sollicités pour elle-même. Mais à cette même époque Sarrazin quitta l'Angleterre, sans songer que la nature et l'humanité lui imposaient le devoir de ne pas abandonner aux horreurs de la misère deux in-

fortunées auxquelles il avait ravi tout espoir de bonheur.

Rentré en France à la suite de nos rois, Sarrazin dut
à une erreur du gouvernement (erreur que dans ce volume nous aurons deux fois à déplorer) de voir un instant sa félonie oubliée : à la surprise générale, son
nom reparut sur les tables de l'armée française, et une
ordonnance du Roi, sous la date du 1er février 1815,
lui rendit tous ses droits civils et militaires, et prescri-
vit qu'il ne serait donné aucune suite à son passage en
Angleterre. Alors, bravant le mépris, il étalait le luxe
d'un officier-général; et déjà confirmé dans le dessein
de nier les engagemens solennels qu'il avait contractés
sur une terre étrangère, son cœur, fermé à la pitié,
repoussait la suppliante prière que lui adressait sa
victime. « Ma dernière lettre, disait mademoiselle Hutchinson, vous peignait si bien l'étendue de mes souffrances et de ma misère, que, si elle n'a pu vous déterminer à faire quelque chose pour votre pauvre enfant
et pour moi, je n'ai rien à espérer de la démarche que
je fais aujourd'hui auprès de vous... Je vous écris pour
vous déclarer solennellement que nous sommes, *mon
enfant et moi, sans nourriture et sans feu;* je pourrais
ajouter sans asile, car, n'ayant pu payer le loyer, je suis
à la merci de mon propriétaire... Je n'ai aucune ressource : *faudra-t-il envoyer votre enfant à la paroisse
et mendier mon pain!* Jusqu'à présent j'ai travaillé pour
soutenir notre existence; *mais je succombe de chagrin
et de fatigue...* Si votre cœur n'est pas plus dur qu'un
rocher, vous aurez pitié de notre misère... »

Le temps s'approchait où Sarrazin allait enfin commencer à recevoir le prix réservé à ses criminelles déloyautés. La révolution de 1815 le trouva à Paris, et l'ordre fut donné par le gouvernement d'alors, qui n'avait pas oublié la trahison de 1810, de le constituer prisonnier à l'Abbaye. Il recouvra sa liberté à l'époque de la seconde restauration, mais ce ne fut que pour retomber dans une plus grave disgrâce. Le 12 avril 1816, il reçut l'ordre du lieutenant-général commandant la première division militaire, de quitter Paris, et de se rendre au lieu de son domicile, et cet exil fut suivi, au mois de février 1817, de sa radiation des contrôles de l'armée.

Le traitement qu'il recevait en qualité de maréchal-de-camp fut aussi supprimé. Cependant, dénué de toute sorte de fortune et justement privé de son grade, Sarrazin trouva encore le moyen d'abuser de la bonne foi d'une troisième femme. Il épousa, le 14 mai 1817, devant le maire de Pennes, département de Lot-et-Garonne, la demoiselle Marie Delard; de cette nouvelle union naquit aussi un enfant.

Mais la demoiselle Hutchinson, désespérée de ne recevoir aucune réponse à ses nombreuses lettres; considérée en quelque sorte comme étrangère dans sa patrie, parce qu'elle avait uni son sort à un étranger; frappée, par son titre d'épouse, d'une sorte d'incapacité pour partager le patrimoine de sa famille qui venait de lui être dévolu, et ainsi totalement dépourvue de ressources, se décida à se rendre en France pour faire valoir les droits résultant de son mariage, nul sans doute à cause de l'existence d'une première union, mais qu'on lui assurait devoir produire ses effets civils pour sa fille et pour elle, puisqu'elle l'avait contracté de bonne foi.

La demoiselle Hutchinson arriva à Paris en 1816; toutes ses démarches et celles de ses conseils furent inutiles pour déterminer Sarrazin à reconnaître, autant qu'il dépendait de lui, les droits de la femme qu'il avait abusée, et ceux de sa fille. Enfin il revint lui-même à Paris en 1818, et de nouvelles propositions lui furent faites. Ce fut alors qu'il les repoussa par la dénégation la plus indécente de la qualité de la demoiselle Hutchinson, et bientôt après n'avoir ménagé contre elle ni l'injure, ni la calomnie, il en vint au point de lui faire craindre que sa sûreté et celle de son enfant ne fussent compromises. En effet, les faits dont elle rendit compte dans les mois d'août et de septembre 1818 parurent assez graves pour que son excellence le duc de Richelieu crût devoir en référer aux ministres de la justice et de la police générale; il invita même ce dernier à vouloir bien donner les ordres nécessaires pour que madame *Georgina Sarrazin* fût désormais à l'abri des violences qu'elle paraissait redouter de la part de son mari.

Dans des circonstances aussi douloureuses, la demoiselle Hutchinson n'avait plus qu'une seule ressource, celle d'invoquer la protection efficace des lois et de la justice : le 7 août 1818, elle porta sa plainte aux magistrats contre le général Sarrazin :

« Pour avoir contracté légalement mariage avec elle

lorsqu'il était lui-même dans les liens d'un mariage légal avec la demoiselle Cécile-Charlotte Schwartz, native de Coire, lequel avait été contracté devant l'église et civilement, à Livourne, le 4 juin 1799 ; et subsidiairement, pour avoir contracté un troisième mariage dans le cours de l'année 1817, selon la notoriété publique. »

Sur cette plainte, M. le procureur-général dirigea d'office une poursuite en bigamie contre le général Sarrazin, qui fut arrêté et conduit à la prison de la Force le 8 octobre suivant. L'instruction qui s'établit ne tarda pas à confirmer les faits allégués par la demoiselle Hutchinson ; mais pendant ce temps, Sarrazin, pour en atténuer autant que possible l'évidence, se livrait à tous les excès du mensonge et de la calomnie. Le jour de son arrestation il avait subi un interrogatoire dans lequel il avait soutenu qu'il n'y avait point eu de mariage contracté avec la demoiselle Schwartz ; que l'acte de célébration de Livourne était nul ; qu'il n'avait pris, à Londres, la demoiselle Hutchinson qu'à titre de femme entretenue ; qu'il n'avait point signé l'acte de son apparition avec elle devant un prêtre protestant ; enfin qu'il ne reconnaissait pour son épouse légitime que la demoiselle Delard. Mais plus tard, publiant mémoire sur mémoire, prétendant qu'il était victime d'une odieuse persécution, il essaya de flétrir la réputation des deux femmes sur lesquelles il avait déjà attiré tant de maux. Ainsi il représenta la demoiselle Schwartz comme une Anglaise « qui l'avait suivi en Italie, où elle était venue d'Excester, et qui se proclama son épouse quand il fut parti de Bologne, quoiqu'il eût écrit, peu de temps auparavant, qu'il l'épouserait à son retour si elle se conduisait en honnête femme. » Il ajoutait, en niant toujours son mariage avec elle, qu'il n'était pas concevable qu'un officier-général français se mariât en pays étranger, avec une étrangère sans fortune et sans beauté, et sans le concours de l'officier de l'état civil de l'armée; que toutes les machinations de ses adversaires ne pouvaient lui créer un mariage à Livourne.

Toutefois le général Sarrazin chercha à accabler plus particulièrement la demoiselle Hutchinson sous les traits de la calomnie. Nous ne rapporterons point quelles furent les allégations qu'il renouvela publiquement contre cette infortunée; on a pu en juger par ce qui précède : ce sera assez de dire qu'après avoir fait tous ses efforts pour la représenter comme une femme perdue de mœurs, il la qualifia d'espion de la police de Londres, et d'agent dépêché par le gouvernement anglais pour susciter sa ruine.

Mais que pouvaient toutes les divagations de Sarrazin contre des actes authentiques, contre les preuves matérielles de son crime? La demoiselle Hutchinson, indignement outragée, en démontra l'absurdité dans un mémoire aussi fort de pensées que de logique, dû au talent distingué d'un des avocats les plus remarquables du barreau de Paris, M° Coffinières ; et, l'instruction étant terminée, la cour royale de Paris en fit justice en renvoyant Sarrazin devant la Cour d'assises du département de la Seine, sous l'accusation du crime qui lui était imputé.

En désespoir de cause, Sarrazin déféra l'arrêt de renvoi qui venait d'être rendu, à la Cour de cassation. Les motifs de son pourvoi étaient tous de pure chicane, néanmoins l'un d'eux parut à la demoiselle Hutchinson susceptible de quelque discussion.

Il s'agissait de savoir si un Français qui a épousé une étrangère lorsqu'il était déjà engagé par les liens d'un premier mariage peut être poursuivi en France comme coupable de bigamie...

Voici comment M⁰ Coffinières résolvait cette question, qui touche de si près aux intérêts les plus précieux des familles, et qui, par la manière dont elle est traitée, ne sera pas sans intérêt pour nos lecteurs, même les moins familiarisés avec les débats judiciaires.

« On invoque pour la négative l'art. 7 du Code d'instruction criminelle, ainsi conçu : « Tout Français qui se sera rendu coupable, hors du territoire du royaume, d'un crime contre un Français, pourra, à son retour en France, y être poursuivi et jugé s'il n'a pas été poursuivi et jugé en pays étranger, et si le Français offensé rend plainte contre lui. »

» Mais on peut soutenir avantageusement pour l'affirmative que, si l'étranger à l'égard duquel le délit ou le crime aurait été commis se trouve tacitement exclu, par cet article, du droit de porter sa plainte devant les tribunaux français, sa disposition n'est pas applicable à l'étrangère qui a épousé un Français engagé dans les liens d'un premier mariage.

» En effet, aux termes de l'article 12 du Code civil, l'étrangère qui épouse un Français suit la condition de son mari, c'est-à-dire que par le fait même de son mariage elle acquiert la qualité de Française.

» Vainement dira-t-on qu'elle était étrangère au moment où le crime a été commis.

» Mademoiselle Hutchinson n'était pas étrangère, surtout à l'égard du général Sarrazin ; en effet, le crime de bigamie n'a lieu qu'au moment où le mariage est contracté, au moment où l'acte de célébration est rédigé. Hé bien, c'est dans ce même instant, indivisible, que la qualité de Française est acquise à l'étrangère par le fait même du mariage. C'est donc une femme devenue française qui se trouve offensée par l'acte même qui lui confère cette qualité, et on ne peut dès lors exciper contre elle de la disposition de l'article 7 du Code d'instruction criminelle.

» On ajoutera une autre considération puisée dans l'esprit de la loi : si, en argumentant de l'article dont il s'agit, on refuse à un étranger le droit de poursuivre devant nos tribunaux le Français qui se serait rendu coupable à son égard d'un délit ou d'un crime, c'est parce qu'il n'a pas son domicile en France, et qu'il n'a aucun droit à la protection des lois dans un royaume auquel il est étranger.

» Mais telle n'est pas la situation de la femme mariée à un Français : elle a de droit son domicile en France, puisque, aux termes de l'article 108 du Code civil, elle n'a pas d'autre domicile que celui de son

mari : elle doit être aussi protégée par les lois françaises, car elle est soumise à ces lois par cela seul
qu'elle suit la condition de son mari ; donc on ne peut
lui opposer la fin de non-recevoir, qui n'est applicable
qu'aux étrangers.

» Pour se convaincre combien serait rigoureuse et
même injuste l'application de l'article 7 du Code d'instruction criminelle au cas dont il s'agit ici, suppo-
sons qu'après avoir contracté mariage en pays étranger, les époux se fussent fixés en France depuis un
grand nombre d'années, et que la femme n'eût découvert l'existence du premier mariage contracté par son
conjoint qu'après dix années de résidence en France.
Certes, dans une telle situation, il y aurait une sorte
de déni de justice à renvoyer devant les tribunaux du
pays où le mariage aurait été contracté, celle qui devrait reconnaître la juridiction d'un magistrat français
pour toutes les actions ordinaires ou extraordinaires
qu'elle aurait à soutenir ou à poursuivre ; et cependant
il faudrait lui interdire le droit de porter sa plainte en
bigamie devant les tribunaux français, si, distinguant
en elle deux titres et deux états différens dans un instant indivisible (celui où le mariage a été célébré), on
lui opposait qu'elle était étrangère à l'époque où le
crime a été commis.

» Plusieurs dispositions du Code civil semblent d'ailleurs protéger, dans l'espèce dont il s'agit, l'action du
ministère public aussi bien que l'action de la partie
civile.

» Et d'abord, relativement au ministère public, on

peut invoquer l'article 3, troisième alinéa, du Code civil, ainsi conçu : « *Les lois concernant l'état et la capacité des personnes régissent les Français même résidant en pays étranger.* »

» Être régi par une loi, c'est nécessairement être soumis à la juridiction des tribunaux qui sont chargés de l'appliquer.

» Ainsi, quand l'infraction des lois, de la nature de celles dont parle la disposition qu'on vient de citer, peut donner lieu à une action civile, nul doute que le Français auquel une telle infraction peut être imputée ne soit justiciable des tribunaux civils français.

» Et lorsque l'infraction de la loi qui règle l'état et la capacité des personnes constitue un délit ou un crime, sans doute cette infraction ne saurait être impunie, et, à cet égard, le Français devient nécessairement justiciable des tribunaux correctionnels ou criminels français dans les attributions desquels est placée la connaissance du délit ou du crime.

» Or, l'article 147 du Code civil, qui défend de contracter un second mariage avant la dissolution du premier, est bien au nombre des dispositions législatives *qui règlent l'état et la capacité des personnes,* puisqu'il frappe d'une incapacité absolue, à l'effet de contracter un second mariage, celui qui se trouve dans les liens d'un mariage encore subsistant ; et puisque l'infraction de cet article constitue le crime que les lois pénales qualifient *bigamie,* il faut bien nécessairement en conclure que le ministère public a une action contre tel Français qui a commis ce crime en épousant une étrangère, car il a *enfreint une disposition législative qui le régit même en pays étranger.*

» Cet article ne distingue pas les diverses espèces d'actions auxquelles peuvent donner lieu les obligations contractées par un Français en pays étranger, non plus que les tribunaux compétens pour connaître de ces actions.

» De sa disposition générale, on peut donc tirer cette conséquence, que si l'obligation entre un Français et un étranger donne seulement naissance à une action civile, les tribunaux civils sont seuls compétens pour en connaître ; de même que si elle donne lieu à une action correctionnelle ou criminelle, le Français qui a souscrit cette obligation devient justiciable des tribunaux correctionnels ou criminels français.

» Par exemple, si un Français a contracté un engagement en pays étranger, l'étranger au profit duquel il a été souscrit peut le traduire devant les tribunaux civils français, pour le contraindre à l'exécuter. Mais si cet engagement peut servir de base à une action extraordinaire, comme s'il s'agissait d'usure, d'escroquerie ou de faux de la part du Français, l'étranger ne peut être privé du droit de le poursuivre devant les tribunaux français chargés de la répression des délits ou des crimes.

» Il doit en être de même du mariage, qui est au nombre des contrats civils et qui soumet les deux époux à des obligations respectives.

» Sans doute les diverses actions civiles auxquelles le mariage peut donner lieu, telles qu'une demande en pension alimentaire, en séparation de biens, pourraient être valablement portées devant les tribunaux civils de France, par l'étrangère qui a épousé un Français.

» Hé bien, il doit en être de même des actions extraordinaires, puisque l'article cité n'établit aucune distinction, dès lors que ces actions se rattachent à une obligation souscrite par un Français en pays étranger.

» Le droit de demander l'exécution d'une obligation contre celui qui l'a souscrite se lie nécessairement au droit d'en demander la nullité, dans les cas déterminés par la loi; et quand la demande en nullité est fondée, il y a lieu à accorder des dommages-intérêts à la partie qui a souffert un préjudice quelconque.

» Appliquons à l'espèce ces principes qui peuvent être susceptibles de controverse.

» L'étrangère qui a épousé un Français pourrait incontestablement, ainsi qu'on l'a déjà dit, poursuivre contre lui, devant les tribunaux français, l'exécution des obligations qui naissent du mariage.

» Elle pourrait aussi faire prononcer la nullité de ce même mariage, dans les cas prévus par la loi, par exemple, si son conjoint avait précédemment contracté un mariage non légalement dissous; et certes, si sa demande était accueillie, on ne pourrait lui refuser des dommages-intérêts.

» Or, tel est précisément le double but que la demoiselle Hutchinson se propose en intervenant, comme partie civile, dans l'accusation en bigamie dirigée contre son mari; car son intervention ne peut avoir pour objet de solliciter l'application des lois pénales, mais de demander des réparations civiles pour le dommage qu'elle a souffert.

» Ainsi, on pense que l'action de la partie civile est recevable dans l'espèce, sous ce double point de vue, qu'il s'agit pour la femme de l'effet d'une obligation contractée envers elle par un Français, et qu'on ne peut la considérer comme une étrangère, dans le sens de l'article 7 du Code d'instruction criminelle.

» D'où il suit qu'il ne peut être opposé aucune fin de non-recevoir au ministère public, soit parce qu'il est saisi par la plainte rendue par une Française contre un Français, soit parce qu'il peut poursuivre d'office devant les tribunaux français les infractions commises par un Français, même en pays étranger, aux lois qui concernent l'état et la capacité des personnes, et qu'il s'agit ici d'une infraction de cette espèce. »

Ces principes devaient triompher, et triomphèrent effectivement devant la Cour suprême des arguties de Sarrazin. En conséquence cet accusé fut assigné devant la Cour d'assises de la Seine, au 23 juillet 1820, pour répondre sur l'accusation en bigamie portée contre lui, mais à raison seulement de ses deux mariages avec les demoiselles Schwartz et Hutchinson, le troisième, avec la demoiselle Delard, ayant été considéré par la justice comme nul, attendu le cas de mort civile dans lequel se trouvait Sarrazin, par suite de la condamnation à mort portée contre lui, par contumace, par le Conseil de guerre de la seizième division militaire.

FIN DE LA NOTICE.

PROCÈS

DU

GÉNÉRAL SARRAZIN.

Le jour arriva où Sarrazin, après avoir dérobé sa tête à l'échafaud, allait s'asseoir sur le banc du crime et recevoir la peine due à ses coupables actions. Une affluence considérable de spectateurs, parmi lesquels on remarquait beaucoup de dames mises avec une élégante recherche, assistait aux débats de ce procès. On s'attendait à ce que les trois épouses de Sarrazin viendraient faire leurs dépositions à la justice; cependant la demoiselle Hutchinson seule comparut. A son entrée dans la salle avant l'ouverture de l'audience, tous les regards se portèrent sur elle avec intérêt : c'était une fort belle personne, qui joignait aux grâces et à la tournure la plus séduisante une physionomie que rendaient encore plus touchante les malheurs dont elle rappelait le souvenir.

Après que les magistrats eurent pris leurs places, Sarrazin fut introduit. Sa figure, dont les traits fortement prononcés respiraient toute autre chose que la douceur et la modestie, fut loin de produire sur l'as-

semblée une impression favorable. Il portait un habit
de général sans épaulettes ni décorations : « *C'est par
respect pour le Roi*, dit-il, que je me présente ici sans
les attributs de mon grade et les marques d'honneur qui
m'ont été décernées. » Sarrazin était assisté de Me Claveau, avocat, dont les talens sont appréciés à juste titre, et qui avait été chargé *d'office* de la défense de
l'accusé.

Après le serment de messieurs les jurés, et les premières questions d'usage ayant été adressées à Sarrazin ;
après la lecture de l'arrêt et de l'acte d'accusation, basé
sur les faits que nous avons indiqués dans la notice qui
précède, l'accusé demanda la parole pour exposer des
moyens préjudiciels. Ces moyens portaient d'abord sur
ce qu'il était mort civilement lorsqu'il a contracté mariage avec les demoiselles Hutchinson et Delard ; sur ce
qu'il devait être jugé par les jurés de Lot-et-Garonne,
ses juges naturels ; et surtout sur ce que la demoiselle
Hutchinson, partie plaignante et étrangère, ne pouvait pas être admise à plaider devant les tribunaux de
France, contre un Français, sans fournir caution, et
qu'il fallait qu'elle donnât caution pour 600,000 fr.,
somme à laquelle il arbitrait les dommages et intérêts
qu'il aurait à répéter contre elle pour l'avoir dénoncé.

Cet incident jugé sur les conclusions de M. *de Broé*,
avocat-général, Sarrazin, ne perdant pas courage,
en éleva un autre : il rappela qu'il s'était inscrit en
faux contre les expéditions des actes qui constataient
ses deux mariages à Livourne et à Londres ; qu'un arrêt de la Cour royale, confirmé par la Cour de cassa-

tion, avait admis l'inscription de faux, et avait ordonné qu'il serait sursis au jugement de l'accusation
de bigamie jusqu'à ce qu'il eût été statué sur cette inscription.

La Cour, après avoir entendu sur cette difficulté
M. l'avocat-général, et Mes Coffinières pour la demoiselle Hutchinson, et Claveau pour Sarrazin, et après
en avoir délibéré, ordonna qu'il serait passé outre aux
débats.

Il fut procédé alors à l'appel des témoins, et M. le
président passa à l'interrogatoire de l'accusé.

M. le président. Général Sarrazin, vous êtes accusé
de bigamie : je vous rapporte les actes de votre premier mariage; vous les expliquerez : efforcez-vous de
prouver que cet hymen n'a pas existé. Quand vous aurez rempli cette tâche, nous passerons au mariage contracté avec mademoiselle Hutchinson. Je crois qu'il n'est
pas dans votre intérêt de vous jeter dans des digressions
étrangères au procès.

M. le président, pour commencer à établir la preuve
du premier mariage, fait introduire *Me Cambet,* notaire, dépositaire de l'expédition du contrat. Cette expédition est déposée sur le bureau et transmise à l'accusé.

Le général Sarrazin. C'est un acte sous seing privé,
et non un contrat de mariage. C'est là qu'est le faux.
En 1799, je commandais l'avant-garde de l'armée d'I-
talie; on allait livrer bataille; j'avais 60,000 francs
à déposer : pour qu'on ne me les escamotât pas, je les
plaçai chez *M. Schwartz.* On dit : Il y a une demoi-

selle, il faut faire une espèce de fiançailles, les fonds seront plus assurés.

M. le président. Que craigniez-vous pour votre argent? les troupes françaises n'étaient-elles pas encore à Livourne?

Le général Sarrazin. Oui ; mais les Autrichiens nous canonnaient. Je ne suis resté que six heures dans la ville, et certes on ne se marie pas en aussi peu de temps. Cet acte, je le repète, est sous seing privé; un notaire n'y figure pas.

M. le président. Non, mais il y a un officier public, un avoué : le mariage est contracté suivant les lois d'Italie. Je vais d'ailleurs vous opposer vos propres aveux; ils sont consignés dans une lettre que vous avez écrite à M. le chancelier : « Quand j'ai cohabité avec les demoiselles Hutchinson et Schwartz, dites-vous dans cette lettre, nous étions en guerre avec les Anglais, et tout était de bonne prise. J'étais chargé de la partie secrète, et j'avais carte blanche. » Dans un autre passage vous vous exprimez ainsi : « Qu'a à prétendre mademoiselle Hutchinson ? Si les lois françaises valident son mariage avec moi, il est détruit par celui que j'ai contracté antérieurement avec la demoiselle Schwartz. » Vous reconnaissez donc que vous avez épousé la demoiselle Schwartz? Pouvez-vous donner un autre sens à ce passage? Vous dites qu'en guerre tout est de bonne prise; mais en guerre on ne fait pas de contrat, et ici le contrat a toujours précédé la prise de possession. Vous appelez les infortunées que vous avez trompées, de misérables créatures : pour détruire cette injurieuse qualification, il suffit de lire une lettre adressée par la demoiselle Schwartz à M. Gomel.

(M. le président donne lecture de cette lettre, où sont exprimés, avec une touchante sensibilité, la résignation, la douleur la mieux sentie, en apprenant l'arrestation de Sarrazin, et les regrets que mademoiselle Hutchinson n'eût pas, comme elle, pleuré son malheur plutôt que de le venger.)

M. le président dirige ensuite les débats sur le second mariage.

M. le président. Vous vous êtes marié en Angleterre ?

Le général Sarrazin. Je n'étais plus Français.

M. le président. Il est vrai qu'après avoir déserté vos drapeaux, vous cherchâtes les moyens d'inspirer quelque confiance aux Anglais, qui ne vous avaient pas reçu comme vous l'aviez espéré, et qu'à cet effet vous abjurâtes la religion catholique, et déclarâtes que vous renonciez à la France. Ne vous êtes-vous pas marié en Angleterre, le 29 mai 1813, avec la demoiselle Hutchinson ?

Le général Sarrazin. C'est-à-dire j'ai été devant un prêtre.

M. le président. Et vous avez abjuré la religion catholique ?

Le général Sarrazin. Allons, c'est une plaisanterie.

M. le président. Comme je ne plaisante pas, je vous engage à répondre, et à répondre avec décence. Tenez, voici un certificat du prêtre qui vous a marié, dans lequel il atteste que vous avez fait tout ce qu'il fallait pour abjurer les erreurs de la religion romaine, et vous ranger au culte de la religion anglicane.

Le général Sarrazin. Mademoiselle Hutchinson est ici, et si elle dit que j'ai quelquefois mis les pieds dans l'église protestante, je me soumets à tout.

Pour établir son ardeur pour la foi catholique, M. le général Sarrazin donne lecture d'un certificat du curé de Pennes (Lot-et-Garonne), constatant qu'il remplissait exactement tous les devoirs de la religion catholique, apostolique et romaine. « Au reste, continue l'accusé avec humeur, que je sois Juif ou Turc, cela ne vous concerne en rien, et ne fait rien à mon affaire de bigamie. Quand j'étais à Londres, j'allais à la chapelle, cela valait mieux que d'aller au b..... (Tandis que chacun baisse les yeux et murmure, Sarrazin seul, le front levé, ne rougit pas du mot dégoûtant qu'il vient de prononcer, et continue de répondre avec la même impudeur aux questions qui lui sont faites.)

M. le président. Ne vous êtes-vous pas marié avec la demoiselle Hutchinson. — *Rép.* Non.

M. le président. Qu'avez-vous donc été faire devant un prêtre?

Le général Sarrazin. C'était une pure mascarade.

M. le président. Avez-vous signé l'acte?

Le général Sarrazin. C'est ce qu'il faudra reconnaître sur l'original. Si vous me représentez ma signature, je la reconnaîtrai ou je la nierai.

M. le président. Avez-vous touché la dot?

Le général Sarrazin. Au contraire, j'ai habillé la demoiselle Hutchinson à neuf; elle m'a coûté plus de

40,000 fr. pour six semaines; vous conviendrez que c'est payer le plaisir un peu cher.

M. le président. Est-ce ainsi que vous vous justifiez? Je vous ai déjà recommandé de vous exprimer avec plus de décence. Je vais encore chercher la preuve de ce second mariage dans vos propres aveux. Lorsque la demoiselle Hutchinson vous eut quitté, vous lui écrivîtes : voici vos expressions : « Ma Georgina, reviens auprès de ton époux; rappelle-toi les trois mois qui ont précédé notre hymen; souviens-toi des sermens que tu as prononcés au pied des autels. Traite-moi en ami, si tu veux que je te traite en amie; ne me force pas d'user de ce pouvoir que les lois anglaises donnent aux époux outragés. »

Le général Sarrazin. Elle m'avait quitté par libertinage; je voulais la faire revenir près de moi. Oui, je suis très-fâché de n'avoir pas suivi la première inspiration, *je lui aurais attaché une corde au cou, et je l'aurais conduite au marché.*

M. le président. Comme le dit mademoiselle Schwartz, craignant encore de voir flétrir le père de son enfant, je crois que le soleil de Saint-Domingue vous a brouillé la cervelle.

Le général Sarrazin. Cela est honnête ! Je vous remercie. On ne traite pas ainsi un officier supérieur. Monsieur, j'ai publié des ouvrages (1) qui ne se ressen-

---

(1) Sarrazin est auteur d'une foule d'ouvrages, parmi lesquels on distingue ceux-ci : *Instruction pour les troupes en campagne, Histoire de la guerre d'Espagne et de Portugal,* et *Mémoires sur les guerres de Russie*

tent pas d'un cerveau dérangé. Oui, je le déclare, j'aurais dû conduire mademoiselle Hutchinson au marché ; j'ai été indignement trompé par elle et par sa famille. Un jour que nous dînions chez sa mère, on me pria d'aller chercher des billets de spectacle ; comme je sortais pour m'acquitter de cette commission, mademoiselle Hutchinson me dit d'un ton doucereux : A votre santé, mon cher ami. Une heure après elle était désertée. Oui, j'aurais bien fait de vendre une femme comme celle-là.

L'avocat-général. On ne peut conduire sur le marché que sa femme ; vous convenez donc que vous étiez son mari ?

Le général Sarrazin. Du moins je passais pour tel. Je sais bien que par cet acharnement à prouver que j'ai contracté plusieurs mariages, on veut arriver à prouver que j'ai touché plusieurs dot le tout pour me faire mépriser ; mais *je suis un homme d'honneur, et au-dessus du mépris des hommes.*

M. le président. Dites plutôt au-dessous. Vous avez trahi votre patrie ; vous avez porté en Angleterre les plans de l'armée française d'une main, et vous avez tendu l'autre pour recevoir le prix de votre félonie ; vous avez écrit, en 1815, au ministre de la guerre que c'était sur vos plans que les Anglais avaient pris l'Ile-de-France, et que les Russes avaient battu, en 1813, l'armée de Bonaparte.

---

et d'Espagne. La plupart sont remplis de contradictions, écrits avec passion, et portent surtout l'empreinte de l'incertitude de ses principes politiques.

Le général Sarrazin. Monsieur, permettez-moi de vous dire que *je suis de la Gascogne,* et que j'en ai dit beaucoup plus qu'il n'y en avait. J'ai rapporté en France trois volumes de notes qui valent des millions pour le gouvernement. Les Anglais me feraient pendre s'ils le pouvaient.

M. le président. N'avez-vous pas épousé la demoiselle Delard?

Le général Sarrazin. Ne parlons pas de la demoiselle Delard, c'est une demoiselle respectable. Sa famille est en pleurs. Tout le département du Lot est dans *l'affliction* parce qu'on lui a enlevé *un de ses plus vertueux citoyens;* c'est là que je suis connu. *Je n'ai jamais manqué à l'honneur.*

Après cet interrogatoire, dans lequel l'accusé a constamment montré une rare assurance, une sorte de gaîté sardonique, et une obscénité qui, plus d'une fois, excita l'indignation des spectateurs, mademoiselle Hutchinson est appelée à faire sa déposition. Cette jeune dame s'avance avec une timidité que l'appareil de la justice justifiait assez. Sans parler parfaitement le français, elle s'exprime avec assez de facilité pour n'avoir pas recours au ministère d'un interprète.

M. le président au témoin. Vous vous êtes constituée partie civile?

Mademoiselle Hutchinson. Oui, monsieur.

Dem. En 1813, vous avez connu le général Sarrazin? — *Rép.* Oui, monsieur.

Dem. Il vous a recherchée en mariage? — *Rép.* Oui, monsieur.

Dem. Pourriez-vous nous dire ce qui s'est passé entre vous et lui à cette époque? — *Rép.* Les actes les plus sacrés ont constaté mon mariage.

Dem. Avez-vous vécu long-temps avec lui? — *Rép.* Sept semaines.

Dem. Qui vous l'a fait quitter? — *Rép.* J'ai appris que le général était marié.

M. le président à Sarrazin. Qu'avez-vous à répondre?

Sarrazin. Elle a dit qu'elle m'a quitté parce qu'elle a su que j'étais marié; elle n'en savait pas un mot : elle m'a quitté parce qu'elle a été entraînée par ses galans. En voici la preuve dans une lettre écrite de sa propre main : « Je suis une criminelle; je n'oserai jamais paraître devant vous : c'est à genoux que je dois vous parler. Vous me reprochez mes amours avec le capitaine Williams, avec une délicatesse qui ajoute encore à mes remords. » Est-ce clair, cela?

Les dépositions des autres témoins entendus n'offrent rien de remarquable. Me *Gomel*, avoué, déclare qu'il a formé la demande en séparation de corps intentée par la demoiselle Schwartz au général Sarrazin, après sa condamnation à mort; et M. Bécher, officier anglais, qu'il a soupé avec mademoiselle Hutchinson et le général Sarrazin, la veille de leur mariage.

La parole est ensuite accordée à l'avocat de mademoiselle Hutchinson, Me Coffinières, qui prononce le discours suivant, qui fit la plus vive impression sur la Cour et sur messieurs du jury :

« Messieurs les jurés,

» Quel titre donner devant vous à la malheureuse étrangère réduite à solliciter la justice dans ce sanctuaire redoutable, où la réparation des intérêts civils doit être la conséquence d'une condamnation grave ? Dirais-je qu'elle est l'épouse du général Sarrazin? mais à ce titre, aurait - elle pu se constituer son adversaire dans cette lutte terrible, et la société tout entière ne se révolterait-elle pas à l'étrange spectacle d'une femme appelant le glaive des lois sur la tête de son mari !... Dirais-je qu'elle est étrangère à l'accusé ? mais on ne manquerait pas alors de lui opposer qu'elle est non recevable à se plaindre d'un crime qui, dans l'ordre des intérêts privés, ne porte atteinte qu'au lien conjugal. Ainsi, tour à tour repoussée, ou parce qu'elle n'aurait pas de titre, ou parce que son titre lui-même élèverait une fin de non-recevoir contre elle, il ne lui resterait que le regret d'avoir porté devant vous l'inutile spectacle de ses douleurs !...

» Non, Messieurs les jurés, il ne peut en être ainsi: la demoiselle Georgina Hutchinson a une qualité suffisante pour intervenir, comme partie civile, dans ces pénibles débats ; et cependant sa qualité n'est pas telle que la morale publique puisse s'offenser de ce qu'elle vient élever sa voix contre l'accusé.

» C'est au pied des autels qu'elle reçut le titre d'épouse : sa bouche prononça ces sermens solennels qui devaient pour jamais unir son sort à celui du général Sarrazin. Mais le touchant appareil de la religion n'était, pour ce dernier, qu'un vain simulacre : il promettait la foi conjugale, quand il l'avait déjà donnée à une autre ; abjurant à la fois et sa patrie, et ses premiers sermens, et la religion de ses pères, ce fut une victime, et non une épouse, qu'il conduisit à l'autel.

» Je me hâte donc de le dire, quelles que fussent sa confiance et sa bonne foi, la demoiselle Hutchinson ne put devenir l'épouse légitime d'un homme marié ; et certes l'accusé ne pourrait exciper contre elle d'un titre qu'un contrat solennel peut seul donner, et qui ne prend jamais sa source dans un crime épouvantable.

» Il n'osera pas dire, non plus, qu'elle est sans intérêt et sans qualité pour intervenir comme partie civile, celle qu'il a rendue la victime de tout ce qu'il y a de plus saint parmi les hommes ; celle qu'il condamnait à un veuvage éternel, alors même qu'il lui jurait la foi conjugale ; celle qui, croyant se livrer à un époux, devint involontairement la complice d'un adultère ; celle qui ne peut, sans rougir, nommer un père au malheureux enfant qui lui doit le jour.

» Cependant, comme si ce n'était pas assez, Messieurs, de ce premier attentat à la foi jurée, la demoiselle Hutchinson se trouve placée entre deux victimes de la plus affreuse perversité ; et tandis que la première épouse du général Sarrazin voyait celui-ci s'engager dans les liens d'un nouvel hyménée, celle que je défends voyait se consommer un troisième sacrilége ; et une autre infortunée a reçu le titre d'épouse d'un homme dont deux femmes vivantes avaient déjà reçu la foi !

» Je crains, Messieurs, d'arrêter vos regards sur ce hideux tableau ; car je cherche moins à exciter dans vos cœurs un juste sentiment d'indignation contre l'accusé, que le sentiment d'un noble intérêt en faveur de celle qui fut sa victime.

» Il ne m'appartient pas de deviner le système de défense qui vous sera présenté par l'accusé.

» Déjà toutes les questions de droit qui pouvaient se rattacher à ce malheureux procès ont été résolues souverainement par la Cour de cassation, sur les nombreux pourvois formés par le général Sarrazin, et par l'arrêt que vient de rendre la Cour : peut-être ne sera-ce pas un motif pour qu'il se dispense de reproduire ces divers moyens; mais le respect que nous devons professer pour l'autorité de la chose jugée nous imposera le devoir de ne pas le suivre dans cette discussion.

»Notre tâche devra se borner à l'examen des moyens nouveaux qu'on pourra présenter dans l'intérêt du général Sarrazin, si toutefois il en existe quelques-uns à l'égard desquels il n'ait pas épuisé tous les degrés de juridiction.

» Quant aux faits, nous donnerons à l'accusé l'exemple de la modération, en nous abstenant de toute digression étrangère à sa cause : puisse-t-il ne pas oublier à son tour quel est son rôle dans ces fâcheux débats ! Accusé, puisse-t-il s'interdire le langage d'accusateur ! car cette modération, que sa situation commande à la partie civile, cesserait d'être un devoir pour elle, si on l'obligeait à repousser l'outrage et la calomnie.

» L'accusation sur laquelle vous avez à prononcer, Messieurs les jurés, n'est pas de la nature de celles où la conviction se forme d'après une foule de documens divers, que la réflexion doit réunir et combiner pour en former une preuve parfaite.

» Il s'agit d'un fait matériel, qui, à l'exemple d'une obligation civile, doit être établi par un acte ; or, la bigamie étant le crime de celui qui contracte un second mariage avant la dissolution du premier, il faut que le fait des deux mariages successifs soit établi d'une manière légale, c'est-à-dire par la représentation de deux actes de célébration. »

Ici l'avocat retrace l'exposé rapide des faits, développés dans le mémoire imprimé, jusqu'à l'époque du mariage célébré à Londres, entre le général Sarrazin et la demoiselle Hutchinson ; il continue en ces termes :

« Je m'abstiens de vous rendre compte, Messieurs, de tout ce que la jeune épouse eut à souffrir de l'humeur intraitable de son nouveau maître.

» Ces malheurs, qui accompagnent d'ordinaire une union mal assortie, sont du nombre de ceux qu'on supporte avec résignation , et dont le temps peut quelquefois effacer le souvenir.

» Mais il est des infortunes sous lesquelles l'âme la plus forte succombe, et dont l'empreinte est à jamais ineffaçable ; ce sont celles où, par une complication fatale, la honte s'allie au malheur, et où l'on devient en quelque sorte complice du crime dont on est la victime.

» Telle fut bientôt la situation de l'épouse du général Sarrazin.

»Elle apprit confusément que le général avait engagé sa foi à une autre femme avant de devenir son époux ; et on lui donna la certitude que ce premier mariage subsistait encore.

» Quoiqu'elle fût, dans le principe, dénuée de preuves suffisantes, cette révélation était d'une telle nature, que la morale publique et la religion ne pouvaient laisser aucune incertitude à la demoiselle Hutchinson sur le parti qu'elle avait à prendre.

» Et si son premier désir fut d'approfondir cet épouvantable mystère, son premier devoir fut de cesser une cohabitation qui pouvait n'être désormais qu'un scandale prolongé.

» Elle s'éloigna donc du domicile du général Sarrazin, et se réfugia dans une maison respectable, jusqu'à ce que les informations, qu'elle se hâta de prendre, eussent fixé sa destinée.

» N'attendez pas de moi, Messieurs, le récit de ce qui s'est passé postérieurement à la retraite de mon infortunée cliente.

» Traduite, par l'accusé, au tribunal de l'opinion publique, elle a dû s'y défendre ; et c'est en opposant sans cesse le général Sarrazin à lui - même qu'elle a repoussé, dans un mémoire imprimé, les calomnies répandues dans les divers libelles publiés par l'accusé.

» Il me suffira de vous dire que la demoiselle Hutchinson ne devait pas être seule victime de l'attentat

II . 4

commis par le général Sarrazin, et qu'une fille est née de cette fatale union, le 11 mars 1814.

» A-t-il connu du moins ce doux sentiment de la paternité que la nature a gravé dans le cœur de tous les êtres, l'homme qui foula aux pieds les lois divines et humaines, par la profanation du plus saint des contrats?

» Non, Messieurs les jurés; et l'on ne peut se défendre d'un sentiment pénible, en songeant que le général Sarrazin, comblé des faveurs de la fortune, laissa en proie aux horreurs de la misère et du désespoir l'infortunée qu'il avait rendue mère.

» Mari de deux femmes dont il a trompé tour à tour la foi, père de deux enfans qu'un préjugé funeste repoussa... le général Sarrazin se contentera-t-il du moins d'avoir fait quatre victimes?

» Les vestiges de son crime pouvaient s'effacer sur une terre étrangère ; il a voulu les imprimer en quelque sorte sur le sol de cette patrie qu'il trahit en 1810, et de laquelle il était venu solliciter des récompenses lors de la restauration : comme si, à une époque quelconque, la trahison et la félonie pouvaient devenir une vertu.

» Trois ans après sa rentrée en France, et le 14 mai 1817, le général Sarrazin contracta un troisième mariage avec la demoiselle Delard, dans l'arrondissement de Villeneuve - d'Agen , département de Lot - et - Garonne, et un enfant est aussi né de cette union; comme s'il était dans la destinée de cet homme de frapper toujours deux victimes à la fois.

» Vous vous demanderez, sans doute, Messieurs les jurés, pourquoi ce troisième mariage, récemment contracté en France, ne figure pas dans l'accusation portée contre le général Sarrazin.

» Je vous dois une explication à cet égard ; ne fût-ce que pour vous apprendre à vous défier des assertions d'un homme qui sait donner aux plus grossières impostures la couleur de la vérité, et qui, pressé par le besoin de la défense, ne s'inquiète pas d'affirmer aujourd'hui ce qu'il niait hier, ce qu'il sera obligé peut-être de rétracter demain.

» Ainsi que l'indiquent l'arrêt de renvoi et l'acte d'accusation dont il vous a été donné lecture, la Cour royale a cru devoir écarter la circonstance du troisième mariage contracté par le général Sarrazin, par ce motif que l'accusé se trouvant alors sous le poids de la mort civile, résultant de la condamnation à mort prononcée contre lui, au mois de novembre 1810, il n'avait pu contracter mariage en 1817 ; et qu'ainsi ce mariage, radicalement nul par l'incapacité de l'une des parties contractantes, ne pourrait servir de base à une accusation en bigamie.

» Je n'examinerai pas devant vous la question que l'exception présentée par l'accusé a offerte à la décision de la Cour, puisqu'elle se trouve résolue par l'arrêt de renvoi.

» Mais du moins est-il évident que, sur l'assertion du général Sarrazin, les magistrats ont dû admettre comme certaine cette circonstance, qu'à l'époque du mois de mai 1817 il se trouvait sous le

poids de la mort civile, par suite de la condamnation capitale prononcée contre lui au mois de juin
1810.

» Hé bien, ce fait est matériellement faux, et c'est
l'accusé lui-même qui nous en fournit la preuve.

» Voici comme il s'exprime dans un mémoire par
lui adressé à Sa Majesté, le 9 avril 1816.»

M. Coffinières cite ici le passage de ce mémoire,
dans lequel le général Sarrazin déclare en effet que
l'ordonnance rendue par Sa Majesté, au mois de février 1815, a complètement anéanti la condamnation
par contumace prononcée contre lui.

« Ainsi, dit-il ensuite, le général Sarrazin en imposait à la justice, lorsque, pour se créer une exception, il prétendait être frappé de la mort civile, dont
une ordonnance de Sa Majesté l'avait relevé.

» Il ne peut y avoir d'ailleurs aucun doute qu'au
lieu d'être sous le poids de la mort civile, le général
Sarrazin avait la pleine jouissance de ses titres et em-
plois en 1815 et 1816, puisque ce n'est que par une
décision du 15 janvier 1817 que Sa Majesté, sur le
rapport du chancelier et du ministre de la guerre, a
ordonné qu'il serait rayé des contrôles de l'armée et
de la Légion-d'Honneur.

» Mais cette décision nonvelle n'a pas révoqué la
première ordonnance du mois de février 1815, qui
avait relevé le général Sarrazin de la mort civile par
lui encourue, puisqu'elle lui a restitué ses droits civils,
et ordonné qu'il ne serait donné aucune suite à son
passage en Angleterre ; puisqu'en un mot, cette ordon-

nance dut produire l'effet d'un acquittement légal, ainsi que le général Sarrazin le déclare lui-même dans son mémoire présenté au Roi.

» Que conclure de cette discussion?

» Que l'accusé en a imposé à la justice, lorsque, pour écarter l'un des chefs de l'accusation portée contre lui, il a articulé qu'il se trouvait sous le poids de la mort civile à l'époque de son troisième mariage;

» Qu'il a cherché à perpétuer cette imposture, lorsque, dans ses divers pourvois, il a voulu faire résulter un moyen de cassation de ce qu'une procédure criminelle se trouvait de nouveau dirigée contre lui avant qu'il eût purgé sa contumace? et qu'encore aujourd'hui il voudrait tromper l'opinion publique en demandant, dans un de ses mémoires imprimés, à être renvoyé devant un conseil de guerre, pour être jugé de nouveau, et pour être fusillé s'il le mérite.

» La clémence royale ne fait jamais de pas rétrograde, et le général Sarrazin n'ignore pas qu'il ne peut être désormais condamné ni jugé pour sa désertion en 1810. Qu'il se défende, s'il est possible, de l'accusation qui pèse aujourd'hui sur sa tête, sans chercher son excuse dans un crime plus grave peut-être, mais qui doit rester à jamais impuni.

» Vous connaissez maintenant, Messieurs, les bases de cette accusation sur laquelle vous êtes appelés à prononcer. Un acte de célébration de mariage, rédigé à Livourne le 4 juin 1799; un second acte de célébration, rédigé à Londres le 26 mai 1813; l'un et l'autre de ces deux actes revêtus des formalités que la législation locale exige : voilà les seules pièces qui servent de bases à l'accusation, et la justifient.

» Vous ne serez pas touchés, Messieurs les jurés, de cette circonstance, que les deux mariages successifs ont été contractés avec deux étrangères, en pays étranger. Devenues Françaises, par le fait même du mariage, chacune d'elles peut invoquer la protection de nos lois, ainsi que l'a décidé la Cour de cassation, sur le pourvoi du général Sarrazin lui-même contre l'arrêt de mise en accusation.

» D'ailleurs, au milieu des fléaux de toute espèce que la guerre entraîne à sa suite, on a trop calomnié nos mœurs en pays étranger. Prouvons à l'Europe que si notre nation s'enorgueillit de la gloire de ses légions victorieuses, elle désavoue des crimes qui l'ont souillée, et que la profanation du plus saint des contrats ne saurait être impunie parmi nous.

» Qu'il me soit permis en terminant, Messieurs les jurés, de justifier l'action que mon infortunée cliente a été obligée de porter devant la justice.

» Cette action est autorisée par la loi, et ce mot seul devrait suffire, car la loi ne permet rien d'immoral, rien qui puisse blesser les mœurs publiques.

» Il est toutefois des circonstances dans lesquelles une plainte en bigamie devrait être accueillie avec défaveur.

» Entraîné par un égarement coupable, un homme engagé dans les liens du mariage a contracté une seconde union. Mais une longue possession d'état a sanctionné ces nouveaux nœuds; en remplissant tous ses devoirs d'époux et de père, celui qui fut coupable a presque fait oublier son crime. La mort a d'ailleurs dissous sa première union, et l'état de l'épouse et des enfans n'est pas menacé.

» S'il en était ainsi, Messieurs, je ne crains pas de le dire, ce n'est qu'à regret qu'il faudrait accueillir la plainte scandaleuse de l'épouse, puisqu'elle ne tendrait qu'à détruire son état et celui des enfans, et à payer, par une accusation infamante, les tendresses dont ils furent tous l'objet.

» Mais telle n'est pas, Messieurs, la situation de celle que je défends.

» La première épouse du général Sarrazin vit encore, ainsi que l'enfant issu de ce mariage ; et dès lors Georgina Hutchinson ne peut prétendre ni pour sa fille ni pour elle aux droits de la légitimité.

» Loin de remplir à leur égard les devoirs sacrés d'époux et de père, le général Sarrazin les a abandonnées, en proie à toutes les horreurs de la misère, sur une terre qui avait cessé d'être la patrie de la demoiselle Hutchinson depuis son mariage avec un Français.

» Et lors même que la demoiselle Schwartz, dédaignant un époux qui l'a délaissée, ne voudrait pas revendiquer ses droits et ceux de son fils, le nouvel hymen contracté par le général Sarrazin le rend désormais étranger à l'infortunée qui reçut ses sermens sacriléges.

» C'est par l'outrage et la calomnie qu'il a repoussé

les supplications de sa victime pendant trois années entières ; c'est vainement qu'elle a sollicité de lui des secours pour elle-même et pour la jeune enfant qui lui doit le malheur de l'existence. *Je ne suis pas votre époux, je ne suis pas le père de votre enfant :* telle fut toujours sa réponse.

»Aujourd'hui la demoiselle Hutchinson vient le dire à son tour. Il n'est pas mon époux, celui qui dut ce titre à un parjure, celui qui l'abdique par un parjure nouveau : il n'est pas mon époux, celui qui ne veut voir en moi qu'une étrangère ; et la morale publique ne peut s'affliger de ma présence dans cette lutte judiciaire.

» Il n'est pas non plus le père de ma fille, celui qui la méconnut dès son entrée dans la vie, celui qui refusa des secours à son enfance, celui qui, dans des libelles récemment publiés, dispute encore à cette jeune infortunée un titre qui doit faire sa honte et son désespoir : ah ! puisse-t-elle ignorer toujours le nom qu'elle était destinée à porter, et si jamais elle me demandait un père, je lui dirais, en la pressant sur mon sein : *Le Ciel ne t'a laissé qu'une mère.* »

M. l'avocat-général prend la parole après que Me Coffinières a cessé de parler ; sa tâche était devenue facile par la plaidoierie de cet éloquent avocat. Ainsi nous nous dispenserons de rapporter son discours, dans lequel il n'a fait que rappeler les argumens déjà employés par la partie civile.

Me Claveau avait plus d'une difficulté à vaincre pour soutenir avec avantage la défense qui lui était confiée. Nous regrettons que son plaidoyer, entièrement improvisé, n'ait point été recueilli; on aurait vu combien toutes les ressources de l'art oratoire, employées avec sagacité, peuvent donner à une mauvaise cause les apparences du bon droit. Toutefois Sarrazin ne crut pas sa défense complète : après le plaidoyer de son habile défenseur il demanda la parole, et reproduisit, dans une longue diatribe, toutes les allégations qu'il avait avancées dans son mémoire et dans ses interrogatoires.

Enfin, les débats étant terminés, M. le président exposa à grands traits les faits de la cause, et les maux qui résultent de la bigamie; il posa ensuite à MM. les jurés la question suivante :

« L'accusé est-il coupable d'avoir contracté un second mariage le 26 mai 1813, avant la dissolution du premier mariage contracté en 1799? »

MM. les jurés s'étant retirés dans la salle des délibérations, rentrèrent bientôt en séance, et, par l'organe de leur président, annoncèrent que la question avait été résolue affirmativement.

Après la lecture faite de la déclaration du jury à Sarrazin, celui-ci prit la parole, et prétendit qu'il n'était pas Français, et que par conséquent il n'était pas susceptible des lois françaises. Néanmoins la Cour, ayant délibéré sur cet incident, et l'ayant jugé mal fondé, fit au coupable, sur les conclusions de M. l'avocat-général, l'application des peines sur le crime de bigamie, et le condamna à *dix ans de travaux forcés, à l'exposition,* à dix années de surveillance, et à 1,000 fr. de cautionnement après l'expiration de sa peine, et de plus à 40,000 fr. de dommages-intérêts à la demoiselle Hutchinson.

Sarrazin entendit prononcer son jugement avec la même insolence qu'il avait assisté aux débats de son procès.

« M. le président, dit-il en se retirant, je vous remercie : *d'un général de terre vous faites un général de galères*. Les habitans de Lot-et-Garonne se ressouviendront de votre impartialité ; je vous en réponds, je ne vous dis que cela. On m'a condamné à 40,000 fr., je vous déclare que je n'ai rien au monde : *Omnia mecum porto.* »

Sarrazin avait fait remettre au jury, avant qu'il se retirât pour délibérer, la déclaration suivante :

« Messieurs les jurés, je vous déclare à la face du ciel et de la terre, comme si j'étais près de descendre au tombeau, que je n'ai jamais signé d'autre acte de mariage que celui de madame Sarrazin, née Delard, en date du 14 mai 1817. L'acte du prétendu mariage de Livourne a été fabriqué en 1810; il n'est pas revêtu de ma signature. Il en est de même de l'acte du prétendu mariage de Londres, comme on peut s'en convaincre, en faisant venir les titres originaux, ainsi que la loi l'ordonne pour un procès civil, à plus forte raison pour un procès criminel. En cherchant à me faire condamner comme bigame, *sur simples copies d'actes de faux, argués de faux*, mes ennemis veulent me punir de ce que j'ai quitté le camp de Boulogne, en 1810, pour aller offrir mes services à S. M. Louis XVIII. Mais, tôt ou tard, je serai vengé par les défenseurs de la vérité, de la justice et de la loyauté.

» Fait à Paris, au Palais de justice, le 23 juillet 1819. »

Signé le général SARRAZIN.

On a vu que cette déclaration n'exerça pas une grande influence sur les jurés; après sa condamnation Sarrazin se pourvut devant la Cour suprême; il terminait en ces termes le mémoire dans lequel étaient développés ses moyens de cassation :

« La France et l'Europe savent à quoi s'en tenir sur l'infâme procès dont je suis la victime. Ce n'est pas le prétendu *bigame* qu'on poursuit, mais le *déserteur* du camp de Boulogne en 1810, et l'auteur de l'*Histoire* de la restauration, où je censure le traité de paix du 20 novembre 1815. L'avocat-général de Broé et le président Parisot ont assuré *que j'avais emporté les plans de la France,* afin de me rendre odieux à MM. les jurés. Le ministre de la guerre attestera que je n'ai emporté aucun plan. J'ai fait de mes talens l'usage que j'ai cru pouvoir contribuer au bonheur de la France, par la restauration des Bourbons sur le trône de Henri IV. Je suis resté fidèle à l'honneur. J'ai constamment refusé de porter les armes contre la France, parce que je ne voulais pas me battre contre ces braves au milieu desquels j'avais obtenu tous mes grades sur le champ de bataille. Rentré en France, en 1814, j'ai fourni au ministère de la guerre deux volumes de notes sur l'Angleterre et autres états de l'Europe, qui sont le résultat de mes observations pendant mon émigration, et qui seront pour ma patrie une source féconde de moyens d'attaque et de défense, inconnus jusqu'à ce jour. J'en appelle aux maréchaux duc de Dalmatie et prince d'Eckmulh, ministre de la guerre. Voilà la réponse la plus énergique que je puisse faire à ce journaliste qui demandait : Qu'a de commun M. Sarrazin avec l'honneur et l'armée?

» Comme ce journaliste a assisté à l'audience du 23 juillet, il aurait dû demander : Quelle différence y a-t-il entre la condamnation de Sarrazin par la Cour d'assises de la Seine, et l'assassinat d'un voyageur sur la grande route? Ici l'attaqué peut se défendre, tandis qu'au tribunal un accusé se voit à chaque instant interrompu par cette ancienne tactique, de diminuer les moyens de défense de l'accusé, en les tournant en ridicule, comme étrangers à la question. La calomnie, le sarcasme, l'ironie, la férocité, le mépris des lois et l'oubli de toutes les convenances sont les armes favorites qu'on emploie contre les victimes du despotisme.»

Malgré toutes ces phrases, Sarrazin ne fut pas plus heureux devant la Cour de cassation que devant la Cour d'assises : son pourvoi fut rejeté, et sept mois après seulement on vit attacher au carcan un ancien général.

Ce ne fut pas sans difficulté que l'on parvint à traîner le criminel à l'échafaud. Son arrogance s'était changée en fureur, et là comme devant ses juges il donna le spectacle d'un homme sans pudeur, et qu'aucune considération ne sut jamais retenir.

Au moment où nous terminons la relation de ce procès, nous apprenons que Sarrazin ne subit point sa peine, et traîne, en Portugal ou en Espagne, une vie à jamais déshonorée : l'honneur français se serait-il donc offensé de voir dans les bagnes l'homme qui l'a si audacieusement outragé; la justice, de voir supporter ses rigueurs par celui qui les avait provoquées?

FIN DU PROCÈS DU GÉNÉRAL SARRAZIN.

PROCÈS

DE JEAN BUCKLER,

DIT SCHINDERHANNES.

PROCÈS

DE JEAN BUCKLER,

DIT SCHINDERHANNES.

La célébrité, qui s'attache aux grands criminels, nous a conservé le nom de plusieurs d'entre eux qu'ont rendus fameux ou des forfaits inouis ou une longue série d'actions non moins audacieuses que coupables. Quoiqu'en examinant leur vie, toute âme honnête se révolte à l'aspect des vices qui l'ont déshonorée, l'imagination s'arrête cependant avec une sorte de complaisance devant ces chefs de brigands qui, engagés dans une honteuse carrière, ont apporté, pour y réussir, le courage et l'adresse, les conceptions les plus fortes et quelquefois les plus ingénieuses. On les suit avec un intérêt involontaire sur le champ de leurs funestes exploits : ici c'est un piége artistement tendu où viendra tomber le voyageur sans défiance ; là, c'est une attaque à force ouverte contre des citoyens qui se tiennent sur leurs gardes, ou une résistance opiniâtre aux préposés à la sûreté publique. On les accompagne ensuite dans les antres cachés ou dans l'épaisse forêt où se fait le partage du butin, et l'on assiste sans trop de répugnance à leurs joies. Il arrive aussi que ces hommes, devenus la terreur de la société, n'avaient point totalement oublié, au milieu de la dépravation où s'écoulait leur existence, tous les bons sentimens qu'ils tenaient d'une nature bienfaisante; leur cœur était encore accessible à la pitié, et s'ouvrait à l'amour, à la reconnaissance, à l'amitié même; alors, quand même ces héros de grands chemins auraient pendant long-temps marché de crimes en crimes et vieilli dans la corruption, on est surpris de se trouver à les considérer avec indulgence, en même temps qu'on invoque contre eux la sévérité des lois.

Nous n'entreprendrons pas de chercher les causes d'une disposition commune à la plupart des hommes, et dont la réalité est attestée par une multitude d'exemples. Il nous suffit qu'elle existe, pour que nous essayions de rendre le récit qui va suivre susceptible de satisfaire la curiosité des lecteurs (1).

Les malheurs de la guerre qui désolèrent, depuis le commencement de la révolution française, les deux rives du Rhin eurent les plus graves résultats. Ce fut surtout au milieu des campagnes qu'ils se firent ressentir plus profondément. Les infortunés habitans avaient vu leurs champs ravagés par les partis tour à tour vaincus ou victorieux, et les réquisitions de toute nature dont ils étaient journellement accablés, ou leur

____

(1) On doit à la plume élégante de M. le chevalier de S......... une histoire de Schinderhannes et autres brigands célèbres, etc. Cet ouvrage, aussi exact que bien écrit, nous a été d'un grand secours pour l'historique de ce procès.

avaient enlevé leurs dernières ressources, ou les for-
çaient à dissimuler, afin de conserver ce qui leur en
restait encore. Partout la misère avait remplacé l'aisance; mais l'influence des divisions des empires devait
avoir encore de plus sinistres conséquences. Lorsque la
ruine des fermiers et des cultivateurs était imminente,
une population nombreuse, composée de journaliers,
de gens exerçant de petits métiers ou adonnés au petit
commerce, ne pouvait manquer de se trouver dans le
plus affreux dénuement : ce fut en effet ce qui arriva.
Tous ces individus, dont l'industrie était anéantie,
qui auparavant ne l'exerçaient que sous l'œil vigilant
des autorités, profitant de l'état de confusion et de
l'incertitude où étaient les magistrats des communes,
cherchèrent dans le vol les adoucissemens à leur sort,
qu'un travail légitime ne pouvait plus leur fournir. Si
parmi ceux-là il s'en rencontra un grand nombre qui
embrassèrent sans peine une carrière aventureuse, mais
où la facilité de pourvoir abondamment à leurs besoins
et à leurs passions leur semblait compenser largement
les dangers auxquels ils s'exposaient, beaucoup d'autres,
notamment dans les Pays-Bas et dans les contrées limi-
trophes du Rhin, exaspérés et poussés au désespoir par
les pillages et les violences, dont ils étaient incessam-
ment les victimes, regardèrent d'abord comme une
vengeance légitime tout ce qu'ils entreprendraient
contre leurs oppresseurs. La plupart des uns et des
autres, quoique souvent guidés par des motifs différens, ne commirent, dès le principe, que des attentats
partiels; ainsi ils commencèrent par enlever des che-

vaux et des chariots de bagage à la suite des armées; puis, s'enhardissant, ils attaquèrent les soldats isolés, dans le but de s'enrichir de leurs dépouilles.

Cependant ces crimes individuels, mais souvent répétés, ne tardèrent pas, au milieu des troubles qui affectaient les provinces, de faire sentir le besoin de les réprimer. Alors, déjà habitués au genre de vie qu'ils avaient adopté, et séduits par les avantages qu'il leur offrait, les bandits reconnurent la nécessité de se soutenir mutuellement, de former des bandes, de se donner des chefs qui régleraient et dirigeraient leurs opérations, enfin de s'assurer des complices qui recéleraient le fruit de leurs rapines, et leur procureraient, au besoin, des retraites assurées. Les pays qu'ils devaient choisir pour en faire le théâtre de leurs attentats n'étaient pas pour eux un sujet de moindre considération; ils se fixèrent effectivement dans ceux où ils avaient moins à redouter la vigilance des autorités civiles et militaires; et on remarqua que les plus nombreuses et les plus redoutables des bandes qui se formèrent établirent leur séjour dans les parties de la Belgique adjacentes à la Hollande, ou tirant vers le Rhin, dans lesquelles les lois françaises n'étaient pas encore en vigueur, et dans la partie de l'Allemagne avoisinant le Rhin, la plus morcelée en petites principautés, villes libres, etc., et dont la situation topographique leur assurait le plus de sécurité dans leurs expéditions.

Il n'entre point dans notre sujet de suivre les bandes du fameux *Pickard* dans la Belgique et la Hollande, nous devons nous borner à jeter un coup d'œil rapide sur celles qui se formèrent sur les confins de l'Allemagne, et dont SCHINDERHANNES fut le plus fameux et le dernier chef.

L'époque la plus reculée qu'on puisse donner à leur existence ne remonte pas au-delà des années 1794 ou 1793. Elles se formèrent de journaliers, de bûcherons, de colporteurs, principalement juifs; de musiciens ambulans, et autres gens sans industrie et sans domicile fixe. La rive droite du Rhin, où ils avaient leur principal séjour, se prêtait particulièrement à leurs desseins. Les campagnes de Kirn, Simmern, Birkenfeld, remplies de montagnes, de gorges et de vallons, où des fermes, des moulins isolés se rencontrent à des distances éloignées, leur offraient l'assurance d'attenter sans risque à la sureté des habitans ou des voyageurs, et par la difficulté qu'auraient eue ces derniers de recevoir des secours, et par la facilité qu'avaient les brigands de se dérober à toutes les recherches. Ces associations, d'abord bornées à quelques vols sur les grandes routes, ou à des enlèvemens de chevaux, prirent dans la suite une plus grande extension, et pour en donner une idée exacte, nous puiserons dans l'histoire que nous avons citée quelques notions sur leur organisation en général.

Il était absolument interdit aux bandits, par leurs réglemens, de s'assembler et surtout de séjourner en grand nombre dans un endroit qui n'était pas désigné comme lieu de rendez-vous pour une expédition à faire dans le voisinage. Lorsque les chefs rencontraient de ces attroupemens, ils menaçaient leurs subalternes de les livrer à la justice. Ils ne permettaient pas qu'ils habitassent plus de deux ou trois ensemble dans le même bourg ou village. Si un voleur, pour une raison quelconque, changeait de domicile, il laissait son adresse chez le recéleur (*kochemer mann*), afin que, s'il était requis pour un service pressé, on pût le trouver facilement. C'est par ce raffinement de précautions qu'une bande, composée de soixante-dix ou quatre-vingts individus, était liée par des fils invisibles, et paraissait tout-à-coup sortir du néant pour frapper un coup et se replonger aussitôt dans les ténèbres....

Jamais les brigands ne parurent oublier que leur attention constante devait se porter sur tous les moyens de n'être point connus : aussi a-t-on remarqué qu'ils changeaient aussi souvent de mise et de manières que de noms et de nations. Tel qui se donnait à Cologne, par exemple, pour un Juif brocanteur, figurait quelques jours après aux eaux d'Aix-la-Chapelle ou de Spa, comme un baron allemand ou un négociant hollandais, tenant table ouverte et jouant gros jeu. La semaine suivante on l'aurait rencontré dans une forêt à la tête de sa troupe, la conduisant au pillage et au massacre.

On ne peut trop s'étonner de l'adresse avec laquelle ils savaient se procurer des passe-ports revêtus de toutes les formes légales. Pour parvenir à les posséder, ils n'épargnaient ni soins ni dépenses. On a observé que c'étaient communément les femmes qui étaient chargées de cette partie essentielle; ils en avaient toujours à leur suite, de jeunes et de jolies, qui se montraient pour eux, et qui, loin d'exciter la défiance, se conciliaient souvent l'intérêt des personnes même les plus intéressées à découvrir les trames dont elles étaient les instrumens.

Par suite de ce même esprit de précaution, les brigands donnaient invariablement la préférence aux expéditions les plus éloignées du lieu de leur résidence habituelle. Des bords de la Meuse inférieure, ils se transportaient tout-à-coup dans les environs de Dunkerque ou de Mayence; des rives du Rhin, ils se portaient rapidement sur celles du Wéser ou de l'Elbe.

Il se commettait rarement un vol de quelque importance, que ce ne fût d'après le rapport d'un *baldover* (espion, en terme d'argot) : presque tous étaient des Juifs, mais, ce qui est assez remarquable, n'appartenant pas personnellement à la bande. Ces infâmes traîtres se glissaient, sous mille prétextes trop faciles à trouver, dans la demeure des gens riches ou soupçonnés d'avoir de l'argent amassé. Ils observaient attentivement tous les êtres de la maison, reconnaissaient aussi soigneusement le voisinage, et se hâtaient d'aller conclure un marché avec l'un des chefs de bandits les plus renommés. Celui qui offrait au *baldover* la meilleure part dans le butin obtenait la révélation de tous les renseignemens propres à assurer le succès de l'expédition.

Quelque exécrable que fût par lui-même le métier de ces espions, il devient l'objet d'une horreur plus particulière, lorsque l'on réfléchit qu'ils étaient presque toujours la cause immédiate des cruautés qu'exerçaient les brigands sur leurs infortunées victimes. Pour donner une plus haute idée de son industrie et se faire mieux payer, le *baldover* manquait rarement de faire une peinture très-exagérée de la richesse de la proie qu'il avait découverte. Qu'en résultait-il? Les brigands, malgré toutes leurs recherches, ne pouvant parvenir à se mettre en possession des sommes immenses ou des effets précieux qui leur avaient été promis, se persuadaient facilement qu'on s'obstinait à les leur cacher; et, pour forcer les propriétaires à leur révéler l'endroit où ils avaient enfoui ces prétendus trésors, ils leur faisaient endurer les traitemens les plus atroces et les plus barbares tortures. Les chefs de bandits ne pouvaient se dissimuler qu'ils étaient redevables presque uniquement à leurs espions des prises qui les enrichissaient; aussi les récompensaient-ils d'ordinaire en les assimilant à eux-mêmes dans le partage du butin.

Souvent il arrivait que les espions qui avaient indiqué un coup étaient les mêmes qui s'offraient pour racheter les effets volés; de cette manière ces recéleurs (*scherfenspieler*) savaient retirer un double profit de leur odieux manége.

Lorsqu'une expédition était jugée praticable par le chef auquel le *baldover* l'avait proposée, il s'occupait des moyens de rassembler sa bande sans délai. Cette réunion s'appelait, dans leur idiome, être en *viataff*. Elle s'opérait généralement par des lettres écrites à chacun des membres, et où ils étaient invités à se trouver à un rendez-vous fixe pour affaires de commerce (*masematten*). Quelquefois, au lieu d'écrire, le capitaine allait lui-même avertir tous ses gens individuellement.

Dès que la bande était réunie, le chef ou le *baldover* réitérait la proposition et les détails du coup projeté; alors s'engageait une discussion réglée entre les plus expérimentés sur les degrés de facilité et les apparences de périls qui se présentaient, et ce conseil décidait sur l'adoption ou le rejet de l'entreprise. Lorsqu'elle était de nature à opposer de nombreux obstacles, on nommait plusieurs chefs, dont l'un, par exemple, était chargé des approches, l'autre de l'exécution, un troisième de la retraite, etc., etc.

On a observé que la plupart des grands vols ont été commis pendant l'automne et le printemps, à cause de la longueur des nuits. L'hiver voyait peu d'expéditions, vu la difficulté des marches dans des chemins impraticables, au milieu des ténèbres, et l'été encore moins, à raison de la clarté presque non interrompue. Mais ce que les bandits évitaient avec le plus de soin, c'était le clair de lune et la neige. Les débats juridiques ont conduit à une observation qui aurait pu d'abord sembler minutieuse : c'est que la nuit du samedi au dimanche a été incomparablement plus féconde qu'aucune autre en événemens de ce genre. On en a sans peine trouvé le motif.

La très-grande majorité des espions et des chefs était composée de Juifs. Ils choisissaient donc de préférence, pour la convocation des brigands subalternes, les jours où toutes leurs autres occupations cessaient, c'est-à-dire le sabbat, ou samedi. Une autre considération les dirigeait encore dans le choix de ce jour : c'est que tous les ouvriers ou gens de la campagne ont coutume, le samedi soir, de quitter les maisons où ils ont travaillé dans le courant de la semaine. Elles restaient alors livrées à leurs seuls habitans pour toute défense.

Réfléchissant que la marche de vingt, trente, quarante hommes et plus ne pouvait manquer d'exciter l'alarme, s'ils avaient tous fait route ensemble, les chefs avaient soin d'ordonner que leurs gens se rendissent au lieu indiqué par pelotons de trois ou quatre hommes. Les plus opulens étaient à cheval, ou même en voiture ; mais, il faut l'avouer, moins par délicatesse ou par luxe, que pour mieux en imposer par cet extérieur d'aisance. D'autres fois des chariots, qui semblaient chargés de marchandises, n'étaient amenés que pour emporter, au contraire, celles dont le *baldover* avait fait mention dans son rapport.

Aucune précaution n'était omise pour éviter qu'une partie de la bande ne s'égarât dans l'obscurité, ou en traversant des bois : les premiers, qui servaient de guides, attachaient un papier blanc à un arbre ou à un poteau, pour indiquer aux suivans la route qu'ils devaient suivre. Mais voici quel était, à cet égard, leur procédé le plus habituel, lorsque la marche était longue et difficile. A chaque croisière de chemins, les premiers traçaient une raie, et à travers celle-ci une plus petite : celle-ci servait à marquer la direction. Chacun des autres traçait une raie à son tour ; de sorte que les derniers pouvaient reconnaître, non-seulement quel chemin avaient pris leurs camarades, mais encore en quel nombre ils avaient passé. Dans d'autres cas, ils cassaient une grosse branche et l'étendaient en travers de la route : le côté vers lequel était tourné le feuillage était celui vers lequel il fallait se diriger. Ces signes, ou jalons, s'appelaient parmi eux *kochemeresink*.

Pour se reconnaître dans les ténèbres, ils se donnaient mutuellement le *kochemloschen ;* c'est une espèce de cri aigu et prolongé qui ressemble à la voix du hibou. Siffler, disaient-ils, est une vieille habitude des voleurs de *mauvais genre ;* c'est un moyen immanquable pour se faire découvrir.

Le rendez-vous était ordinairement fixé dans le voisinage du lieu contre lequel était dirigée l'attaque, et quelquefois à une distance assez considérable, selon la nature du terrain et la proximité d'un bois ou de quelques arbres. Les chefs accordaient une heure ou deux pour se reposer des fatigues de la marche, et surtout pour faire les dernières dispositions. C'était là que l'on faisait la visite des pistolets (*schnelles*), et qu'on les chargeait. Le capitaine donnait ensuite le mot d'ordre, soit pour l'attaque, soit pour la retraite ; puis il distribuait les torches et bougies qui devaient être allumées au premier signal, et donnait l'ordre de la marche.

Elle se faisait dans un profond silence : d'abord le capitaine conduisant la tête de la colonne, et, après lui, venant ceux qui portaient le bélier. C'était communément une poutre ou solive de dix à douze pieds de long, sur dix à douze pouces d'équarrissage : à défaut de poûtre, les brigands se sont servis plus d'une fois d'un poteau d'indication ou d'une grande croix de cimetière. Un des signes de commandement était le lévier de fer (*schocher*), dont était armé le chef pour enfoncer les caisses et les armoires ; les bandits subalternes portaient d'autres instrumens ou outils (*clamones*).

Dans la plupart de leurs expéditions, les brigands, venant de très-loin , avaient peu besoin de prendre des moyens pour se déguiser : cependant il était rare que tous n'eussent pas la figure noircie. Mais il faut savoir qu'il y avait souvent, de leur part, un raffinement d'adresse dans ces craintes apparentes d'être reconnus. C'était un moyen de faire croire aux individus volés qu'ils l'étaient par des gens de l'endroit même ou du voisinage. C'était aussi d'après ce calcul qu'ils affectaient de se dire : « Ne parle donc pas si haut, on va reconnaître ta voix. »

Si, chemin faisant, ils rencontraient un ou plusieurs individus quelconques, ils tombaient aussitôt sur eux , les renversaient, les garrottaient fortement, et les allaient déposer à l'écart, dans la crainte que ces gens ne les trahissent.

En entrant dans le bourg ou village , leur premier soin était d'envoyer un homme qui connût l'endroit boucher la serrure de l'église, afin d'empêcher qu'on ne sonnât le tocsin ; la seconde de leurs mesures de précaution était de s'emparer des veilleurs de nuit(1), et de les

____

(1) **Dans les plus petites villes et les villages même d'Allemagne et**

jeter, pieds et poings liés, dans un endroit écarté. Pendant ce temps, le capitaine posait lui-même ses sentinelles (*schemier*) devant et derrière la maison attaquée. Les plus déterminés des bandits étaient ordinairement choisis pour ce service, avec carabine, pistolets, et trente ou quarante cartouches. Quelquefois ils avaient l'ordre de faire un feu continuel, pour faire croire aux habitans qu'il y avait un combat engagé dans la rue, et qu'ils ne pouvaient, sans le plus grand danger, s'exposer à sortir de leurs demeures. Dans les contrées qu'avaient traversées les armées françaises, les brigands affectaient de chanter et de jurer en français, pour se donner l'air de maraudeurs de cette nation.

Chacun étant à son poste, le capitaine donnait le signal de l'attaque. En un instant toutes les bougies étaient allumées, et l'on procédait au bris de la principale porte, ce qui s'appelait dans l'argot de ces bandits, *lekechen kauffgesf ausseren*. S'il y avait une fenêtre (*gallaunech*) à laquelle on aperçût encore de la lumière (*nir im beyes scheft*), c'était vers ce point que les coups de fusil se dirigeaient. Comme si ces scélérats eussent dédaigné de se servir de fausses clefs ou d'escalades par surprise, on les voit partout employer la force ouverte.

Aussitôt que la porte avait cédé sous les coups du bélier et de la hache, le capitaine devait toujours entrer

---

de Hollande, on entretient des veilleurs de nuit qui, avec un cornet ou une crecelle, crient les heures jusqu'au point du jour, et doivent donner l'alarme en cas de feu.

le premier : il avait le droit de frapper et même de tuer ceux de ses bandits qui témoignaient de l'hésitation. En un instant toute la maison prise d'assaut était illuminée du grenier à la cave, afin qu'aucun objet de quelque valeur ne pût échapper aux regards de ces avides brigands. Les habitans de la maison, quels que fussent leur sexe et leur âge, étaient garrottés, étendus par terre, et roulés dans des couvertures, quelquefois même à demi-étouffés par les paillasses et les matelas : souvent ils furent réduits à faire des vœux pour que les scélérats qui les dépouillaient trouvassent promptement tout ce qui pouvait assouvir leur cupidité. Si le butin, au contraire, ne répondait pas à l'idée presque toujours exagérée qu'ils s'en étaient faite, ils semblaient épuiser leur infernal génie à inventer des tortures et des supplices, pour contraindre leurs innocentes victimes à déclarer des richesses qu'elles n'avaient jamais possédées.

Lorsqu'un membre de la bande était dangereusement blessé, les autres l'enlevaient; et ils l'auraient plutôt achevé de leurs propres mains, que de l'exposer à tomber vivant au pouvoir de la force armée ou de la justice : leur maxime inviolable étant de tout oser pour prévenir les aveux d'un complice.

En quittant le lieu même de l'expédition, la bande s'efforçait, par un bruit effroyable, de donner une haute idée de sa force et de son intrépidité à tout braver; mais aussitôt qu'elle était parvenue à quelque distance, les chefs ordonnaient, au contraire, le silence le plus profond. Ils évitaient autant que possible de sui-

vre les grands chemins (*dirach*); et, dès qu'ils croyaient
avoir été aperçus, ils se cachaient dans les blés (*sphu*)
ou dans les bois (*gar, krachert*).

Arrivés à quelques lieues du point de départ, ils choisissaient une place écartée, communément dans une
forêt, pour procéder au partage du butin. Le capitaine,
outre les effets précieux qu'il avait soin de s'approprier
pendant le pillage, avait droit à une part double ou
triple. Si l'on découvrait qu'un membre de la bande
n'avait pas fidèlement versé à la masse tout ce dont il
s'était chargé, on réduisait son lot à moitié. Lorsque
l'espion ou *baldover* n'était pas là pour veiller à ses intérêts, il était à peu près sûr d'être lésé considérablement dans la distribution, les voleurs ayant pour cette
sorte de gens un dédain très-remarquable.

Nous ne devons pas omettre de parler des dispositions toujours faites d'avance par les brigands, en cas
qu'ils vinssent à tomber dans les mains de la justice.
Un de leurs jeux favoris, lorsqu'ils étaient rassemblés
dans un bois ou dans une de ces maisons de refuge (*ko-*
chemer beyes) dont nous avons fait mention, était d'i-
miter toutes les formalités d'un interrogatoire et d'un
jugement. Ils se partageaient les rôles de président du
tribunal, de juges, d'accusés et de défenseurs officieux;
chacun jouait le sien en conscience, et ils connaissaient
assez bien les lois pour prononcer d'avance sur la peine
qu'ils avaient encourue.

Une autre de leurs occupations habituelles était d'apprendre à ouvrir les cadenas et serrures quelconques;
plusieurs d'entre eux s'étaient tellement exercés à acqué-

rir ce talent, qu'un simple clou leur suffisait pour ouvrir la serrure la plus compliquée. C'est ainsi qu'ils ont
détaché les chaînes dont on les avait chargés dans leurs
prisons, et sont entrés sans aucun bruit dans les endroits que l'on croyait les mieux fermés. L'art avec lequel ils perçaient les plus fortes murailles avec les plus
faibles instrumens, tient également du prodige. Leurs
femmes ou maîtresses leur étaient d'un grand secours
dans ces circonstances : elles fourmillaient d'inventions
toujours nouvelles pour pénétrer jusque dans leurs cachots, et leur glisser tout ce qui pouvait servir à leur
délivrance.

C'est lorsque les bandes de brigands eurent acquis
cette organisation surprenante, que la paix, rétablie
sur les bords du Rhin, amena une administration forte
et disposée à profiter des intentions des habitans pour
mettre des obstacles à l'audace toujours croissante des
bandits, et pour parvenir à en purger la contrée. Quelques années auparavant les noms de *Finck*, de *Pierre
Petri*, dit le *Schwarze-Peter* (Pierre le Noir), de
Zughetto, de *Seibert*, rappelaient, il est vrai, tout ce
que le crime a de plus féroce; mais alors des villages
n'étaient pas exposés à ces invasions soudaines, à ces
attaques hardies qui menaçaient la sécurité de tous et
les fortunes individuelles; à présent, au contraire, un
seul individu remplissait d'effroi les campagnes; jeune,
adroit, subtil, il se transportait dans un même jour,
avec les misérables qui s'étaient attachés à son sort, à
plusieurs lieues de distance, commettait les vols les
plus hardis, et répandait partout l'épouvante. Quoique

paraissant craindre le danger, il le bravait effronté-
ment : il se promenait publiquement avec sa maîtresse,
jolie femme, à peine âgée de vingt ans, dans l'endroit
qui la veille avait été témoin d'un de ses crimes; il fréquentait les foires, les auberges où chacune de ses victimes pouvait le rencontrer; et telle était la terreur qu'il
avait inspirée, que nul n'osa jamais provoquer contre lui
les poursuites de la justice. Il mettait à contribution les
riches, et aucun d'eux non-seulement n'osait résister à
ses ordres, mais encore ne se sentait le courage d'avouer
qu'il y avait accédé. Quelquefois, après avoir fait une
expédition fructueuse sur l'un des bords du Rhin, il
s'empressait de repasser sur l'autre : des agens, des complices dévoués lui en facilitaient les moyens. Là, parcourant les villes et les campagnes, où il débitait le
butin qu'il avait fait sur l'autre rive, il se reposait des
fatigues qu'il avait naguère essuyées, et se préparait à
de nouveaux dangers. On citait de lui quelques traits
de bienfaisance et de générosité. C'était le fameux
SHINDERHANNES.

Cependant, en plusieurs circonstances, ce célèbre
brigand n'avait pu échapper aux précautions prises
pour s'assurer de sa personne; mais, par un moyen
quelconque, il était toujours parvenu à s'échapper des
prisons où il avait été renfermé. Enfin, grâce à l'influence du gouvernement français, grâce au zèle et à
l'activité des administrateurs qu'il avait institués, la
confiance avait succédé à la crainte, et la terreur n'était
plus réveillée que par le souvenir des dangers qu'on
avait courus. Les paysans, secondant l'autorité, s'é-

taient armés et avaient fait des battues dans tous les lieux qu'on savait être le repaire ordinaire des bandits ; et Schinderhannes, poursuivi, resserré et tombant de patrouille en patrouille, n'avait plus eu d'autre parti à prendre que de s'enrôler au service de l'Autriche, et de chercher ainsi, sous un nom supposé, un asile contre les poursuites de l'autorité civile. Ce fut dans cet état de choses que Schinderhannes, déguisé sous le nom de *Jacques Schweickart*, fut découvert à Limbourg même, où il s'était enrôlé.

Quelque temps auparavant, le 31 mai 1802, le conseiller *Fuchs*, grand-bailli de l'électeur de Trèves, à Limbourg, homme singulièrement actif, faisait une patrouille, au point du jour, aux environs de Haussen, Eissenbach et Haintgen. Il n'était qu'à un quart de lieue de Wolfenhausen, lorsqu'il aperçut, à trois cents pas du grand chemin, sur la gauche, un homme qui sortait d'une pièce de blé : son air lui semblait étranger ; il le considéra d'abord de loin, fit faire halte à sa troupe, et, suivi seulement du meunier de Nieder-Selters, galoppa vers l'inconnu. Arrivé à dix pas de lui, il le somma d'approcher : l'étranger s'y prêta sans difficulté. Cet homme était proprement vêtu ; il avait un chapeau rond, une veste de chasse et un pantalon de hussards ; il tenait à la main un long fouet, dont la poignée était garnie en maroquin rouge.

M. Fuchs demanda à l'étranger d'où il venait, où il allait ; il répondit qu'il venait de Weilbach, et qu'il allait acheter des tuiles à Wolfenhausen ; qu'il avait laissé sa voiture dans un village sur la hauteur. Le grand-bailli lui demanda son passe-port : cette question l'intimida visiblement; il répondit qu'il n'en avait pas besoin, comme étant du canton. Son embarras, l'altération de sa voix, frappèrent M. Fuchs; il le regarda fixement entre les deux yeux, et tout-à-coup le saisit au collet, en s'écriant : « Tu es un coquin, suis-moi. » La force-armée s'avança et s'empara de l'inconnu.

Tout en marchant au milieu de ses gardes, il leur offrait souvent du tabac, et cherchait à lier conversation. Au moment d'entrer à Wolfenhausen, il se pencha à l'oreille de l'un d'eux, et lui proposa un bon pourboire s'il voulait le laisser échapper.

« Comment vous sauver ! lui dit le soldat; mes camarades ont tous leurs armes chargées et ne vous manqueront pas. »

L'étranger fut donc conduit à Wolfenhausen, où se trouvait alors le lieutenant de Runkel avec sa patrouille ; il reconnut aussitôt le prisonnier pour avoir été arrêté par lui quelques jours auparavant, et s'être échappé de ses mains : en conséquence il le réclama, et obtint qu'il lui fût livré. Le lieutenant le fit garrotter et conduire à Runkel, où l'inconnu s'adressa immédiatement à un recruteur autrichien, et s'engagea sous le nom de Jacques Schweickart; c'était d'ailleurs, d'après l'article de la convention de Wetzlar, le sort qui l'attendait.

Jacques Schweickart était depuis quelques jours au dépôt des recrues à Limbourg, où il avait été transféré, et il n'y était pas plus étroitement gardé que tous ses camarades, lorsque, le 19 prairial, un paysan des environs vint révéler au grand-bailli que ce Schweickart n'était autre que le fameux Schinderhannes. Le paysan conseilla d'interroger à ce sujet son frère *Gorges Zervas,* qui était aussi au nombre des recrues, et sa maîtresse *Lisel.* M. Fuchs et le capitaine autrichien *Schœfer* firent subir un interrogatoire à ces deux individus. L'assertion du paysan fut pleinement confirmée, et la comparaison du signalement de Schinderhannes avec le prévenu donna une certitude complète que l'on était enfin maître du célèbre chef de brigands.

On prit aussitôt toutes les mesures pour rendre son évasion impossible, sans faire paraître en rien que l'on fût instruit de la vérité. Le prétendu Schweickart fut enchaîné sous prétexte que c'était l'usage de conduire ainsi les recrues au dépôt de Francfort, pour plus de sûreté. Pour mieux lui en imposer, on enchaîna pareillement une autre recrue nommée Ebel. Schweickart, se persuadant que le capitaine craignait qu'il ne désertât, lui offrit, comme caution, une ceinture pleine d'argent qu'il portait autour du corps ; mais cette offre fut refusée.

Le 21 prairial, Schinderhannes, avec d'autres recrues, fut transporté à Wisbaden, sous escorte de militaires trévirois et de plusieurs jeunes gens de Limbourg, armés de leurs fusils de chasse.

Arrivé à Kirberg, il fut enchaîné plus étroitement encore. Sa figure devint sombre ; il ne parlait presque plus. Un négociant de Limbourg, nommé *Verhofer,* qui faisait partie de l'escorte, s'étant placé devant lui en le considérant attentivement, le brigand se courrouça, et lui dit avec arrogance : « Qu'as-tu à me regarder de la sorte? te dois-je quelque chose ? »

A une lieue de Wisbaden, une compagnie de chasseurs reçut le transport. Quand on y fut arrivé, *Julie Blœsius,* maîtresse de Schinderhannes, se présenta au fourrier autrichien *Wagner,* et lui offrit trois louis s'il voulait consentir à ne pas transporter son mari par Cassel, vis-à-vis de Mayence. Schinderhannes lui-même déclara qu'il avait une peur extrême des Français, et qu'il était presque impossible qu'il ne s'en trouvât pas à Cassel.

Au départ de Wisbaden, il s'écria douloureusement : « C'en est fait! je suis perdu! » Le soldat qui était attaché à la même chaîne lui dit aussitôt : « Ho! ho! nous te tenons cette fois. »

Arrivé à Francfort, sur une réquisition du magistrat, l'officier chargé du recrutement le rendit à l'autorité civile de cette ville impériale, d'où, sur une autre réquisition du jury de Mayence, il fut enfin remis à la gendarmerie nationale française, qui alla le chercher à Francfort, et le conduisit dans les prisons de Mayence.

L'arrestation de Schinderhannes mettait le terme aux brigandages qui avaient dévasté les rives du Rhin, et l'on pensait avec raison qu'il ne se trouverait plus, dans l'état actuel des choses, d'homme assez peu soigneux de sa conservation, pour prétendre rétablir ces redoutables bandes qu'on n'était parvenu à dissiper qu'avec la plus grande persévérance. On prit donc les mesures les plus propres à empêcher l'évasion du brigand, et ses interrogatoires permirent à la justice de se saisir de la plus grande partie de ses complices, et enfin de punir leurs attentats.

JEAN BUCKLER, dit *Schinderhannes* (1), était né, en 1779, à Mülhen, près de Nastœtten, comté de Katzen-Ellbogen, sur la rive droite du Rhin. Son père, *Jean Buckler,* dit le *Vieux,* était écorcheur, et n'avait point de domicile fixe; par suite de sa pauvreté, il ne prit aucun moyen pour diriger utilement l'activité et l'esprit entreprenant que son fils tenait de la nature, soit en le faisant travailler, ou en lui faisant apprendre un métier, et le préservant par là des suites funestes de l'oisiveté. Jusqu'à l'âge de seize ans le jeune Buckler vécut sans avoir jamais été employé à aucune occupation : à cette époque il débuta dans la carrière du crime, en manquant de fidélité dans l'emploi d'une somme d'argent qui lui avait été confiée; et la crainte du châtiment l'empêcha de retourner auprès de son père. Ce premier pas fut suivi d'autres vols; mais ceux-ci n'étant probablement pas assez productifs pour fournir à sa subsistance, il loua ses services, en qualité de valet, à un *bourreau,* chez lequel il resta jusqu'à sa dix-huitième année. Le funeste penchant qu'il avait pour le vice l'entraîna dans de nouveaux crimes. Il fut surpris un jour par les Français, qui occupaient le pays, à piller les caissons d'équipage, et ne dut qu'à un parti d'Autrichiens, qui le délivra, de ne pas recevoir la juste punition qu'il avait encourue. Cependant il rentra au service d'un autre *bourreau,* celui de Barenbach ; ne discontinuant point de se livrer au vol, il fut arrêté et mis dans la prison de Kirn, où le bailli lui fit donner la bas-

---

(1) Mot vulgaire qui signifie *Jean l'Écorcheur.*

tonnade. Évadé de sa prison, il se retira alors dans les cabanes isolées du Hochwald, et lia connaissance avec *Jacques Finck*, dit le *Rothefinck* (1). Il commit, dans la société de ce bandit renommé, plusieurs vols de chevaux dont le produit eut de quoi satisfaire son ambition, et joignit avec lui Pierre Petri, dit le Schwarze-Peter, et le fils de ce dernier. Tous ensemble volèrent plusieurs chevaux, dévalisèrent les passans, et principalement les Juifs; et Schinderhannes, ayant été de nouveau arrêté, fut conduit à Sarrebruck, d'où il trouva moyen de s'échapper dès la première nuit; après quoi il revint auprès de Schwarze-Peter.

Dès ce moment la vocation de Schinderhannes fut tout-à-fait déterminée, et il ne tarda pas à devenir égal et ensuite à surpasser ses premiers maîtres. Cependant jusque là aucune action sanguinaire ne pouvait lui être reprochée; si on l'en croit, le Schwarze-Peter essaya, mais vainement, de le familiariser avec le meurtre; voici à quelle occasion :

Il s'était rendu avec le Schwarze à Thiergarten, afin de faire dire à un paysan auquel ils avaient volé deux chevaux, qu'il leur apportât cinq carolins, s'il voulait qu'ils lui fussent rendus. En l'attendant, ils s'arrêtèrent à Thiergarten, où le Schwarze, s'étant enivré d'eau-de-vie, chercha dispute à plusieurs personnes de la maison où ils étaient, brisa leurs meubles, et en outre les maltraita. Sur ces entrefaites, il arriva trois Juifs de Guemünden; le Schwarze voulut les forcer à jouer du vio-

---

(1) Mort depuis dans les prisons de Trèves.

lon, et les menaça de les tuer s'ils ne se rendaient à ses désirs : à cette occasion, Schinderhannes fit le médiateur, et l'empêcha de faire du mal à ces Juifs. Il vint alors à passer un Juif de Seiffersbach, sur le grand chemin de Simnern, lequel Juif conduisait une vache. Lorsque le Schwarze vit venir ledit Juif, il dit à Schinderhannes : « Va-t'en tuer ce Juif, car *c'est lui qui est cause que ma commère a été tuée.* » Schinderhannes répliqua : « Je n'en ferai rien; » à quoi le Schwarze dit : « Hé bien donc, je vais le tuer moi-même, et toi, tu n'as qu'à garder ces Juifs pour qu'ils ne se sauvent pas, puisqu'à mon retour il faudra encore qu'ils me jouent du violon. » Le Schwarze suivit le Juif, l'atteignit et le perça de coups, et se mit, aussitôt qu'il eut été abattu, à lui arracher sa montre, son argent et un paquet qu'il tenait à la main. A ce moment il arriva sur la route cinq ou six paysans. Le Schwarze, sans être épouvanté, traîna le cadavre derrière un tronc d'arbre, et ne prit la fuite que lorsque les paysans furent près de lui.

Le malheureux Juif qui avait succombé sous les coups de Schwarze-Peter avait encouru sa haine dans cette circonstance. Un jour, il revenait d'un baptême avec plusieurs de ses complices et traversait les bois de Shon. Depuis le matin il paraissait fort occupé de la femme de l'un de ses camarades, qui était d'une rare beauté; il parvint à la retenir en arrière, et s'assit avec elle au pied d'un arbre. Le Juif les aperçut, et courut en avertir le mari. Celui-ci revint sur ses pas, s'élança sur sa femme comme un furieux, et la poignarda, sans que le Schwarze opposât le moindre obstacle à l'action de ce scélérat. Sa conscience ne lui avait pas permis, disait-il, de défendre une femme contre l'autorité de son mari ; mais il avait juré de tuer celui qui l'avait dénoncée.

Il serait trop long et hors de notre récit de rapporter tous les actes de férocité qui avaient rendu célèbre le Schwarze-Peter. Si l'on trouve dans la carrière de Schinderhannes quelques traits de cruauté, au moins n'y rencontrera-t-on point d'actions qui dénotent un homme sanguinaire par habitude.

Après avoir passé ces premiers temps avec les Peter et les Finck, qui était aussi parvenu à rompre ses fers, Schinderhannes envisagea le métier qu'il exerçait sous un point de vue plus étendu qu'il ne l'avait fait jusqu'alors ; il commença à recruter les brigands avec lesquels il avait déjà lié connaissance, et, depuis 1797 jusqu'en 1801, exploita avec une audace infinie les lieux dont il avait fait le théâtre de ses crimes, que nous rapporterons en détail, après avoir parlé de la procédure intentée contre lui.

Dans les nouvelles provinces conquises par la France, et qui étaient ravagées par le plus de brigandages, le gouvernement avait reconnu la nécessité de suspendre l'institution du jury, et de remettre la poursuite de la plupart des crimes à des tribunaux d'exception. En vertu de la loi du 18 pluviôse an IX, le gouvernement, par deux arrêtés en date des 17 et 18 germinal an X, avait établi un tribunal spécial pour le département du Mont-Tonnerre, qui siègerait à Mayence, et devant lequel serait notamment instruite la procédure contre les nombreux fauteurs de la bande de Schinderhannes.

Quand celui-ci eut été arrêté en dernier lieu à Limbourg et conduit à Francfort, il avait subi un interrogatoire devant les magistrats de cette ville, auxquels il avait promis de leur faire le récit et l'aveu de toute sa vie passée, mais en les suppliant d'obtenir qu'il ne fût point conduit sur la rive gauche du Rhin et livré aux Français, et qu'on le punît en Allemagne. Conduit à Mayence, et bien convaincu sans doute que tous les moyens qu'il emploierait pour s'évader seraient sans succès, espérant d'ailleurs que l'aveu de ses crimes et la découverte de ses complices lui sauveraient la vie, il se résolut à entrer dans les déclarations les plus franches et les plus étendues.

Le 29 prairial an x (juin 1802), quelques jours après son arrestation, il comparut devant le directeur du jury de l'arrondissement de Mayence. Il déposa entre les mains de ce magistrat la déclaration suivante :

« Je ne sais que trop bien que je suis coupable de délits, et que j'ai mérité d'être puni : je suis disposé à en porter courageusement la peine, pourvu seulement que ce ne soit pas celle de mort : si l'on m'assure que je n'endurerai point cette dernière, je suis décidé fermement, et je m'offre à dévoiler fidèlement, et sans.la moindre retenue, tout ce qui pourra contribuer à la découverte des brigands qui, depuis plusieurs années, infestent les deux rives du Rhin, et à s'en saisir. »

Suivant sa promesse, Schinderhannes ne dissimula aucune circonstance des crimes auxquels il avait pris part, avec cette restriction néanmoins, qu'il nia constamment, pour son compte, avoir commis aucun meurtre, et qu'il employa tous ses efforts afin d'alléger les charges qui pouvaient exister contre Jean Buckler, son père, et contre Julie Blœsius, sa maîtresse; il finit son interrogatoire, qui comprend cinq cent soixante questions, contenues avec les réponses en soixante pages in-folio, en ces termes :

« Je sais que j'ai commis une infinité de crimes plus ou moins punissables; ce n'est que mon extrême jeunesse, un concours de circonstances malheureuses, l'impossibilité où je me suis trouvé de retourner à un autre genre de vie, mon vif repentir et la conduite même que j'ai tenue dans le brigandage, enfin l'aveu ingénu que j'ai fait de mes crimes et de mes complices, qui peuvent me faire espérer la grâce du gouvernement. Je vais vous donner une esquisse de ma vie. Je m'en rapporterai à l'humanité de mes juges, et à la sagacité de mon défenseur, s'ils peuvent y trouver des moyens de mitiger la rigueur de la loi.

» Vous savez déjà que je naquis à Mühlen, près de Nastœtten, sur la rive droite du Rhin, où mon père exerçait le métier d'écorcheur. Je n'avais pas encore quatre ans, que mon père quitta cet endroit pour émigrer en Pologne; chemin faisant, il s'enrôla dans le régiment impérial de Hildbourghausen, qui était alors en garnison à Olmütz en Moravie.

» Lorsque j'eus atteint l'âge de neuf ans, mon père déserta; ma mère et moi le suivîmes aux frontières de la Prusse, où nous retrouvâmes mon père; on nous délivra un passe-port prussien, avec lequel nous vînmes dans les environs du Rhin, et à Merzweiler sur le

Hundsrück, lieu natal de mon père. Celui-ci eut successivement pour domicile les villages de Hommerich,
Langweiler et Hobstetten, où il était le garde-cham-
pêtre; je fréquentai les écoles, et je fus confirmé dans
la religion luthérienne à Cappeln; depuis, mon père
demeura successivement à Hommerich, Kirchenbollenbach, Idar et Veitsrod.

» C'est dans ce dernier endroit que je quittai la
maison paternelle, au commencement de 1797.

» J'étais alors parvenu à l'âge de quinze ans et demi;
l'occasion qui me fit quitter mes parens fut la suivante :

» Le cabaretier *Koch*, de Veitsrod, m'avait donné un
louis pour acheter de l'eau-de-vie à Oberstein; au lieu
de m'acquitter de cette commission, je dépensai cet
argent dans les cabarets avec le nommé *Hannfried*
(*Eisenhuth*). Craignant la juste correction de cette
faute, je n'osai plus retourner chez moi; j'errai donc
dans le pays, et le manque absolu de subsistance me
fit commettre le premier vol, qui fut celui d'un cheval, au Schonbornerhof, et que je vendis aux Trois-
Etangs, à un nommé *Henri Delis;* ce Delis est le même
qui a été tué depuis par Lorenzen-Peter près de
Darmstadt. Peu de temps après j'entrai au service du
citoyen *Nagel*, maître des hautes et basses œuvres à
Barenbach; je quittai ce service pour en prendre chez
mon cousin Buckler à Sobernheim; mais je retournai
bientôt à Barenbach. Pendant que j'y étais pour la seconde fois, je fis la connaissance d'un garçon boucher
de Kirn; celui-ci me conseilla de voler des moutons,

me promettant d'acheter tous ceux que je lui apporterais; je fus assez faible pour céder à ses conseils pernicieux, et je commis effectivement plusieurs vols de moutons. Le nommé *Jean-Nicolas Nagel*, de Weyden, qui se trouvait aussi au service du citoyen Nagel, à Barenbach, m'assista dans ces différens vols.

» Le magistrat de Kirn, auquel ces délits furent dénoncés, conçut des soupçons contre moi, et me fit arrêter à Barenbach, et transférér de là à Kirn; je m'évadai de ma prison dans la première nuit, et je retournai à Barenbach pour y prendre mes habits; de là je me rendis à Kirn, pour toucher deux écus de six francs que le boucher *Franz* me devait encore pour prix des moutons volés que nous lui avions vendus.

» De Kirn j'allai à Henneweiler, où je trouvai les nommés *Mullerhannes* et *Petronellen Michel* (*Michel Huth*); je leur racontai mes aventures; Mullerhannes m'engagea à venir avec lui, et je le suivis à la cense d'Ayen; je le quittai le lendemain, et me rendis dans le Hohwald, à la Mühl, chez mon cousin *Hahn* et la veuve *Dupré*.

» C'est de cet asile que je commis plusieurs vols :

» *a.* Des cuirs à Meisenheim, que je vendis le lendemain du vol, au même tanneur auquel je les avais volés.

» *b.* Un cheval au citoyen *Riebel,* de Wiesweiler, que je vendis au nommé *Vinkler*, de Hundheim.

» *c.* Du drap à Birkenfeld; à cette époque je fus arrêté à Zusch, par des chasseurs du pays : mais pendant mon transfèrement à Birkenfeld, je saisis l'occasion de m'échapper à Mühl.

» Incertain sur le lieu où je pourrais me réfugier, j'errai dans le Holwald ; je pris enfin la résolution d'aller sur l'autre rive du Rhin, pour voir les parens de ma mère ; mais avant que je misse en exécution ce projet, qui seul aurait pu me préserver de plus grands crimes, je fis la connaissance de Jacques Finck à Tréberhanneshütt ; celui-ci, abusant de l'état de détresse où je me trouvais, m'associa à ses forfaits ; je commis avec lui et ses camarades, tels que *Jean George*, de Lauschied, *Keesgen*, Schwarze-Peter, *Ildes-Jacob*, *Jœger-Philippe*, etc., plusieurs vols de chevaux.

» Alors je fus arrêté, pour la seconde fois, au moulin de Weiden, et transporté dans les prisons de Sarrebrück ; j'y trouvai les nommés Finck et Keesgen ; ceux-ci avaient déjà préparé une trouée pour s'échapper ; nous en profitâmes dans la première nuit de mon arrestation. Plus enhardi par ces malheureux succès, je continuai mon ancien genre de vie. Une troisième arrestation à Schneppenbach suspendit de nouveau le cours de mes brigandages ; les interrogatoires que j'ai subis à Simmern, par suite de cette arrestation, contiennent le détail de tout ce que j'ai commis à cette époque.

» Je frémis encore en ce moment, lorsque je me rappelle la dureté de la captivité que j'y ai éprouvée.

» Pendant la nuit j'étais chargé de chaînes et détenu dans un souterrain obscur et humide ; pendant le jour on me permettait quelquefois de respirer un air plus sain dans une prison au-dessus ; j'y trouvai *Philippe-Arnold*, d'Argenthal. Dans les momens où l'on me retirait de mon souterrain, j'étais gardé par quelques bourgeois; un de ces gardiens me procura un couteau; je m'en servis pour couper une des planches de la prison où je passais une partie du jour; m'y étant ainsi ouvert une issue dans la cuisine, je me servis d'une corde que Philippe-Arnold avait attachée au-dessus de mon souterrain pour remonter dans la tour. Ayant pénétré jusque dans la cuisine, j'en trouvai les fenêtres munies de grilles de fer; j'ébranlai avec violence le grillage et le rejetai au dehors; un saut hardi me délivra totalement de ma prison; mais une grosse pierre, qui s'était détachée, tomba après moi et me cassa la jambe; ne pouvant pas marcher, je saisis une rame à houblon, et me traînai péniblement, pendant la même nuit, jusqu'à la forêt de Berghausen ; la nuit suivante je continuai ma route douloureuse jusque dans la forêt près du moulin de Áppertermühl, situé aux environs de Gellweiler; et la nuit du surlendemain, jusqu'au moulin près de Birkenmühl, où je pris la première nourriture depuis mon évasion; de là je rampai jusqu'à Sonschied, où je me réfugiai chez *Charles Engers*. Tous ces efforts pour ramper sur les genoux et marcher appuyé sur cette rame à houblon, m'avaient déchiré jusqu'aux os la chair sous l'aisselle et aux genoux.

» Engers me prêta un cheval avec lequel je me rendis à Barenbach, où mon ancien maître me remit la jambe et me donna un onguent pour me panser; je retournai chez Engers, où j'achevai ma guérison, qui exigea à peu près trois semaines.

» Après mon rétablissement je commis, sur les grandes routes, les vols qui sont à votre connaissance. Mes complices furent alors, *Martin Schmitt*, *Philippe Gilbert*, *Charles Benzel*, Charles Engers, *Pierre Dalheimer*, *George Otton*, *Pick*, Philippe Arnold, etc.

» Les premiers vols nocturnes, à force ouverte et moyennant effraction, furent celui d'Otzweiler et de Hottenbach. Après l'affaire d'Otzweiller, je passai le Rhin pour la première fois; je fis, sur l'autre rive, la connaissance des voleurs de la bande des Pays-Bas, et d'autres gens de cette trempe.

» J'exerçai le métier de marchand forain sous le nom de *Jacques Ofenloch*, le long de la Bergstrasse, dans la Wettéravie, sur le Lahn, et dans le district dit Mayngrund. J'y vendis les marchandises que je volais sur la rive gauche. J'en achetais même de temps en temps à Francfort; mais lorsque mes fonds étaient épuisés, je revenais sur la rive gauche pour m'en procurer de nouveaux.

» J'avoue que j'ai mérité punition pour tous ces crimes, mais on ne pourra me reprocher aucune cruauté, et si mes complices en ont commis, j'ai fait tout ce qui dépendait de moi pour les en empêcher.

» Je nourrissais depuis long-temps l'espoir de quitter cette vie scandaleuse, et le citoyen *Lichtenberger* (1), inspecteur des salines à Munster, pourra certi-

______

(1) Voici ce qu'écrivait à ce sujet M. Lichtenberger :

» Je viens de lire, dans quelques papiers publics, parmi divers traits de la vie du fameux Schinderhannes, un fait qui me concerne personnellement. Il est assez singulier pour que je croie devoir

fier que je me suis adressé à lui pour savoir s'il n'était
aucun moyen pour moi de rentrer dans l'ordre social ;

---

vous en faire un récit détaillé, récit qui servira d'ailleurs à rectifier les
relations infidèles qui ont été faites.

» Au mois d'avril 1802, je me rendis dans une forêt voisine où se devait faire une coupe importante. M. Kron, marchand de bois, m'accompagnait : un de ses associés nous attendait à la ferme qui se trouve au
milieu de la forêt. Nous n'étions plus qu'à un petit quart de lieue de
cette ferme, lorsque nous fûmes aperçus par une sentinelle de la bande
de Schinderhannes. Un coup de sifflet donna l'alarme : les brigands
nous prenaient pour des gendarmes déguisés. Heureusement pour moi,
Schinderhannes me reconnut avec sa lunette. Mon compagnon et moi
tînmes conseil un instant, et il fut résolu que nous continuerions notre
chemin. A trente pas de l'entrée de la ferme, je vis deux hommes armés
qui nous observaient attentivement.

» Mon embarras, en approchant, surpassait toute imagination. Entouré
de brigands renommés par leur audace et leur férocité, portant sur moi
de l'argent, des bijoux, et ayant de plus à la main un très-beau fusil de
chasse, je devais tout redouter, et jusqu'à la mort même.

» Tout-à-coup, et comme par un mouvement d'inspiration, je me
dirige vers le chef de bandits, qui, de son côté, s'avançait vers moi. Il
avait la réputation d'être moins féroce que les autres. Je me rappelais
en outre l'avoir vu souvent chez moi, à Weyerbach, pendant qu'il était
au service du bourreau Nagel, à Bœrenbach. Sa maîtresse Julie, fille
d'un pauvre paysan de mon village, avait reçu jadis de fréquentes au-
mônes de moi. Toutes ces considérations m'enhardirent un peu ; et en
effet, Schinderhannes m'accueillit avec des égards marqués. Nous cau-
sâmes près d'une demi-heure ; il avait l'air tranquille, et montra même
quelque gaîté. Sa figure faisait un contraste rassurant avec celle de l'affreux Pierre le Noir, qui se tenait immobile auprès de son capitaine, lan-
çant à tout moment des regards de harpie sur ma montre, mes boucles
et mon fusil. Je ne puis douter que, sans la présence de Schinderhannes,
ce monstre sanguinaire ne m'eût assailli sur l'heure. Nous nous sépa-
râmes.

» En revenant chez moi, je ne pus m'empêcher de réfléchir sur ce qui
venait de m'arriver, et le souvenir de quelques bonnes actions de Schinderhannes me fit concevoir l'espérance de le retirer du sentier du crime.

II.   7 voyant que toute espérance de retour m'était interdite, mon dessein était de quitter la rive gauche et de m'engager en Allemagne. Pour exécuter ce projet, je me

---

Il était à ma connaissance que son jeune frère, valet de ferme dans le canton d'Herstein, recevait souvent de lui de petites sommes d'argent, et toujours avec de vives recommandations de ne point se livrer au vol.

» J'étais donc bien loin de me prêter aux ouvertures de M. Pérard, receveur à Brenznach, qui m'avait proposé de faire arrêter Schinderhannes. Quelque sincère que fût mon désir de délivrer mes concitoyens de ces dangereux brigands, il me paraissait déloyal, et même infâme, de tendre un piége à celui qui avait respecté mes jours.

» J'engageai donc au contraire M. Pérard à solliciter, par l'entremise de M. Bruges, aujourd'hui président du tribunal criminel de la Sarre, la grâce de Schinderhannes auprès de M. Jean-Bon Saint-André, alors commissaire du gouvernement, sous la condition expresse de licencier à l'instant sa bande, et de se présenter lui-même.

» Je crus d'abord que mes vœux seraient remplis : un homme, dont la chaumière, située au milieu de la forêt, servait souvent d'asile à Schinderhannes dans ses courses nocturnes, entreprit cette délicate négociation, dans laquelle toutefois je ne voulus pas être nommé. Schinderhannes, pressé de se déclarer, répondit enfin que les feuilles poussaient (c'était au printemps), et qu'il n'avait plus peur d'être découvert dans les bois.

» Mais au bout de quelques semaines, poursuivi de très-près par les gendarmes, Schinderhannes revint demander un refuge au même homme, et se montra pour lors plus accessible à ses propositions. Le point sur lequel il insistait le plus était son admission dans un corps militaire dès qu'il aurait licencié sa bande. Il protestait que sa vie future serait exemplaire.

» Ce fut dans ce temps que j'appris que les lois s'opposaient à l'amnistie d'un chef de brigands. Je cessai aussitôt toute démarche, et me bornai à donner à Schinderhannes le conseil de ne jamais reparaître sur la rive gauche du Rhin. Il parut touché de l'intérêt qu'il m'avait inspiré : il quitta la chaumière en témoignant à son hôte des sentimens fort louables... La suite de son histoire est connue de tout le monde.

» Munster, 15 frimaire an XII. »

Signé LICHTENBERGER.

rendis effectivement sur la rive droite. Je voulus me défaire de mes marchandises en les vendant dans le pays de Runkel; j'en fus éconduit; j'y rentrai, on m'arrêta à cette occasion. Je déclarai ma volonté de servir dans les troupes impériales : on me livra aux recruteurs autrichiens à Limbourg. Quelqu'un décela mon véritable nom; on me conduisit à Francfort; c'est là que j'avouai qui j'étais; ce qui a entraîné ma tradition aux autorités françaises.

» Me repentant sincèrement de mes crimes, j'entrevis dans leur aveu sincère le seul moyen de les expier en tant qu'il dépendait de moi, et de réparer les maux que j'avais faits à la société. Je laisse à ceux qui me jugeront d'apprécier si j'ai rempli cette obligation que je m'étais imposée; et quel que puisse être mon sort, je m'y soumettrai avec résignation, trop malheureux s'il ne m'est plus permis de donner à la société, par des actions honnêtes, des gages de la sincérité de mon repentir. »

Comme nous l'avons dit, les interrogatoires de Schinderhannes fournirent à la justice les renseignemens les plus étendus. Ils permirent d'arriver à la connaissance certaine de cinquante-deux crimes principaux commis par lui et sa bande, et à l'égard desquels il existait déjà des commencemens d'instruction, et firent ordonner l'arrestation d'un grand nombre d'individus qu'ils compromettaient plus ou moins.

On a vu quels avaient été les commencemens de Schinderhannes. Ses aveux, sur lesquels fut basé l'acte d'accusation, nous permettent maintenant de le suivre depuis l'instant où il devint chef de bande, jusqu'à celui où la vigilance des autorités mit un terme à ses attentats.

Le premier vol qu'il commit, suivant l'ordre chronologique de l'acte d'accusation, fut un vol de drap avec escalade et effraction, exécuté, le 9 février 1797, chez les frères Humm, fabricans à Birkenfeld; la manière dont il fut effectué prouve que Schinderhannes n'avait pas moins d'adresse que d'audace. Huit jours auparavant il était allé dans cette fabrique pour acheter du drap; l'inspection qu'il fit des lieux lui donna à penser qu'il lui serait facile de s'en procurer sans payer. Il y alla donc pendant la nuit; un factionnaire, posté dans le voisinage, l'empêcha deux fois d'exécuter son projet; il revint une troisième avec une échelle qu'il avait prise non loin de là, et au moyen de laquelle il monta jusqu'à la fenêtre du magasin. Le volet était ouvert : alors, coupant un carreau, il ouvrit la fenêtre sans difficulté, et pénétra dans le magasin, où il enleva quatre ou cinq pièces de drap, sans être intimidé le moins du monde par la présence d'un homme qui était occupé à écrire.

Dans cette circonstance Shinderhannes était seul, mais dans deux ou trois autres vols de chevaux qu'il commit après il était accompagné de plusieurs individus qui étaient attachés à sa fortune, et dont nous aurons occasion de rappeler les noms.

Dans le même temps, à la fin de décembre 1797, ce brigand, qui paraissait n'avoir d'autre passion que le vol, devint amoureux d'une fille nommée *Marianne Schœfer;* cette jeune personne, âgée de quatorze ans, était douée d'une figure ravissante, et se mettait toujours avec une élégance extrême. Comme sa mère avait des liaisons avec tous les brigands qui composaient la bande de Schinderhannes, Marianne vit bientôt soupirer pour elle les principaux d'entre eux; mais elle les repoussa, les agrémens personnels de Shinderhannes l'ayant séduite.

Nicolas Rauschenberger, plus connu sous le nom de *Blacken-Klos*, camarade renommé de Schinderhannes, voyant ses feux rejetés, en conçut une effroyable jalousie. Un jour il arrive furieux chez Élise Schœfer, et lui demande sa fille; il exige que cette dernière s'abandonne à ses désirs brutaux et le suive; mais la mère et la fille opposent à ses instances un refus formel; celle-ci, pour se dérober à sa rage, va se cacher dans une cave; alors Blacken-Klos exhale sa fureur en menaces horribles, et ne quitte la maison qu'après avoir enlevé les habillemens des deux femmes. Peu de jours après Schinderhannes vint voir sa maîtresse; il avait avec lui un nommé *Jean Seibert* (mort depuis), et Jacques Finck. Élise Schœfer et sa fille se plaignent des violences qu'elles venaient d'essuyer de la part de Blacken-Klos, et le prient de leur prêter aide et assistance pour retrouver leurs habits. Schinderhannes, transporté d'indignation de l'affront fait à sa maîtresse, jure aussitôt d'en tirer une vengeance terrible ; en effet, le lendemain il se met à la poursuite de Blacken-Klos, et l'atteint à la cense de Baldenau. Assisté de Seibert, et sans s'arrêter à lui demander la restitution des objets enlevés, il se jette sur lui, le maltraite à coups de couteau et de bâton, et d'une si horrible manière, qu'il en resta mort sur la place.

Lors de son interrogatoire, Schinderhannes soutint que ce n'était pas lui, mais bien Seibert qui avait porté le coup mortel à Blacken-Klos.

C'est à l'époque de ce crime que fut commis l'assassinat du Juif Simon Seligmann, par le brigand Schwarz-Peter; mais ces différens assassinats ayant fait quelque bruit, Schinderhannes jugea prudent de quitter le pays qui en avait été témoin. Après plusieurs vols de peu d'importance, il se retira dans une autre contrée.

Au bout d'environ un an, Schinderhannes signala son retour par les attaques les plus hardies sur les grands chemins. Au mois de décembre 1799, le sieur Schank, revenant de la foire de Birkenfeld, et s'étant arrêté à la ferme dite de Wickenhof, fut assailli, à un quart de lieue de cette ferme, à huit heures du matin, par trois brigands armés de pistolets et de couteaux, lesquels, en lui mettant le pistolet sur la poitrine, lui volèrent 280 florins. Le même jour, et presque à la même heure, plusieurs autres individus, au nombre de cinq, furent dévalisés avec les mêmes circonstances.

Dans les premiers jours de janvier 1800, les sieurs Bœr Reinach, marchands à Mayence, et Moïse-Juda Canstadt, médecin à Bingen, étaient allés pour leurs propres affaires à Becherbach, près de Kirn, et ils avaient fait leur route sans aucune mauvaise rencontre.

Ils avaient cependant appris que les routes étaient peu sûres, et même pendant le peu de temps qu'ils étaient demeurés à Becherbach, deux individus trèssuspects s'étaient informés, dans une auberge, du moment de leur départ. Enfin, la voiture de Kreuznach, qui devait les y conduire, vient les prendre à Becherbach. Ils y montent en se faisant accompagner de quatre hommes armés, et ils arrivent ainsi, sans accident, à Sobernheim, le 15 nivôse an VIII (janvier 1800), chez un de leurs amis, le citoyen Isaac Weiler. Là, on leur conseilla de renvoyer leur escorte, et le citoyen Weiler ajouta lui-même que deux hommes qui étaient en ce moment chez lui, et qui connaissaient le brigand Schwarze-Peter et sa bande, les accompagneraient jusqu'à Bœckelheim, et que dans leur compagnie ils n'avaient rien à craindre. Ces deux hommes étaient, l'un, Valentin Dern, fermier de la cense nommée Marienpforterhof, et son gendre Nicolas Nau, qui étaient venus chez Isaac Weiler pour terminer avec lui un compte relativement à des moutons. Isaac Weiler leur demande s'ils veulent gagner un florin, qu'il ne s'agit que d'escorter les citoyens Reinach et Canstadt jusqu'à Bœckelheim. Le père s'y refuse, alléguant qu'il a encore quelque affaire à Sobernheim, mais qu'il leur donnera son fils Jean-Louis Dern, apprenti tonnelier chez Henri Wallauer dans le même endroit. Ce jeune homme arrive, et ils partent tous quatre.

Le temps était très-humide et plein de brouillards. Le jeune Dern monte derrière la voiture, et Nau suit à pied ; mais comme, à cause de la boue, il lui était impossible de suivre, il monte aussi derrière la voiture. Arrivés à une côte pénible, le cocher leur reproche leur paresse et les force de descendre pour ne pas fatiguer davantage les chevaux. Ils le font, mais la voiture allait si rapidement, et les chemins étaient si mauvais, qu'il leur était impossible de suivre; enfin ils se décident à retourner chez eux à Marienpforterhof, sans pousser jusqu'à Bœckelheim, où ils avaient droit de réclamer la récompense dont ils étaient convenus. Cependant les citoyens Reinach et Canstadt n'étaient plus qu'à un quart de lieue environ de Bœckelheim, lorsqu'ils furent attaqués par cinq individus, dont l'un tira d'abord un coup de pistolet, et leur signifia de descendre de la voiture : ils obéirent sans résistance; alors deux de ces individus leur prirent pour une valeur considérable, en argent, montres, bijoux, linges et autres effets qu'ils avaient, soit sur eux, soit dans la voiture : les autres demeurèrent spectateurs. Après que les brigands les eurent dévalisés tout à leur aise, ils leur dirent, en mauvais hébreu, que s'ils avaient le malheur d'ouvrir la bouche sur ce qui leur était arrivé, ils pouvaient s'attendre à une mort certaine.

Déjà l'audace des brigands croissait de plus en plus; six jours après cet événement, Schinderhannes, suivi d'une grande partie de sa bande, et ayant conçu le dessein de voler le sieur Riegel, demeurant à Otzweiler, arrive dans la nuit au moulin d'Antesmühl. Ils se font ouvrir la porte d'autorité, et étant entrés, ils exigent qu'on leur prépare à souper. On exécute leurs ordres : ils mangent des omelettes, du pain, du beurre. Bientôt, non contens de cela, ils demandent au meunier son argent; sur la réponse de ce dernier qu'il n'en avait pas, ils se livrent aux plus grands excès, brisent les armoires, pillent le linge, les effets : un d'eux tire un coup de fusil dans le plafond, mais Schinderhannes le réprimande et le frappe, et parvient enfin à faire sortir ses compagnons, avec lesquels il se dirige sur Otzweiler.

Ils arrivent dans ce village au nombre de quinze, tous armés de fusils, et se rendent directement à la demeure de Riegel. Schinderhannes frappe à la porte, dont il demande l'ouverture, en disant que lui et les hommes qui l'accompagnent cherchent des gens suspects. Le gendre de Riegel se rendit à son invitation. Schinderhannes entre aussitôt avec les brigands Benzel, (guillotiné à Coblentz) et Engers; les autres restent en observation en dehors de la maison. Ils cherchent d'abord à s'assurer des habitans; mais le gendre de Riegel cherche à se sauver; un coup de feu le blesse dangereusement. Les brigands se précipitent alors sur l'épouse de Riegel, la maltraitent de coups, et menacent de la tuer si elle ne déclare pas immédiatement le lieu où est déposé son argent; pendant ce temps, Riegel essaie de se sauver par une fenêtre : à peine l'a-t-il franchie, qu'il reçoit un coup de fusil, et tombe mort sur la place.

Cependant le bruit des armes à feu avait éveillé tout le voisinage; les brigands prennent le parti de la retraite, mais après avoir blessé à la poitrine une femme qui habitait une maison proche de celle de Riegel, et qui avait ouvert sa croisée pour voir ce qui se passait.

Pour se dédommager du mauvais succès de cette expédition, Schinderhannes imagina un moyen qui, depuis, lui réussit souvent. Le 15 nivôse an VIII, trois jours après le crime d'Otzweiler, à huit ou neuf heures du soir, Frédéric-Gérard Müller, à Raumbach, était tranquillement chez lui avec son gendre et le reste de sa famille, lorsqu'un individu, armé d'un fusil et muni d'une carnassière, entre et demande à allumer sa pipe. Il s'approche de la chandelle, apprête son fusil et ses pistolets, et, sous différens prétextes, cherche à lier conversation avec le gendre de Müller, nommé Gilmann, auquel il demande s'il est Müller lui-même, et s'il a vu Schinderhannes. Sur sa réponse négative, il s'adresse à Müller, et lui présente un écrit dont il lui fait lui-même la lecture. Il s'agissait de *trente louis*, qui devaient être fournis par Müller, son gendre et les frères de ce dernier. Il fut représenté que l'argent était rare; mais l'inconnu jura que, si le lendemain on ne portait cet argent à un certain endroit devant le village, il établirait dans la maison quelques diables d'hommes qui lui feraient trouver la somme demandée. L'inconnu se retira, et l'on remarqua que, pendant le temps qu'il était resté dans la maison, trois autres individus étaient restés en sentinelle devant la porte.

Le lendemain Müller envoya par son gendre, à l'endroit indiqué, sept louis et demi; Georges Gilmann en envoya sept et un quart par son fils; le tout fut reçu par l'inconnu de la veille, accompagné de trois autres armés; il accueillit les excuses des paysans, qui lui dirent que c'était là tout ce qu'ils avaient pu faire, et, leur donnant même des éloges, leur promit qu'il leur ferait remettre cette somme par les Juifs, en leur faisant observer cependant que, s'ils s'avisaient de parler, il mettrait le feu à la maison.

Si on s'en rapporte au dire de Schinderhannes, les meurtres qui avaient été commis à Otzweiler l'avaient vivement indigné contre ses subalternes, et, ne voulant plus avoir affaire à de pareilles gens (ce sont ses expressions), il prit son chemin vers le Shonwald, et se rendit pour la première fois sur la rive droite du Rhin, un écorcheur de Boundenbach lui servant de guide.

Ce changement de séjour ne fut pas de longue durée, Schinderhannes revint et reprit le cours de ses brigandages. Sa hardiesse semblait s'être augmentée. Dans les premiers jours de mars 1800 (22 ventôse an VIII), plusieurs Juifs et chrétiens, au retour de la foire de Baumholder, passant par la forêt dite Winterhauch, y furent attaqués par deux brigands (l'un était Schinderhannes) armés de fusils et de pistolets. Ceux-ci, sans rien faire aux paysans, demandèrent de l'argent aux Juifs, et leur enlevèrent en effet sept florins. Peu de temps après, deux autres individus furent également assaillis et dépouillés de sept à huit louis qu'ils avaient. Enfin, le même jour, sur la même route, Gottslhlick Herz et Isaac Sender, de Weiherbach, furent dévalisés par les mêmes brigands, qui, après avoir donné quelques soufflets à Herz, leur prirent, savoir : à Herz une montre d'argent et un écu de six francs, et à Sender une montre d'argent. Les deux brigands portèrent l'audace au point qu'ayant rencontré presque immédiatement les deux frères de Herz, et ceux-ci les ayant invités à rendre l'argent qu'ils venaient de lui voler, non-seulement ils s'y refusèrent, mais encore les forcèrent de leur en donner encore; cette dernière scène se passait publiquement au milieu du village de Forhnhausen.

A six jours de là, dix Juifs venaient de Wolfersweilen allant à Birkenfeld; arrivés sur la colline près Neubruck, où l'on sort d'un chemin creux, cinq brigands, armés de pistolets, de fusils et de grands couteaux, sortirent tout-à-coup des broussailles, en leur criant : *Halte là, coquins!* Un des Juifs, qui était à pied et un des premiers, en avertit ceux qui étaient encore derrière lui dans le chemin creux. Deux d'entre eux, qui étaient à cheval, prirent la fuite; les brigands tirèrent après eux : les balles et les dragées percèrent les manteaux des fuyards, sans cependant leur faire de mal. Deux autres, qui étaient à pied, voulurent s'enfuir aussi; mais les bandits les ayant poursuivis, les atteignirent, et renversèrent l'un d'eux, nommé Conrad Mohr, par un coup de bâton sur la tête, qui lui fit perdre connaissance. Cette blessure le retint au lit pendant six semaines. D'autres Juifs furent aussi maltraités, et tous furent dépouillés de leur argent et de leurs effets.

A cette époque, Schinderhannes, depuis long-temps amoureux de la fille d'un musicien, nommée *Julie Blæsius,* résolut de l'associer à son sort. Sans doute cette jeune personne, extrêmement jolie, n'était pas insensible à l'amour qu'elle avait inspiré; Schinderhannes n'avait que vingt-un ou vingt-deux ans, et réunissait à une figure distinguée des manières beaucoup moins communes qu'on n'aurait pu le supposer d'après son genre de vie et la sorte de gens qu'il était habitué à fréquenter; néanmoins la manière dont il l'enleva à ses parens n'est peut-être pas sans intérêt : nous laissons Julie la raconter elle-même lors de ses interrogatoires.

« Un homme de Dickesbach, dont j'ignore le nom, est venu dans mon endroit natal; il me trouva, avec ma sœur Marguerite, dans le cabaret de Jacques Fritsch. Cet homme me dit, et à ma sœur Marguerite, que nous devions aller avec lui dans la forêt dite Dolbach, qui n'est qu'à un quart de lieue de notre village, et qu'il y avait quelqu'un qui voulait nous parler, sans cependant nous dire ni son nom, ni l'objet de son invitation. Quoique je ne voulusse pas me rendre à cette proposition vague, cet homme parvint cependant à me persuader d'aller avec lui : ma sœur Marguerite nous accompagna. Lorsque je fus dans la forêt, j'y trouvai un jeune homme bien fait, qui me fit la proposition de quitter mes parens et de le suivre. Ne voulant pas accepter sa proposition, malgré les belles promesses qu'il ne cessait de me faire, il me menaça de me tuer; et c'est ainsi que je fus entraînée par force à suivre cet inconnu. Ce n'est que long-temps après, et lorsque j'étais déjà trop éloignée de mes parens, que j'appris que l'homme qui m'avait séduite était le fameux brigand Schinderhannes. »

Cependant les fêtes par lesquelles celui-ci célébra sa réunion avec sa maîtresse ne suspendirent que momentanément ses excursions.

Le premier qui se présenta pour lui payer tribut fut

un sieur Samuel Élie, de Sobernheim. Cet homme passait à cheval, à la fin de mars suivant (6 germinal an VIII), sur le chemin de Walbœclheim à Sobernheim, lorsque, arrivé entre le premier village et la ferme de Steinhardter-hof, il fut assailli par deux brigands, qui lui tirèrent d'abord un coup de fusil : l'explosion fit faire un saut de côté à son cheval, et le renversa. Alors l'un des brigands se jeta sur lui, lui prit son argent et sa montre. Élie remonta sur son cheval et poursuivit les brigands; mais un coup de feu l'atteignit au genou, et le fit désister de son entreprise.

Trois semaines après (le 1er floréal), à une heure après midi, le sieur Guillaume Mathias, boucher de Sobernheim, accompagné d'un petit jeune homme, allait de Kirn à la foire de Birkenfeld. Le chien de Mathias le précédait, quand, sur le grand chemin, à environ une lieue et demie de Kirn, ils furent attaqués par quatre individus armés de fusils, et postés sur la grande route, qui leur crièrent d'abord : *Halte là!* et tuèrent en même temps de deux coups de feu le chien de Mathias. Les deux hommes, effrayés, s'arrêtèrent : alors trois d'entre les brigands s'approchèrent de Mathias et de son compagnon, et les fouillèrent. Ils ne trouvèrent sur le premier qu'une bourse de quatre à six florins qu'il avait dans sa poche et qu'il leur avait offerte volontairement; l'autre était porteur de vingt-six florins environ qu'ils lui prirent aussi. Ils se retiraient, lorsque le quatrième de ces individus, leur reprochant leur peu d'adresse, leur fit sentir qu'il était impossible que Mathias allât au marché avec aussi peu d'argent. Ils recommencèrent donc leurs perquisitions, et trouvèrent effectivement sur Mathias, entre la peau et la chemise, une bourse de cuir contenant environ deux cents florins en différentes pièces de monnaie, dont ils s'emparèrent sans lui faire d'autre mal, non plus qu'à son compagnon.

Dans une autre occasion, Schinderhannes revint au système qui, la première fois, avait eu tant de succès, et qui, celle-ci, en eut encore davantage.

Dans l'été de 1800, un campagnard nommé Jacques Stein s'introduisit, le soir, dans l'atelier d'un ouvrier du sieur Stumm, maître de forges à Aspach. Vers dix heures il se retira, et à son départ attacha à la porte une lettre signée *Jean Bückler,* et par laquelle on demandait à Stumm la somme de *douze louis,* sous la menace d'attenter à sa sûreté personnelle. Présumant qu'un adroit fripon, profitant de la terreur qu'inspirait le nom de Bückler, voulait lui extorquer de l'argent pour son propre compte, Stumm se décida à écrire à ce dernier pour lui demander si la lettre était de lui. Schinderhannes répondit affirmativement par une seconde lettre, où il désigna Stein comme son affidé, et où il l'invitait à se rendre pour lui parler, avec cet individu, à un lieu qu'il lui désignait. Stumm, d'après ce que lui avait prescrit Schinderhannes, alla dans un bois à lui appartenant, où il le trouva accompagné d'un jeune homme qui, ainsi que son conducteur, se retira au premier signal; les douze louis furent comptés, et le soir même Stumm reçut, par l'intermédiaire de Stein, six cartes de sûreté pour lui et pour ses ouvriers; cependant la facilité avec laquelle il avait cédé à cette demande ne l'empêcha pas d'être trois mois après exposé à une nouvelle de *dix louis,* à laquelle il obtempéra encore.

Dans ce même temps Schinderhannes mit le sceau à sa réputation par l'acte le plus audacieux qui ait signalé la vie d'un brigand.

Il était avec ses camarades *Pick* et *Dalheimer,* posté sur un rocher, près du château de Bockelheim, où ils attendaient des Juifs qui devaient y passer en revenant de la foire de Kreutznach. Enfin arrivèrent quarante-cinq Juifs et cinq paysans chrétiens ; les brigands ne furent point intimidés par un aussi grand nombre : la place qu'ils avaient choisie pour commettre le vol était un chemin creux, et Schinderhannes se tenait caché derrière le rocher, tandis que Pick et Dalheimer attendaient la troupe au debouché du chemin. Lorsqu'elle est engagée dans le défilé, Schinderhannes et ses camarades sortent à la fois de leur embuscade et couchent les Juifs en joue, en criant : *Arrête!* Les Juifs effrayés obéissent : deux d'entre eux veulent chercher leur salut dans la fuite, mais l'un des brigands fait feu sur eux et les atteint. Schinderhannes commence alors à leur demander de l'argent, et sur leur réponse qu'ils n'en avaient point, se met ensuite à les fouiller. Les Juifs n'avaient effectivement rien qui fût digne de tenter la cupidité des voleurs ; ils n'avaient en leur possession que quelques kreutzer qu'ils avaient gagnés, par le courtage, au marché, et que Schinderhannes leur laissa ; par une sorte de générosité bizarre, il rendit de même à un des Juifs un paquet de provisions qu'il lui avait d'abord enlevé, sur sa remontrance qu'il était un pauvre diable, et qu'il n'avait que ses marchandises pour gagner sa vie. Enfin la visite des Juifs étant terminée, il leur ordonne d'ôter leurs bas et leurs souliers, il les met ensuite en tas, et laisse le soin à chacun de chercher ce qui lui appartient. Il s'éleva alors entre les Juifs une rixe universelle; pendant qu'ils se battaient pour leurs souliers, Schinderhannes, comme pour leur témoigner son mépris de leur lâcheté, remit sa carabine à l'un d'eux, et monta derrière le rocher reprendre des montres qu'il y avait laissées.

Le résultat de cette affaire, dans laquelle les cinq paysans chrétiens ne furent nullement touchés par les voleurs, et au fond plus comique que sérieuse, ne rapporta aux assaillans que deux paquets de tabac. Mais ce trait et ceux que nous avons déjà cités prouvent combien grand était l'effroi que répandait Schinderhannes. En effet, les campagnes ne retentissaient presque chaque jour que de la nouvelle d'un crime commis par lui ou par ses compagnons; et la difficulté de voyager sans être exposé à des violences avait resserré toutes les communications. Mais lorsque les vols sur les routes publiques ne furent plus assez productifs, Schinderhannes, sans cependant renoncer à les exploiter, s'adonna à un genre de brigandage aussi odieux qu'extraordinaire. Déjà les bandits l'avaient essayé, mais infructueusement, sur le sieur Riégel d'Otzweiler; maintenant ils le mirent plus souvent en pratique, et ces scènes de pillage se succédèrent en peu de mois avec une effrayante rapidité.

II.   8

Dans le courant d'août 1800, Schinderhannes se trouvait à Hottenbach, où il avait donné des cartes de sûreté, en échange de sommes qu'ils lui avaient remises, à des Juifs de ce lieu. Ceux-ci, pour mieux se concilier ses bonnes grâces, lui signalèrent un autre Juif nommé Wolff, comme pouvant contribuer, à leur exemple. Schinderhannes, qui était alors au moulin de Weyden, fit aussitôt intimer à Wolff, par l'intermédiaire de ses coreligionnaires, qu'il eût à lui envoyer de l'argent, des mouchoirs et du tabac. Wolff repoussa la demande qui lui était faite; en conséquence Schinderhannes résolut de le punir de sa résistance. Au bout de huit jours (le 26 thermidor an 8), il se présenta vers les onze heures du soir à la porte de Wolff : il était accompagné, entre autres, d'un certain Dalheimer, depuis mort sur l'échafaud. Wolff, entendant frapper, met la tête à une fenêtre du premier étage de sa maison, et demande ce que l'on veut. « De l'eau-de-vie, » répondirent les brigands. Wolff s'excuse; mais enfin, croyant impossible de ne pas céder aux menaces qui lui sont faites, il ouvre sa porte. Les brigands se précipitent aussitôt sur Wolff, le terrassent et le frappent de la manière la plus inhumaine. La femme de ce malheureux est également maltraitée, et l'on n'épargne même pas un enfant au berceau. Continuant toujours leurs violences sur Wolff, qui reçut alors un coup de couteau dans la main, les brigands enlevaient cependant l'argent, les bijoux et une grande quantité de marchandises de toute espèce. Après que ce vol eut été exécuté, trois des brigands entrèrent dans la chambre d'Herz Isaac, beau-père de Wolff et demeurant chez lui. Ils arrachent du lit sa vieille femme, la traînent sur le carreau et l'accablent de coups; ils se jettent ensuite sur Herz Isaac, vieillard âgé de soixante-treize ans, le saisissent au collet, et lui demandent son argent avec d'affreuses menaces. Le vieillard cherche à ouvrir son coffre, mais les brigands n'ont pas la patience d'attendre, ils forcent le couvercle, et enlèvent une somme considérable en argent monnoyé, de l'argenterie et du linge.

Pendant que ces choses se passaient dans l'intérieur de la maison de Wolff, un des brigands qui étaient restés devant la porte forçait un des voisins, nommé Marx, de lui donner de l'argent, sa montre et d'autres objets. Enfin ils conduisent Wolff, son beau-père et Marx, dans la cave du premier, se font donner du vin, et leur recommandent d'y rester pendant un quart-d'heure, de ne rien dire à personne du vol commis chez eux, et de leur apporter encore dans huit jours environ, sur un ordre qu'ils leur feraient parvenir, quinze louis dans l'endroit qui leur serait désigné, et ce, dans les vingt-quatre heures.

La quantité considérable de valeurs que ce vol avait produite permit à Schinderhannes de vivre pendant quelque temps dans l'oisiveté; néanmoins, après avoir séjourné sur l'autre rive du Rhin, il ne tarda pas à reprendre son activité habituelle. Il rencontra, étant avec sa femme, ou plutôt il avait donné rendez-vous, au moulin dit Haassen-Mühl (rive droite), à plusieurs brigands de la bande de Pickard, connue sous le nom de bande des Pays-Bas (*Niederlander band*). Il fut convenu entre ces différens bandits de faire une expédition, et on jeta les yeux sur le maître de poste de Würges, pays d'Empire. Un jour fut fixé dans cette intention, et les brigands se séparèrent en promettant d'amener au même lieu, qui fut indiqué pour rendez-vous, ce qu'ils pourraient recruter de leurs camarades. En effet ils s'y rendirent armés; mais, comme la nuit où ils avaient résolu d'accomplir leur dessein était trop claire, ils séjournèrent tous au moulin, et remirent à la nuit suivante ce vol projeté. Cette nuit arrive; les brigands partent au nombre de dix-huit ou vingt, tous armés; ils coupent d'abord un arbre, au moyen d'une scie dont était muni l'un d'eux; arrivés à Würges, la porte est enfoncée avec cet arbre; tous, à l'exception de trois, se précipitent dans la maison, maltraitent le maître de poste, pillent et enlèvent des sacs pleins de butin, et ils reprennent ensuite le chemin du Haassen-Mühl.

Pendant le voyage, l'un de ces brigands, qui, étant d'abord resté à la porte, avait ensuite pénétré dans la maison, et y avait volé quelques bijoux en or, persistait à dire qu'il ne les mettrait pas à la masse commune pour être partagés avec le reste. Un autre, qui entendit ce propos, arma aussitôt un fusil dont il était porteur, et qui avait été volé au maître de poste. Ce mouvement fut remarqué de quelques autres brigands, qui lui arrachèrent le fusil des mains, le remirent sur son arrêt, et lui en assénèrent un coup si violent que le canon en fut courbé.

Quant au butin, il fut ensuite également partagé entre les voleurs, et Schinderhannes eut pour sa part une montre d'or et une somme d'argent assez considérable.

Schinderhannes, ainsi que nous l'avons fait remarquer, avait dans les villages des fauteurs qui le recélaient en cas de danger, et qui l'informaient des vols à commettre. Un jour, un de ces individus, nommé Michel, lui apprit que les Juifs du village de Hundsbach, craignant quelque attaque de sa part, seraient disposés à s'arranger avec lui et à lui donner de l'argent. D'après ces renseignemens, Schinderhannes envoya Michel chez ces Juifs pour leur déclarer qu'il exigeait d'eux une contribution, et qu'ils se rendissent auprès de lui, à cet effet, dans la forêt où il les attendait. Saisis de la plus grande frayeur, ces Juifs se réunirent, et résolurent de faire quelque sacrifice afin d'obtenir la tranquillité. Ils se mirent donc tous en route, avec Michel, pour la forêt de Dellwald; ils y trouvèrent deux individus armés : l'un, c'était Schinderhannes, commença par les plaindre de la nécessité où il se trouvait de lever sur eux une contribution ; il leur dit ensuite qu'ayant mal réussi dans une de ses expéditions, il exigeait d'eux la somme de deux louis. Sur la représentation des Juifs qu'ils étaient pauvres et que l'argent était difficile à gagner par le temps qui courait, Schinderhannes leur dit qu'il voulait bien se contenter d'un louis, mais à condition qu'ils feraient concourir avec eux au paiement un autre Juif qu'il leur désigna ; en même temps il ordonna à Moïse Hayum, l'un d'eux, de retourner de suite au village lui chercher l'argent, et enfin de lui apporter deux bouteilles de vin nouveau et six petits pains blancs.

Moïse partit, laissant ses compagnons en otage. Lorsqu'il revint, après avoir fait ce qui lui avait été prescrit, Schinderhannes donna un coup de sifflet, et à ce signal arrivèrent deux autres individus que les Juifs reconnurent pour des remouleurs qui avaient vendu plusieurs petites marchandises dans le village. Les quatre voleurs allaient se mettre à boire et à manger, lorsque Schinderhannes exigea, par précaution, que Moïse bût le premier. Celui-ci l'ayant fait, il fut alors ordonné aux Juifs de se retirer. Les mêmes Juifs eurent depuis à souffrir de nouvelles exactions de la part de Schinderhannes; les menaces que ce brigand leur avait faites, leur état de marchand qui les obligeait à voyager souvent, enfin la crainte qu'ils avaient, en cas de refus, d'une attaque nocturne, les empêchèrent toujours de les repousser.

C'était dans l'hiver de l'année 1800 (16 brumaire an IX) que Schinderhannes avait fait supporter aux Juifs cette avanie : six jours après, un autre Juif, nommé Sender Isaac, qui déjà plusieurs fois auparavant s'était vu dans la nécessité de satisfaire à ses exigences, se trouva dans le même cas. Dans la nuit du 22 brumaire, Schinderhannes et sa maîtresse Julie Blœsius (qui quelquefois, malgré ses dénégations postérieures, l'accompagnait dans des expéditions peu importantes), déguisée en homme, tous les deux armés de fusils et de pistolets, entrent chez Sender et ferment la porte der-

rière eux. Le Juif, qui avait appris à connaître Schinderhannes, l'interpelle : celui-ci répond qu'il est fâché
et ivre, et lui reproche de ne lui avoir pas envoyé deux
louis qu'il lui avait demandés antérieurement; qu'il
l'a trahi et a cherché les moyens de le faire arrêter.
Enfin il termine par exiger de l'argent. Sender, tout
tremblant, cherche à s'excuser, prétend qu'il n'a pas
d'argent; mais le brigand s'étant consulté avec sa maîtresse dans une langue qui n'était ni française, ni alle-
mande, Julie Blœsius proféra contre le Juif les plus
cruelles menaces; alors Sender donna deux louis :
Schinderhannes, indigné qu'on lui offrît si peu de chose,
s'exhala en vociférations, et dit qu'on devrait couper
le cou à tous les Juifs; il fixa ensuite à vingt-cinq louis
le tribut du Juif. Pendant que la femme de ce dernier
cherchait cet argent dans une chambre en haut, Schinderhannes et sa maîtresse tenaient tous deux les canons
de leurs pistolets dirigés contre lui en disant : « Si ta
femme crie au secours ou fait le moindre bruit pour
nous trahir et éveiller les voisins, nous te fusillerons
sur-le-champ. » Ils gardèrent cette position jusqu'à
ce qu'ils eussent touché l'argent, et partirent ensuite.

Non-seulement Schinderhannes avait des complices
qui résidaient dans les campagnes, qui lui désignaient
les individus qu'il devait attaquer, mais encore les
autorités des villages, et ceux à qui la sûreté en était
confiée, avaient l'infamie de ne pas s'opposer à ses
desseins, et bien plus de lui en faciliter l'exécution;
nous en trouvons la preuve dans le vol commis chez le

sieur Jacques Bœr, de Merxheim, au commencement de l'année 1801.

Schinderhannes avait depuis long-temps l'intention de voler ce Juif : d'après ses allégations, cet homme devait de l'argent à un brigand, pour des marchandises volées qu'il lui avait achetées; mais ce motif seul ne le confirma pas dans sa détermination; un sien camarade, nommé *Borbé,* qui résidait à Merxheim, lui dit un jour que le *rentmeister* (*le bailli*) de ce lieu avait envie de le voir, et qu'il devait se présenter chez lui en qualité de marchand de vin, afin que sa famille ne pût prendre des soupçons. Schinderhannes y alla effectivement : le rentmeister le fit boire, et, après quelques propos, l'invita à voler le Juif Bœr, sous prétexte qu'il tourmentait les pauvres paysans. Schinderhannes ne se retira qu'à minuit, mais tellement pris de vin, qu'il ne put s'en aller à pied, et qu'un Anabaptiste qui avait assisté à l'orgie, et avait même apporté une bouteille d'eau-de-vie, lui prêta un cheval.

Cette entrevue avait eu lieu plusieurs mois avant; la veille du vol, Schinderhannes, se trouvant dans un moulin près de Merxheim, envoya Borbé prévenir le rentmeister que le Juif serait attaqué dans la nuit, et le prier d'envoyer du vin. Borbé s'acquitta de sa commission, apporta plusieurs bouteilles et engagea le brigand à déposer quelques pièces de drap dans une haie, aussitôt que le vol serait commis.

Lorsque la nuit fut venue, Schinderhannes se rendit dans le village, accompagné de dix ou douze individus : en arrivant, il rencontra la garde de nuit, compo-

sée de six hommes; celle-ci lui demanda où il allait
avec sa bande : il répondit franchement qu'ils allaient
voler un Juif. Après cette explication, la garde le laissa
tranquillement continuer son chemin, et il alla droit
à la maison de Jacques Bœr, et heurta à la porte. Bœr
ayant demandé ce qu'on voulait : «Ouvre, répond-on,
ouvre la porte, c'est Hannes. » Bœr, qui reconnut la
voix du brigand, essaya, par des paroles de douceur,
et même par ses prières, de le décider à se retirer :
tous ses efforts ne servirent qu'à l'exaspérer davantage.
Bœr crut qu'il était prudent de se retirer avec sa femme
et ses enfans dans la partie supérieure de sa maison.
« Ah! ah! s'écria le brigand, qui s'en aperçut, tu es
en haut! hé bien! je t'y suivrai. » Et aussitôt il se mit
à forcer les volets et la fenêtre, par laquelle il entra,
accompagné d'un autre individu, tandis que les autres
voleurs, munis comme eux d'armes à feu, restèrent
en dehors.

Les premiers suivirent Bœr jusque dans son grenier,
d'où il ne cessait de crier au feu. Là, ils le maltraitèrent jusqu'à effusion de sang, et le malheureux, suc-
combant à la peine, tomba sans connaissance. Cela
fait, les brigands enlevèrent les marchandises de la
boutique, au rez-de-chaussée, et forcèrent ensuite la
porte d'une chambre au premier étage, où la femme
Bœr, qui s'y était réfugiée avec ses enfans, leur ouvrit
une commode dans laquelle ils prirent 3o louis en or,
et plusieurs objets d'or et d'argent. Redescendus au
rez-de-chaussée, ils aperçurent une armoire qu'ils forcèrent, et dans laquelle ils volèrent une somme con-

sidérable d'espèces d'argent ; enfin ils se retirèrent chargés de leur proie.

Les brigands avaient eu toute sûreté pour commettre leur crime ; le corneur du village, qui passa devant la maison pendant qu'ils y étaient, se garda bien de les troubler, et conversa même avec ceux qui étaient postés en dehors ; aussi ne manquèrent-ils point de porter au lieu désigné les marchandises qu'on leur avait demandées.

Schinderhannes, après cette expédition fructueuse, se retira dans les mines du Lemberg, et bientôt après passa sur la rive droite du Rhin pour y débiter les marchandises volées.

Plusieurs semaines s'étaient passées durant lesquelles Schinderhannes ne restait sans doute pas inactif, mais cependant sans donner à la justice l'occasion de constater de nouveaux crimes, lorsqu'au mois d'avril de cette même année 1801, une attaque exécutée avec la plus inconcevable audace vint surprendre les habitans du village de Laufersweiler.

Dans la nuit du 28 germinal, Schinderhannes, à la tête de plusieurs brigands avec lesquels il était revenu sur la rive gauche du Rhin, assaillit la maison du sieur Isaac Moyse, marchand. Les brigands enfoncèrent la porte avec une poutre de onze pieds de longueur sur six pouces carrés. Ils entrèrent aussitôt dans la maison au nombre de quatre. Moïse et sa femme se sauvèrent par une fenêtre, et parcoururent le village pour demander du secours ; les habitans accoururent ; le tocsin fut sonné ; mais les brigands n'en continuèrent pas moins leur exécution, en contenant, à coups de fusil, ceux des habitans qui voulaient s'y opposer. Pendant ce temps, les brigands, qui avaient pénétré dans l'intérieur, y maltraitaient à coups de plat de sabre un des fils d'Isaac Moïse, tandis que ceux du dehors tiraient sur les autres enfans de ce Juif qui, des fenêtres, appelaient du secours.

Schinderhannes et sa bande ne se retirèrent qu'après avoir brisé et cassé les portes et les armoires qui n'étaient pas ouvertes, et emportant une très-forte somme d'argent et une grande quantité de marchandises. Il fit ensuite route avec une partie de sa bande, retourna dans les mines du Lemberg, et bientôt au-delà du Rhin.

D'autres vols moins importans signalèrent, au mois de mai suivant, la présence de Schinderhannes dans les environs d'Odernheim. Quatre hommes qui revenaient de la foire de Kreutznach furent arrêtés, dans ce canton, par un homme armé. L'un d'eux, Emmanuel Lœb, voulut faire quelque résistance; mais Schinderhannes le renversa à ses pieds sans connaissance, d'un coup de crosse de fusil si violent, que le fusil se brisa ; il lui enleva ensuite son argent et ses marchandises, consistant en mouchoirs de soie, qui furent reconnus plus tard sur plusieurs habitans de Lauschied, auxquels ils avaient été vendus par un de ses complices.

Dans le même lieu et à la même époque, quatre autres individus passaient par le sentier qui remonte le long de la Nahe et du Glan, lorsqu'ils aperçurent un homme qui se courbait au pied de la montagne du Pasberg, comme s'il ramassait du bois. Un instant après, deux hommes postés en avant les couchèrent en joue et leur demandèrent leur argent. Le même homme qu'ils avaient précédemment vu leur cria aussi, en les couchant en joue, de donner leurs bourses, de manière qu'ils se trouvèrent pris entre deux feux. Les marchands, saisis d'effroi, s'arrêtèrent. Les brigands vinrent à eux aussitôt, leur prirent leur argent, et dépouillèrent même l'un d'eux de ses effets d'habillement. Cette expédition faite, l'un des brigands frappa rudement l'un des marchands de la crosse de son fusil, et ils se retirèrent.

Toujours dans le même temps, douze personnes revenaient ensemble du marché de Godenrod, quand elles sont arrêtées, près de Lippshausen, par trois brigands, armés de fusils doubles et de pistolets, qui leur prennent leur argent et les laissent s'en aller. Elles avaient fait environ dix pas, mais elles sont arrêtées de nouveau, et les brigands leur prennent leurs mouchoirs de cou ; enfin, quinze pas plus loin, les brigands les couchent en joue pour la troisième fois, et leur crient d'arrêter et de donner leurs montres. Les plus sensés ne se le font pas redire ; quelques autres, qui n'eurent pas la prudence de céder à l'instant même aux désirs des brigands, reçurent sur les épaules des coups d'une trique de moyenne grosseur que l'un d'eux portait à sa boutonnière.

Peu de jours après, les sieurs Lœw Herz et Lœw Nathan, Juifs de religion, retournaient chez eux, venant du marché de Kreutznach ; ils furent arrêtés par trois personnes munies chacune d'un fusil et d'une gibecière ; ils furent dépouillés de leurs montres et de leur argent, et Lœw Nathan reçut même un coup de crosse de pistolet qui le renversa par terre. Un boucher chrétien se trouvait en leur compagnie : les brigands lui prirent d'abord une montre ; mais, par un singulier scrupule, et comme s'ils n'avaient dévoué que les Juifs à leurs exactions, elle lui fut rendue sur l'ordre de Schinderhannes lui-même. Des cultivateurs se trouvaient dans les environs, et voyaient tout ce qui se passait ; leur présence n'intimida point les audacieux bandits.

La facilité avec laquelle les brigands se procuraient de l'argent leur permettait de se livrer à toute sorte de débauches ; toutefois ce n'était point dans des retraites ignorées, dans de sombres cavernes, qu'ils aimaient à se délasser des fatigues qu'ils avaient essuyées : c'était dans les assemblées des villages, aux fêtes publiques, qu'ils allaient, avec une témérité surprenante, chercher des plaisirs ; mais il était rare, et il n'en pouvait être autrement avec des gens habitués au crime, que leurs orgies ne se terminassent pas sans querelles et sans rixes sanglantes.

Le 21 mai 1801, jour de la fête de Kleinrorheim (rive droite du Rhin), Schinderhannes se rendit dans ce village, accompagné de quatre camarades. En arrivant, ils demandèrent à un cabaretier s'ils pourraient s'amuser dans sa maison sans être inquiétés ; sur sa réponse affirmative, ils entrèrent. Après avoir bu quelques bouteilles de vin ensemble, Schinderhannes se mit à danser avec une jeune fille, et pendant ce temps, un de ses compagnons, nommé *Hofmann*, défia un autre, nommé *Philippe*, de mettre sur la table le pistolet qu'il avait dans sa poche, lui promettant que s'il le faisait il lui paierait une bouteille de vin. Philippe le fit en effet; mais un soldat des troupes électorales mayençaises, qui ne connaissait point les brigands, se saisit par plaisanterie du pistolet; ceux-ci, irrités, le réclament; le soldat ne veut le rendre que si on lui paie à boire : alors Schinderhannes se jette sur lui, lui arrache de force l'arme des mains, et le renverse à terre. Le soldat appelle à son secours ses camarades, qui s'amusaient au premier étage; ceux-ci descendirent au rez-de-chaussée, où la scène se passait. Les brigands repoussèrent la première attaque; mais enfin les soldats, qui étaient au nombre de neuf à dix, armés de sabres, et l'un d'eux avait aussi son fusil, parvinrent à les chasser de la maison. Trois des compagnons de Schinderhannes étaient sortis par une porte de derrière; celui-ci et Hofmann sortirent par une issue différente. Alors des deux côtés il s'engagea un combat à outrance. Schinderhannes et Hofmann réussirent à repousser quelques soldats dans la maison, après quoi ils coururent au secours de leurs amis. Philippe avait déjà eu le crâne fendu par un coup de sabre; mais leur arrivée rendit la lutte plus égale : les soldats furent tous dispersés, et un caporal resta mort sur la place. Cependant les habitans du village s'étant rassemblés, les brigands furent obligés de prendre la fuite, et se dérobèrent ainsi à la vengeance dont ils étaient menacés.

Le soin de ses plaisirs n'empêchait pas Schinderhannes de mettre à profit sa détestable industrie. Il avait résolu de commettre un vol à Illingen (rive gauche du Rhin); arrivé dans ce village et à la porte de la maison qu'il avait le dessein de piller, il avait été obligé d'y renoncer, n'ayant pas de moyens de tenter l'escalade. Ce coup manqué, il vint à la ferme du Breitsester-hof. Un sieur *Jacques Porn,* voleur de profession, qui battait les grains, prit d'abord Schinderhannes et sa bande pour un détachement d'une battue, et s'enfuit à son approche. La fermière alla le prendre dans la forêt voisine, et lui apprit quels étaient les survenans; et par cette circonstance ceux-ci surent aussi à qui ils avaient affaire. Schinderhannes s'adressa donc à Porn, et lui demanda s'il ne connaissait pas dans le voisinage un Juif qu'ils pussent voler. Porn lui signala le Juif Herz, demeurant à Ullmet, comme extrêmement riche, assertion qui fut confirmée par un certain *Lorenzen-Peter,* bien connu des brigands. Dès lors le vol du Juif d'Ullmet fut résolu. Schinderhannes fit aussitôt les préparatifs nécessaires, et se rendit chez un meunier près de Wisselbach, où il passa la nuit. Le lendemain, 11 messidor an IX (juillet 1801), entre onze heures et minuit, il arriva, avec six autres brigands, à Ullmet. La porte du Juif fut brisée avec une poutre, et cinq des voleurs entrèrent dans la maison, tandis que les deux autres restèrent en sentinelles au dehors. Les brigands ne se contentèrent pas de voler l'or, l'argent, et des bijoux extrêmement précieux, pour une valeur de plus de mille florins, Herz et sa femme furent traités de la manière la plus cruelle, et le premier reçut sur la tête six blessures extrêmement graves qui mirent long-temps ses jours en danger.

Cependant ce vol n'avait pas été exécuté sans que l'alarme se répandît dans le village. Les brigands se retirèrent au moment où le tocsin réunissait tous les habitans; mais, quoique poursuivis dans leur fuite, aucun d'eux ne fut atteint; et ils gagnèrent rapidement le Shonwald, où ils se réfugièrent à Treberhanneshüt. Les effets volés furent vendus dans ce lieu, y compris sept livres et demie d'or et d'argent qui en faisaient partie, à un nommé *Gabel*, depuis impliqué au procès, qu'avait amené le père de Schinderhannes.

Il n'y avait que trois jours que le vol d'Ullmet avait été commis, lorsque le gendarme *André* eut le malheur de traverser le Shonwald, allant à Sobernheim. Les brigands, au nombre de sept, avaient dansé et bu jusqu'à devenir ivres, et se rendaient à Kreutznach. Le gendarme les aperçut, et ayant demandé à quelques personnes des renseignemens qu'il ne trouva pas satisfaisans, il s'avança aussitôt vers eux avec précipitation. Schinderhannes le voyant arriver, lui crie d'arrêter, et en même temps lui demande d'où il vient et où il va. Après avoir échangé quelques mots, le brigand reprit : « Ah! tu veux donc arrêter Schinderhannes? — Si je savais où le trouver, répond le gendarme, je l'arrêterais sur-le-champ; » et il se dispose à continuer sa route. Mais à l'instant plusieurs coups de feu partent à la fois, et l'infortuné gendarme, atteint à la cuisse, tombe de cheval. Les brigands se précipitent sur lui, le dépouillent de son sabre, de ses boucles d'oreille, de sa montre et de son argent blanc, et délibèrent ensuite s'ils lui laisseraient la vie ou s'ils achèveraient de le tuer. Sur l'observation de l'un d'eux, ils adoptèrent la première proposition, et s'éloignèrent, laissant le gendarme sans secours et baignant dans son sang.

Le même mois, et à peu de jours de distance de cet événement, le hasard seul protégea la sûreté de Schinderhannes, et empêcha que l'on ne mît dès lors un terme à ses attentats.

Il se trouvait dans un village, sur la grande route, près de Sinzheim, et y fut accosté par un brigand nommé *Müller*, de la bande des Pays-Bas, qui lui dit qu'il savait un homme extrêmement riche à Wolldorf, qu'il se proposait de voler, et qu'il se devait rendre dans un cabaret vis-à-vis de Heidelberg, s'il voulait prendre part à cette expédition. Schinderhannes y alla effectivement, avec un sien camarade, et y trouva Müller avec cinq autres. De Heidelberg, ils allèrent à Walldorff; mais le son d'une caisse, qui se fit entendre dans le voisinage, leur fit faire halte. Un des brigands alla à la découverte, et rapporta que le village était rempli de soldats. Ils renoncèrent donc à ce projet, et se retirèrent dans une forêt près de Wisloch : on fit alors la proposition de voler un Juif à Bayerthal (Palatinat). Ce dessein fut immédiatement mis à exécution. Dans la nuit du 11 juillet 1801, les brigands se rendirent à la maison du Juif Feist, enfoncèrent, suivant leur usage, la porte avec une poutre, et après avoir fait souffrir mille tourmens au Juif, à son épouse et à leurs domestiques, pillèrent la boutique, et s'en retournèrent chargés d'une quantité considérable de marchandises, linges, effets, argent et bijoux.

« Ma gibecière était garnie d'argenterie, dit Schinderhannes dans ses interrogatoires. Après le vol, nous prîmes notre chemin vers Mosbach, lorsqu'il commençait à faire jour. Nous nous divisâmes en deux bandes : Müller et trois autres allèrent en avant; je les suivis avec ceux qui restaient, du côté d'un village nommé Hausen. Dans ces environs, je trouvai une multitude de paysans armés, en alarmes, et je présumai de suite qu'on était à notre piste, et qu'on était déjà après nos camarades qui nous avaient devancés.

» Nous prîmes la fuite, mais nous fûmes poursuivis de tous côtés; nous abandonnâmes notre butin. Deux Belges, qui étaient avec moi, se cachèrent dans les herbes; mais le champ où ils étaient fut bientôt entouré, et j'ai lieu de croire qu'ils y furent arrêtés; enfin je parvins, avec *Christophe Blum,* un mien camarade, à atteindre un bois où nous choisîmes un arbre touffu sur lequel nous nous cachâmes. Le tocsin fut sonné dans tous les villages; des détachemens de paysans parcoururent le bois où nous étions cachés; mais ils ne nous découvrirent pas.

» Le soir, je me rendis à Woogshausen; j'y trouvai Müller, ma femme (Julie Blœsius) et celles de quelques autres; nous étions dans le grenier d'un cabaretier; c'est là que deux camarades furent arrêtés. A peine y étions-nous, que les chasseurs palatins et les chasseurs francs de l'ordre Teutonique entourèrent le village. Ils visitèrent le grenier où nous nous tenions; Müller fut arrêté à côté de moi : je me cachai dans le foin et on ne m'aperçut pas. Müller fut bientôt relâché par le bailli ; Blum, qui s'engageait parmi les Autrichiens, fut livré aux autorités civiles; quant à moi, je remontai le Necker jusqu'à Heilbronn, où je pris la poste, et je gagnai tranquillement la forêt Noire.

» Après un court séjour dans ces environs, je retournai par les pays de Wurtemberg, le Odenwald, où je retrouvai ma femme près de Michelstatt, qui m'a dit qu'elle avait été aussi arrêtée à Woogshausen avec les autres femmes, mais qu'on l'avait élargie sur ses dires qu'elle n'avait rien de commun avec les autres. »

Après avoir ainsi échappé presque miraculeusement au sort qui l'attendait, Schinderhannes marqua son retour dans la contrée par de cruels attentats.

Dans l'automne de 1801, il était revenu à la ferme du Breitzesterhof, repaire ordinaire des brigands qui infestaient le pays, et où il retrouva, avec d'autres, ce Jacques Porn, dont nous avons déjà parlé. Il leur demanda encore s'ils ne connaissaient pas quelque riche Juif que l'on pût facilement voler. Ceux-ci, qui avaient déjà conçu le dessein de voler un Juif de Sœdern, lui firent la proposition de commettre ce crime avec eux. La première intention de Schinderhannes, en se rendant au Breitzesterhof, avait été de voler un habitant de Berschweiler, qui avait une cachette dans sa maison, au-dessus du four; ce qu'il avait appris du maçon même qui l'avait faite ; mais ayant fait épier les localités, et ayant appris que le village et la maison de cet homme étaient remplis de soldats français, le vol des frères Moïse et Mendel Lœw, de Sœdern, fut convenu.

Les brigands s'étant préparés à cette expédition, quittèrent le Breitzesterhof, le 17 fructidor, vers les cinq heures du soir. Ils arrivèrent à Sœdern en grand nombre, et munis d'armes et de flambeaux, entre onze heures et minuit. Leur premier soin fut d'aller reconnaître les avenues de la maison du Juif, et de là à l'église, où ils bouchèrent la serrure avec des morceaux de pierre, afin d'empêcher qu'on ne sonnât le tocsin. Après avoir pris toutes ces précautions, les brigands prirent une poutre près du moulin situé hors du village, et revinrent à la porte de la maison de Mendel Lœw, qu'ils essayèrent d'enfoncer; mais elle était si bien barricadée, que tous les efforts furent inutiles; les brigands essayèrent alors d'enfoncer les volets, et ils y réussirent. Comme ils entraient dans la maison, le Juif Mendel, qui se tenait posté, une hache à la main, fit la démonstration de vouloir les repousser; un coup de pistolet, tiré par les brigands, l'étendit à l'instant privé de vie.

Ils procédèrent immédiatement au pillage de la maison; un d'eux proposa d'attaquer encore une maison vis-à-vis, dans laquelle on soupçonnait que le Juif avait caché son argent et ses meilleurs effets; mais Schinderhannes, s'apercevant que l'alarme commençait à se répandre dans le village, ordonna la retraite.

Cependant le frère de Mendel s'était presque aussitôt aperçu de ce qui se passait; il alla de suite chez le bedeau de l'église du village, le prier de sonner le tocsin. On lui refusa brutalement ce qu'il demandait, en disant que la cloche était pour les chrétiens et non pas pour les Juifs. Ainsi repoussé, il réveilla les habitans par ses cris : ceux-ci accoururent, mais les brigands les tinrent éloignés à coups de fusil, et ils ne purent entrer dans la maison qu'après qu'elle eut été évacuée. On reconnut que les voleurs avaient enfoncé la partie supérieure de la porte de la maison, dont un des gonds avait été jeté en bas ; vis-à-vis de la porte se trouvait une pièce de bois de six pouces d'équarrissage, sur environ dix pieds de long, qui avait probablement servi à enfoncer la porte ; le contrevent et la croisée de la fenêtre de la chambre à coucher de Mendel Lœb étaient brisés et jetés par terre ; un des barreaux de fer de ladite fenêtre était tordu, cassé et arraché ; les armoires et coffres, dans l'intérieur de la maison, étaient brisés ; Mendel Lœb était étendu mort près de la porte, dans sa chambre à coucher ; il nageait dans son sang, et le rapport des gens de l'art établit que le défunt avait reçu un coup de feu, dont la balle lui avait cassé l'épine du dos et percé le foie, et était restée entre la sixième et la septième côte.

Schinderhannes et sa bande ne s'arrêtèrent que dans le district de Graue-Kreuz : c'est là que se fit le partage du butin, qui se montait à une somme considérable en argent et en marchandises. Ils se rendirent ensuite à Lcsweiler, où ils assistèrent à une noce. A cette occasion, Schinderhannes se prit de querelle avec ses compagnons, qui lui reprochèrent d'avoir été à cette noce et de s'être montré publiquement, et finirent par l'abandonner. Le brigand fut peu sensible à cette défection, qui ne l'empêcha point d'aller se divertir successivement aux fêtes des villages d'Iben, Furzfeld et Eckelsheim.

La colère des bandits contre leur chef ne fut pas de longue durée; au bout de quelques jours ils vinrent le retrouver, et allèrent, sous sa conduite, assaillir la maison de Seckel Lœb, marchand à Staudernheim. Vers minuit ils entrèrent chez ce Juif, après avoir enfoncé la porte avec une poutre : ils étaient porteurs de bougies allumées, et ils lui demandèrent son argent. Lœb, qui était couché, se leva sous prétexte d'aller le chercher; mais il courut éveiller les voisins. Son fils tenta également de s'évader par une fenêtre, et, quoique frappé par les brigands, il y réussit; il fut rattrapé trois fois par l'un d'eux, qui était en sentinelle dehors, et ne s'échappa qu'en se débarrassant de sa chemise par laquelle le voleur le retenait. Un coup de fusil qui lui fut tiré, et qui l'atteignit au bras, acheva de répandre l'alarme; le maire de Staudernheim, à qui il fut aussi tiré deux coups de fusil, son fils et d'autres citoyens étant accourus, malgré les cris réitérés de *Arrêtez ! Schinderhannes est là !* ils forcèrent par leur bonne contenance les brigands à prendre la fuite, mais non pas sans emporter avec eux une certaine quantité d'étoffes et plusieurs objets précieux.

Schinderhannes fit le partage du butin dans la forêt d'Iben, et retourna encore sur l'autre rive du Rhin, où il passa quelques semaines, et d'où il ne revint qu'après s'être débarrassé du total de ses marchandises.

A son arrivée, il réunit un grand nombre de ses camarades et résolut d'aller voler Salomon Benedict, riche Juif d'Erbesbüdesheim. Il se rend en effet dans ce lieu et entoure la maison ; il était minuit. Les servantes étaient encore occupées dans la cuisine ; voyant de la lumière au dehors, elles se demandèrent entre elles ce que ce pouvait être : « Vous allez le savoir à l'instant, » leur répond une voix d'homme ; et aussitôt la porte d'entrée est brisée avec une poutre, et un brigand entre dans la cuisine pour empêcher que les servantes n'appellent du secours. Un autre, Schinderhannes, entre dans la chambre où était couché Benedict ; il est armé de pistolets, d'un fusil à deux coups en bandoulière, d'une hache et d'un couteau ouvert, et accompagné d'un jeune homme de quinze à seize ans, qui tenait des bougies allumées et dont la figure était barbouillée de noir. Il en était de même d'un second qui était à la porte en sentinelle.

Une des servantes, parvenue à échapper, au péril de sa vie, à la surveillance des brigands, était montée au grenier et appelait du secours de toutes ses forces. Un des brigands en faction cria qu'il appartenait au corps de Schinderhannes, et que quiconque approcherait, ou serait assez curieux pour regarder par la fenêtre, serait fusillé sans miséricorde ; un d'eux saisit même au collet le garde de nuit, et lui défendit de faire aucun mouvement, sous peine de la vie.

Cependant les voleurs ne restaient pas oisifs dans la maison ; ils fracassèrent tous les meubles où étaient contenus l'argent et les effets de Benedict, et pillèrent jusqu'aux servantes. Le fils de Benedict, en voulant s'échapper, fut blessé d'un coup de hache au bras, et enfin, le crime étant consommé, les brigands se retirèrent en traversant le village, et tirant des coups de fusil en l'air en poussant des cris de joie.

A la suite de cette expédition, et au bout d'environ vingt jours, Schinderhannes vint au village de Letweiler, et y apprit qu'un Juif d'Obersmochel devait avoir beaucoup d'argent chez lui. Il balança quelques instans s'il irait le voler, parce que, Obersmochel étant un bourg considérable, il craignait que les habitans ne s'opposassent à sa retraite; mais enfin, convaincu par les raisons de ses affidés, il s'y décida. Les dispositions furent bientôt terminées, et, dans la nuit du 8 au 9 brumaire an x (novembre 1801), les brigands arrivèrent à Obersmochel. Leur premier soin fut de démonter une des portes du bourg, afin de trouver une issue en cas de danger : ils vinrent ensuite à la porte du Juif Joel Élie, et l'enfoncèrent avec une pièce de bois qu'ils avaient trouvée devant l'atelier d'un charron. Joel Élie, reconnaissant à qui il avait affaire, se sauve en chemise par une des fenêtres de sa cuisine, et court appeler le maire, le juge de paix et d'autres habitans du bourg. Pendant ce temps les brigands, au nombre de cinq, entraient dans la chambre : « Ah ! dit » Schinderhannes en jetant un coup d'œil sur le lit, le » vieux coquin est parti.» Puis ils demandent à la femme d'Élie où est son argent. Celle-ci, saisie de frayeur, tarde de leur dire, et ils enfoncent une armoire, s'emparent de l'argent, des bijoux et autres effets qu'elle contenait. Ils passent ensuite dans un autre appartement où étaient des habits de femme, dont ils s'emparent; ils se disposaient à monter dans une chambre au-dessus, pour y continuer leur pillage, mais les citoyens accourus les obligèrent à la retraite, qu'ils soutinrent à coups de fusil.

Schinderhannes, après ces expéditions, se fit encore transporter sur la rive droite du Rhin. Les premiers jours de 1802 le virent reprendre le cours de ses crimes. Dans la nuit du 24 au 25 nivôse an x, il se présenta avec ses compagnons à la porte d'Adam Kratzmann, meunier du moulin de Kratzmuhle, près de Merxheim, et, la trouvant fermée, escalada une fenêtre qui était déjà cassée. A ce bruit, auquel se joignaient les aboiemens d'un chien, le meunier se lève et se rend dans l'appartement où les brigands s'étaient déjà introduits. Ils étaient au nombre de six, armés de fusils, pistolets et poignards; l'un d'eux saisit Kratzmann à la gorge, le terrasse, et on lui lie les pieds et les mains, en même temps qu'on le somme de déclarer où est son argent. Ce malheureux leur jure en vain qu'il n'en a point; les brigands forcent sa femme à les accompagner dans la perquisition qu'ils vont faire dans la maison. Mais toutes leurs recherches n'aboutissant qu'à la découverte de trente florins environ, comme ils comptaient sur une plus forte somme, ils entrent en fureur, et, pour déterminer Kratzmann à dire où il avait caché l'argent qu'ils lui supposaient, ils arrachent du lit sa belle-mère, depuis long-temps malade, et lui mettent de l'amadou brûlant sur l'orteil; celle-ci persistant à dire qu'il n'y avait pas d'argent dans la maison, ils lui brûlent sa chemise sur le corps avec une chandelle, et lui tiennent cette même chandelle allumée sous l'aisselle, où ils lui font une blessure profonde et douloureuse.

Il paraît que ce fut Schinderhannes lui-même qui mit un terme à ces atrocités : il jeta de l'eau sur la pauvre malade, délia le meunier, et détermina ses compagnons à se retirer ; mais, avant de le faire, il fut défendu au meunier, sous peine de la vie, de faire sortir personne du moulin avant un délai de trois heures, en ajoutant que, s'il s'avisait de répandre cette nouvelle, on mettrait le feu aux quatre coins du moulin, et que tous les habitans en seraient impitoyablement massacrés.

Ces menaces produisirent un tel effet sur le meunier, que le lendemain la voix publique ayant appris à la mairie de Merxheim que les brigands avaient fait une incursion au moulin, et le maire et l'adjoint s'y étant rendus pour y dresser procès-verbal, il déclara qu'il n'avait à se plaindre de personne, et s'obstina à garder le silence jusqu'au lendemain. Néanmoins l'impression qu'avait faite sur lui cette nuit d'horreur altéra grièvement sa santé, et fut la cause probable de sa mort, arrivée deux ans après à Mayence, lors du procès des brigands.

Le mois suivant, Schinderhannes, plus audacieux que jamais, malgré l'ordre qui commençait à renaître dans les administrations et dans la police, et malgré la sollicitude des habitans des campagnes qui s'étaient déterminés à poursuivre les brigands, Schinderhannes se rend d'abord, accompagné de plusieurs autres, au village de Waldgredweiler, dans la nuit du 22 au 23 pluviôse an x (février 1802). A quelques pas du village, il fait scier un arbre, avec le tronc duquel la porte de la maison de Valentin Bernhard est enfoncée. Il entre avec trois camarades, brise une armoire où il vole treize à vingt florins.

Peu satisfaits d'une aussi mince capture, les brigands s'élancent sur Bernhard, et ils allaient le garrotter et le chauffer, lorsque les habitans du village, à qui les gardes de nuit avaient donné l'éveil, vinrent chasser les hardis coquins.

Pendant que cela se passait en dedans de la maison, les gardes de nuit, qui avaient vu entrer les voleurs dans le village, étaient allés éveiller le sergent de police pour sonner le tocsin. Celui-ci, avant de le faire voulut s'assurer si le rapport était fondé, et se transporta vers la maison de Bernhard; les brigands postés de garde l'aperçurent et tirèrent sur lui sans pouvoir l'atteindre. Il s'empressa alors de sonner le tocsin, et les habitans étant accourus, délivrèrent Bernhard.

On poursuivit Schinderhannes et sa bande inutilement jusqu'au point du jour, et, d'après les traces empreintes sur la neige récemment tombée, on conclut que les brigands étaient au nombre de huit, et qu'ils avaient pris le chemin qui conduit à Letweiler et aux Trois-Étangs.

C'était en effet de ce côté qu'ils s'étaient dirigés, et

qu'ils vinrent, dans la soirée suivante, attaquer Henri Zürcher, fermier de la cense dite Neudorferhof.

A huit heures du soir, quatre hommes munis d'armes à feu se présentent chez Zürcher, et demandent à boire et à manger : on accède aussitôt à leur demande. L'un d'eux demande aussi des vivres pour ses camarades qui étaient devant la porte : on lui en donne, et il les porte lui-même. Cet individu, après être rentré, prétend qu'il y a des gendarmes cachés dans la maison, et, sur la réponse du fermier qu'il n'y en a pas, il prend la chandelle, en disant qu'il veut s'en assurer lui-même par une visite qu'il prétend y faire. Il se met immédiatement à parcourir la maison, et ayant trouvé quatre fusils et un sabre, il s'en empare en s'écriant : « Ah ! voilà les gendarmes ! » et il les porta à ses camarades hors de la maison. Après avoir ainsi enlevé à Zürcher ses moyens de défense, les brigands lui demandent son argent, et le premier, hors d'état de résister à la force, leur remet dix florins, qu'il prend dans une armoire où il avait son argent pour le courant du jour, et c'était effectivement tout ce qu'il avait alors.

Les brigands ne furent pas satisfaits à si bon compte ; ils se répandirent en menaces contre le fermier et sa femme, le garrottèrent, et lui demandèrent l'argent qu'il devait avoir reçu dernièrement d'un de ses débiteurs de Letweiler, ainsi que celui qui provenait d'une vente de bœufs.

Le malheureux fermier concevant l'inutilité de vouloir plus long-temps éluder les demandes de pareils brigands, qui avaient reçu de leurs affidés des renseignemens positifs, promit de leur donner sans réserve tout ce qu'il possédait. On le délia donc, et il conduisit les scélérats dans son grenier, où il leur remit une somme de deux cent trente-deux florins qu'il avait cachée dans un tas de grain. Cependant l'avidité des voleurs n'était point encore comblée : on ramena Zürcher dans sa chambre, où, pour en extorquer de plus fortes sommes, on le garrotta de nouveau, lui et sa femme : un des brigands lui porta même une chandelle sous le bras pour le forcer à un aveu ultérieur.

Enfin, sur ses lamentations, ils cessèrent leurs cruautés, et se contentèrent d'une promesse du fermier de leur payer, dans un court délai, une somme de trois cents florins. Le fermier signa son nom sur une feuille de papier, qui devait servir de légitimation à celui qui viendrait prendre l'argent. Avant de quitter la maison, les brigands volèrent encore une montre et plusieurs autres effets, et rendirent trois des fusils dont ils s'étaient emparés d'abord.

Quelques jours s'écoulèrent, au bout desquels un homme vint à la ferme avec cette signature, et demanda de la part des brigands la réalisation de sa promesse. Le fermier était absent, et sa femme ne put rien donner. Mais le soir le même homme revint, et Zürcher lui remit cent cinquante florins.

Peu après, un cultivateur de Rehborn, dénoncé comme riche à Schinderhannes, dut aussi payer contribution à ce brigand. Pendant la nuit, on frappe à la fenêtre du cultivateur; celui-ci ouvre : il aperçoit trois hommes, dont l'un lui remet une lettre et l'autre le met en joue. Celui qui lui remit la lettre ajouta qu'il avait un quart d'heure pour porter la réponse au pont au-dessous de Rehborn. On demandait vingt louis au cultivateur, qui, pour éviter de plus grands malheurs, s'empressa d'en porter douze au lieu désigné.

Une autre somme de vingt louis fut aussi extorquée dans le même temps à un habitant d'Obermoschel; mais ce vol et quelques autres de peu d'importance furent les derniers que commit Schinderhannes. Ce fut dans le même temps que ce brigand redoutable tomba enfin entre les mains de la justice, avec les circonstances que nous avons rapportées. Ses interrogatoires, faits par M. Wernher, juge au tribunal spécial de Mayence, avaient établi d'une manière positive sa participation aux crimes nombreux dont nous venons de donner l'analyse, et à une infinité d'autres que nous avons omis de citer à cause de leur peu d'importance. Ces révélations mirent aussi les magistrats sur les traces d'une quantité de coupables dont l'arrestation fut aussitôt provoquée. Beaucoup étaient morts dans les prisons ou sur l'échafaud; beaucoup aussi se dérobèrent momentanément, par la fuite, à la sévérité des lois : néanmoins soixante-sept individus furent arrêtés et conduits dans les prisons de Mayence; et alors se poursuivit une des instructions les plus étendues et les plus compliquées qui aient jamais été faites.

Enfin, après plus de dix-huit mois des investigations les plus scrupuleuses, les magistrats furent assez éclairés pour pouvoir procéder au jugement des brigands. Par un arrêt en date du 18 pluviôse an XI (février

1803), le tribunal criminel spécial de Mayence se déclara compétent, et en conséquence fut dressé, par M. Tissot, commissaire du gouvernement et accusateur public près ce tribunal, l'acte d'accusation contre Schinderhannes et ses complices. Cet acte d'accusation, divisé en trois parties, contenait d'abord l'énumération des crimes attribués à Schinderhannes, au nombre de cinquante-trois; secondement, les aveux de ce brigand, de sa complicité dans lesdits crimes; et enfin les charges résultant de l'instruction contre chacun des soixante-sept individus qui avaient concouru à commettre les uns ou les autres. Nous nous conformerons à cet ordre pour rappeler succinctement, à l'égard de ces derniers brigands, la nature des préventions existant contre eux.

1er. *Jean Buckler,* père de Schinderhannes. On connaît déjà, d'après les révélations de ce dernier, quel était le genre de vie que cet homme avait mené : tour à tour écorcheur, soldat, déserteur, et toujours vagabond, depuis que son fils s'était livré au brigandage il usait de la terreur que son nom avait inspirée aux habitans de la campagne, et particulièrement aux marchands juifs, pour en extorquer de l'argent. Mais, dans ses interrogatoires, il ne répondit que par des dénégations aux nombreux faits articulés contre lui.

2e. Il en fut de même de *Julie Blœsius,* maîtresse de Schinderhannes : elle persista à soutenir qu'elle avait long-temps ignoré la conduite de son amant, et que jamais elle n'avait pris part à ses crimes, pas même au vol commis chez Isaac Sender, quoique ce dernier l'eût parfaitement reconnue sous son déguisement en habits d'homme. Schinderhannes lui-même avait soutenu ce système en prétendant que lors de cette dernière action il n'était accompagné que de Georges Dalheimer.

Depuis que Julie vivait en concubinage avec Schinderhannes, elle était devenue mère de deux enfans, dont un seul vivait encore au moment du procès, et pour lequel Schinderhannes paraissait avoir beaucoup de tendresse.

3e. *Philippe-Jacques Heidens*, dit *Claire-Philippe*. Cet homme était un mendiant de profession, et vivait depuis son enfance dans un état continuel de vagabondage. Lorsque Schinderhannes, Finck et Seibert eurent pris la résolution d'aller à la recherche de Blacken-Klos, qui avait volé et maltraité la fille d'Élise Schœffer, alors maîtresse du premier, ils trouvèrent, chemin faisant, Claire-Philippe, qui leur était déjà connu : celui-ci nourrissait depuis long-temps une vieille rancune contre Blacken-Klos, et se décida facilement à aller aussi à sa poursuite, et assista effectivement à son assassinat.

Il prétendit ensuite avoir été contraint d'accompagner Schinderhannes et ses deux compagnons, et n'avoir porté aucun coup à Blacklen-Kos ; enfin il nia avoir profité du vol commis sur ce dernier.

4e. *Jean Muller*, fils de Jean Muller. C'était un jeune homme à peine âgé de dix-neuf ans. Quatre ou cinq ans auparavant il avait abandonné la maison paternelle, après avoir reçu une correction méritée, et s'était engagé dans la bande de Schinderhannes. Il accompagnait presque toujours ce dernier, qui, lorsqu'il était hors des lieux où il commettait ses crimes, le faisait passer pour son domestique. Il mourut à Mayence peu de temps avant le jugement du procès.

5e. *Pierre Petry* fils, dit *Junge Schwarz-Peter*. Il était fils du fameux brigand Pierre, dit Schwarz-Peter, et fut conduit de bonne heure, par son père, dans la carrière de la fainéantise et du crime. Arrêté plusieurs fois, il avait toujours trouvé le moyen de s'évader.

L'accusation le chargeait de complicité dans cinq crimes imputés à Schinderhannes; mais, après avoir fait des aveux assez circonstanciés, malgré ses liaisons bien connues avec les voleurs, et malgré les dépositions de nombreux témoins et celles de ses complices eux-mêmes, il se rétracta.

6e. *Théodore Müller*, mort dans les prisons de Mayence avant le jugement, était un des nombreux affidés de Schinderhannes dans les campagnes. L'accusation lui reprochait d'avoir recélé des porcs volés par le premier, et d'en avoir acheté, sachant qu'ils étaient volés. C'était un homme simple en apparence. Le juge instructeur lui fit, à un de ses interrogatoires, cette question : N'avez-vous pas aussi acheté l'un des cochons volés? — Non; mais l'un desdits cochons s'étant sauvé des mains de Schinderhannes, celui-ci le poursuivit et voulut le tuer d'un coup de fusil; moi je l'en ai empêché, et l'ai prié de ne lui pas faire de mal, *que c'était un petit animal trop innocent;* en suite de quoi il m'en fit présent; et, l'automne suivant, je l'ai tué et mangé. — *Dem.* Comment avez-vous accepté un cochon d'un brigand reconnu? — *Rép. Je ne savais pas qu'il fût défendu d'accepter des présens de brigands.*

7e. *Nicolas Nau,* fermier à Marienforterhof, était, comme le précédent, en relation intime avec les brigands, et avait déjà subi un emprisonnement de quatre mois, pour avoir donné asile à Benzel après son évasion. Maintenant il était prévenu d'avoir acheté de Schinderhannes des animaux volés, sachant qu'ils provenaient de vol; et il n'en disconvenait pas.

8e *Leser Isaac,* marchand colporteur, appartenait à cette classe de Juifs qui faisaient leur principal trafic avec les voleurs. Après le vol et l'assassinat de Simon Seligmann, Schwarz-Peter et Schinderhannes le firent appeler dans la forêt où devait s'effectuer le partage du butin, et lui vendirent à bas prix les objets provenant de ce vol. Leser Isaac ne put avoir de doute sur la source d'où provenaient ces objets; cependant il soutint les avoir achetés de deux hommes qu'il prit pour des Français, dans l'ignorance où il était qu'ils avaient été volés.

9e. *Chrétien Reinhard,* plus connu sous le nom de *Schwarz-John,* natif de Berlin, était musicien ambulant, et se trouvait dénué d'argent lorsque, suivant ses dires, il se laissa séduire par Schinderhannes. A la fin, il avait pris le même parti que lui, et s'était engagé à Limbourg dans les Impériaux, lorsqu'ils furent arrêtés et conduits à Mayence.

Accusé de complicité dans plusieurs crimes reprochés à son chef, il avoua seulement avoir pris part aux vols commis chez Jacques Bœr, de Meixheim; Isaac

Moïse, de Laufersweiler; Valentin Bernhard, de Wold-grehweiler, et chez Henri Zürcher.

10ᵉ. *Marguerite Eberhard*, femme du précédent, fut arrêtée avec lui. Cette femme, qui prétendait ignorer le nom de son lieu natal, ainsi que celui de ses père et mère, disait avoir été élevée par un marchand d'amadou nommé Henri, avec qui elle parcourut le pays d'outre-Rhin, sans domicile fixe, jusqu'à l'âge de seize ans, qu'elle fit la connaissance de Chré-tien Reinhard, lui-même vagabond, avec lequel elle se maria aussitôt. On dut supposer qu'ayant continué sa vie errante avec son mari, et ne pouvant indiquer aucun moyen honnête qu'elle eût employé pour vivre, elle ne pouvait ignorer que les marchandises et l'argent dont Reinhard était quelquefois pourvu n'étaient pas le produit d'un petit commerce de faïence, qu'il ne faisait pas habituellement, et enfin, que les longues et fréquentes absences de son mari et son retour en meilleure fortune, ainsi que ses liaisons avec des brigands, ne pouvaient pas lui rester inconnues.

En conséquence, elle était prévenue, outre l'accusation de vagabondage, d'avoir reçu gratuitement des objets provenant des vols commis par son mari, et d'avoir vécu du produit desdits objets, sachant qu'ils provenaient de vol. Mais la femme Reinhard soutint qu'elle avait constamment ignoré les mauvaises actions de son mari, et que jamais celui-ci ne lui avait apporté rien qui pût le rendre suspect.

11ᵉ. De plus graves accusations pesaient sur *Jacques Benedum*, meunier de Konkenlangenbach: cet homme était depuis long-temps la terreur du canton de Coussel et des environs, où il était redouté à l'égal de Schinderhannes lui-même. Impliqué dans une affaire de vol sur la grande route, sur la personne du receveur de Coussel, il avait été mis en liberté par le prononcé du jury d'accusation.

Cependant la clameur publique le désigna bientôt après comme un des auteurs de tous les crimes qui se commirent dans le canton et les environs ; il menait une vie errante avec des gens sans aveu et des vagabonds, et c'est dans une pareille société qu'il fut arrêté le 2 frimaire an 11 (novembre 1802), par la gendarmerie nationale, avec deux autres individus, dans une maison de Dennweiler. On trouva sur eux deux fusils et deux pistolets chargés à balle, et en outre un sac de balles et une poudrière en cuir. Sur leur dire qu'il y avait encore trois de leurs camarades à la ferme dite Breitzesterhof, on y arrêta les nommés Jacques et Jean Porn, et Frédéric Schmitt dit le Saxon, desquels nous aurons bientôt occasion de parler.

Benedum n'avait été désigné par Schinderhannes que comme ayant pris part avec lui au vol commis à Ullmett, chez le sieur Herz Meyer ; mais aussitôt son arrestation, on se ressouvint que Charles Benzel l'avait dénoncé comme l'un des auteurs du vol commis, dans la nuit du 12 au 13 pluviôse an 8 (1800), chez le sieur Bitsch, foulon près de Coussel. Ce vol avait été commis avec ces circonstances :

Les brigands avaient brisé une barre de fer qui se trouvait devant une fenêtre du moulin à foulon ; ce fut par cette fenêtre qu'ils entrèrent dans le moulin, d'où ils pouvaient aisément, et sans obstacle ultérieur, parvenir dans la maison. Le citoyen Bitsch, entendant du bruit devant la porte de sa chambre, s'écrie en allemand : *Wer da!* qui va là! On lui répond en français : Ouvrez la porte! Croyant que c'étaient quelques soldats français ivres, il réplique : Qui vive! On ne lui répond plus. Tandis qu'il s'occupe à ouvrir la fenêtre et le contrevent, on frappe à la porte de sa chambre, on enfonce la petite fenêtre qui se trouve au milieu, et deux canons de fusil se montrent : le sieur Bitsch prend aussitôt son arme à feu, et la met entre les deux autres. Mais au même instant une voix se fait entendre sur ses derrières, qui lui dit de mettre sur-le-champ son fusil de côté, sinon qu'on le fusillerait à l'instant. Se voyant ainsi entre deux feux, il déféra à la demande des brigands, et ouvrit la porte de sa chambre.

Deux brigands entrent aussitôt, et lui demandent son argent; il nie en avoir. Les brigands deviennent furieux; enfin il leur fait donner quatre écus de Brabant que sa femme prend dans l'armoire de la cuisine. Il est forcé d'ouvrir ses coffres et armoires; les brigands y prennent une camisolle de molleton, une paire de bas et quatre mouchoirs; ils lui demandent sa montre et sa pipe garnie en argent, qu'il leur donne aussitôt; ils visitent le lit et y trouvent deux écus de Brabant que la femme Bitsch y avait cachés; ils s'emparent aussi de deux livres de sucre et de trois livres de café. Les brigands ne cessent pas de lui demander de l'argent; ils lui disent même qu'il devait en avoir reçu la veille pour du plâtre vendu : enfin ils le quittent pour monter au premier, où ses deux jeunes filles couchaient; ils y trouvèrent un lit encore tout chaud, et dans lequel il n'y avait personne; ils redescendent et s'informent qui avait couché dans ce lit. Le meunier, qui ne savait pas encore que ses deux filles s'étaient sauvées par la fenêtre pour chercher du secours, est tout effrayé, croyant que les brigands avaient assassiné ses enfans; pour le rassurer ils lui permettent de monter : au moment où il voulait le faire, un des brigands tire de sa poche une corde, de l'amadou et du fil, pour le garrotter et le chauffer, afin d'extorquer de lui l'aveu où son argent était enfoui; mais sur ses lamentations et sa promesse qu'il voulait emprunter de l'argent et le porter à tel endroit qu'on lui indiquerait, ils se désistent de leur projet sanguinaire. Enfin ils le quittent, en lui disant qu'il devait tenir prêts trois cents florins, et qu'ils viendraient les prendre.

Le meunier donna le signalement de deux brigands. Dans l'un d'eux il reconnut, lors de la confrontation, le nommé *Philippe Hilcher,* qui depuis a été guillotiné à Trèves; le second, d'une taille assez grande, visage maigre et noirci, menton large, avait l'accent salzbourgeois.

Un autre crime était encore imputé à Benedum : dans la nuit du 25 au 26 vendémiaire an 10 (1801), des voleurs enfoncèrent d'abord, avec une poutre, la porte extérieure du moulin isolé de Streit-Mühl, habité par Nicolas Kraut et sa famille; une des fenêtres fut ensuite brisée, et quatre brigands, dont un, grand de taille, avait le visage noirci, et les trois autres, d'une taille médiocre, avaient le visage masqué de drap noir, des chapeaux rabattus des deux côtés, et des armes consistant en fusils, pistolets et bâtons, s'introduisirent dans la chambre à coucher non fermée de Nicolas Kraut, et lui demandèrent de l'argent d'une voix menaçante. Le meunier ayant résisté à leur demande, ils l'arrachèrent de son lit, ainsi que son épouse, les maltraitèrent cruellement, et les menacèrent de leur ôter la vie. David Kraut, un des fils du meunier, étant survenu, éprouva les mêmes traitemens. Enfin la femme Kraut ouvrit une petite armoire dans laquelle les brigands enlevèrent six cent quatre-vingt-treize florins; ils vidèrent ensuite une autre armoire, pillèrent la chambre et la cuisine, et volèrent entre autres trois oreillers, deux couvertures de lit de plume, une tabatière noire marquetée en argent, une montre avec une chaîne double, et un cachet portant pour empreinte le nom du meunier avec une roue de moulin, le tout en argent; enfin plusieurs ustensiles de ménage en étain.

Pendant le pillage, un des brigands, qui paraissait le plus petit, reçut d'un autre un coup si violent, qu'il en tomba par terre et que son sang coula. Deux autres voleurs entrèrent dans la maison, et leurs menaces réitérées, pour extorquer de plus fortes sommes au meunier et à sa femme, ayant été infructueuses, ils montèrent au premier étage, où ils brisèrent la porte de la chambre où logeait Casimir, autre fils du meunier. Les brigands lui mirent le pistolet sur la poitrine pour le contraindre à ouvrir une armoire placée dans cette chambre ; mais, n'allant pas assez vite à leur gré, ils brisèrent cette armoire, où ils se saisirent de plusieurs effets précieux. Les voleurs se retirèrent enfin, après avoir menacé plus de dix fois Casimir de le tuer, et en lui disant qu'ils s'en allaient couper la tête à Nicolas Kraut. Toutefois ils n'en firent rien, et prirent leur fuite vers Hufler et Langenbach, abandonnant en route un soulier et deux lambeaux noirs qui leur avaient servi de masques, ainsi que des objets qu'ils avaient volés chez Kraut.

Il n'existait contre Benedum que des indices de sa complicité dans le crime. Le lendemain, on avait trouvé ses souliers mouillés et crottés, lui-même était blessé au front ; et comme le juge de paix de Coussel avait décerné un mandat d'amener contre lui, il se sauva à la nage lorsque les gendarmes vinrent pour l'exécuter, et depuis il n'avait plus osé rentrer chez lui. Enfin l'arrestation de Schinderhannes mit le terme à toutes les incertitudes : celui-ci déclara positivement que Benedum était l'un des auteurs du crime, et qu'il le tenait de ses complices. Cependant Benedum persista à soutenir qu'il y était resté étranger, de même qu'à tous les autres.

12e. *Frédéric Schmitt*, dit *le Saxon*, était aussi accusé du vol commis chez Kraut ; mais quoiqu'il eût été arrêté vêtu d'une capote grise volée chez ce meunier, et quoiqu'il en eût fait la confidence à Schinderhannes, il se renfermait dans les plus strictes dénégations. Il niait aussi avoir coopéré aux vols commis à Ullmett et à Sœdern.

Schmitt avait déjà été deux fois repris de justice, et il résultait des pièces du procès que depuis son dernier élargissement, au mois de fructidor an 9 (1801), il avait constamment mené une vie errante, et qu'il était lié avec Schinderhannes.

13e et 14e. *Jacques Porn* et *Jean* son fils, tous deux vagabonds, étaient accusés d'avoir participé aux mêmes crimes que le précédent ; Jean, après avoir fait des aveux, revint ensuite au système adopté par son père : tous deux soutinrent devant les magistrats, et en présence de Schinderhannes qui leur fut confronté, qu'ils étaient étrangers aux actions qui leur étaient imputées.

15e. *Philippe Klein*, dit *Husaren-Philippe*, était à peine sorti de la maison de détention à Gand, où il avait subi un an de prison pour vol simple, qu'il fut arrêté de nouveau comme vagabond dangereux. Les interrogatoires de Schinderhannes le firent connaître comme un de ses complices, et comme étant l'individu qui avait servi d'intermédiaire entre ce brigand et Julia Blœsius. Il était encore établi, par l'accusation, qu'il avait pris part aux vols commis au moulin d'Antesmülh et chez Riegel ; mais après avoir long-temps varié dans ses interrogatoires, il finit par se renfermer dans la négative.

16e. *Jean Welsch*, musicien, suspecté d'être un membre de la bande des brigands qui désolaient l'arrondissement de Birkenfeld, se trouvait en état d'arrestation, lorsque Schinderhannes le dénonça comme son complice dans les vols d'Antesmülh et chez Riegel. Quoique reconnu positivement par le meunier d'Antesmülh pour un des brigands qui avaient été dans sa maison, Welsch persista à nier.

17ᵉ. *Georges Frédéric Schulz,* marchand ambulant. Cet individu, déserteur des troupes de l'électeur palatin, errait avec sa femme dans les campagnes, et prétendit d'abord qu'étant venu jusqu'à Iben pour y tenir la fête du village, il logea chez un fermier chez lequel arriva Schinderhannes qu'il ne connaissait point encore. Ce dernier serait resté toute la journée à Iben, où il aurait bu et mangé, et où il se serait amusé à danser. « Il régnait, dit Schulz, la plus grande confiance entre lui et les personnes de la ferme, ainsi que les étrangers qui y venaient. Il payait l'écot de tous ceux qui se présentaient; et je sais qu'il a dépensé à la fête d'Iben et à celle de Furfeld environ soixante florins. Quand il voulait danser, chacun s'empressait de lui faire place, et on lui faisait les plus grands honneurs. » Schulz ajouta, qu'ayant alors fait connaissance avec Schinderhannes, il lui proposa d'entrer dans sa bande, et qu'il s'y refusa.

Mais bientôt ce brigand prit le parti de dire la vérité : il avoua avoir pris part aux vols commis chez Isaac Moïse, chez Seckel Lœb, chez Joel Élie et chez Salomon Benedict, mais il nia avoir assisté au vol de Sœdern.

18ᵉ. *Anne - Marie Grein,* femme du précédent, était prévenue de vagabondage et de complicité des crimes de son mari, pour avoir reçu des objets provenant de vol, sachant qu'ils en provenaient.

19e. *Jean-Adam Lahr* avouait être un des auteurs du crime commis chez Seckel Lœb, avec toutes les circonstances relatives à la vente des objets volés, mais que ce n'était que dans un état d'ivresse qu'il avait été entraîné à suivre les brigands, et qu'il en avait le plus vif repentir.

20e et 21e. *François Brixius* et *Lothaire Baumann* étaient depuis long-temps soupçonnés d'être en relation avec les brigands; Schinderhannes les accusa d'avoir participé à plusieurs crimes. Cependant ils s'obstinèrent à nier que ces allégations fussent fondées.

22e. *Conrad Grothé* était encore un de ces individus qui dérobaient les brigands aux recherches de la justice, lorsque, passant d'une rive du Rhin à l'autre, ils se dirigeaient de Hamm, lieu ordinaire de leur passage, vers le Hundsruck; ou, s'ils s'en retournaient sur la rive droite, il les menait alors sur sa charrette jusqu'au Lerchenhof. Grothé recelait encore les marchandises volées; mais il prétendait qu'il n'avait jamais connu Schinderhannes, et qu'il l'avait pris pour un marchand de Coussel.

23e. *Pierre Hassinger,* ancien fermier d'Iben, ne chercha point à nier sa participation aux crimes commis chez Valentin Bernhard, chez Joel Élie et chez Salomon Benedict, et d'avoir recélé des objets provenant des vols commis chez Seckel Lœb et à Sœdern; il avoua tout. Son père, disait-il pour sa justification, était fermier à Iben; sa fortune avait été ruinée par les calamités de la guerre ; et Schinderhannes, qui venait quelquefois chez lui, entendit ses plaintes. Il profita de cet état de détresse où il se trouvait, pour lui persuader de prendre part à ses forfaits, et, dans l'espoir d'améliorer son sort, il avait été trop facile à céder à ses conseils perfides.

24e. *Pierre Weber* était accusé d'avoir fourni des armes aux brigands, et d'avoir coopéré au vol de Joel Élie. Les aveux de Schinderhannes et de plusieurs de ses complices fortifiaient cette accusation, que Weber s'efforça de repousser par ses dénégations constantes.

25e. *Nicolas Eckard* fut reconnu unanimement par Buckler et les autres brigands qui avaient commis le vol chez Valentin Bernhard, pour être un des auteurs du crime ; néanmoins il persista à soutenir qu'il n'y avait pas pris part.

26e. *François Mundo* avait vu, si on l'en croit, Schinderhannes pour la première fois à Iben, en 1801. Ce brigand s'annonçait lui-même comme tel, et aurait menacé Mundo s'il osait le trahir. Néanmoins il assista peu de temps après, mais ayant été enivré d'eau-de-vie par Pierre Hassinger, aux vols commis chez Valentin Bernhard et chez Salomon Benedict.

27e. *Philippe Weber* jouissait de la plus mauvaise réputation dans son canton ; on le soupçonnait d'avoir, dès sa jeunesse, commis plusieurs vols ; et n'osant plus, sous l'ancien régime, rentrer dans son pays natal, duché de Deux-Ponts, il profita de la nouvelle organisation pour y retourner. Depuis, il avait été accusé de plusieurs délits, mais, faute de preuves, les poursuites dirigées contre lui furent abandonnées. Enfin le juge de paix du canton d'Obermoschel fit arrêter Weber, sur les informations qu'il avait reçues, comme un des fauteurs, recéleurs et adhérens de Schinderhannes; et effectivement, celui-ci, malgré les dénégations de Weber, soutint que ce dernier lui avait donné souvent asile, ainsi qu'à d'autres brigands, et qu'il avait participé au vol fait chez Valentin Bernhard.

28e et 29e. *Jean Korbmann* convint d'avoir coopéré à ce dernier vol; il en fut de même de *Georges-Guillaume Weisheimer*. Tous deux furent entraînés, dirent-ils, à ce crime, par Hassinger et Mundo; ils n'en avaient jamais commis d'autres, et ressentaient le plus vif repentir.

30e. *Henri Walter,* bûcheron à Iben, avait d'abord avoué qu'il avait accompagné Schinderhannes et d'autres brigands, pour commettre un vol à Horrweiler, mais que ce projet n'ayant pas été suivi d'exécution, il avait coopéré au vol fait chez Élie Joel. Transféré dans les prisons de Mayence, il se rétracta, et prétendit qu'un inconnu était venu à Iben, et l'avait pris comme guide pour le conduire aux Trois-Étangs; que là il avait trouvé plusieurs brigands qui l'avaient forcé d'aller avec eux à Obermoschel; qu'il était sans armes; qu'on l'avait mis à la porte, et qu'un d'eux, qui était à côté de lui, avait ordre de tirer sur lui s'il faisait la moindre mine de déserter; que par conséquent il avait assisté à ce crime contre sa volonté. Cette fable fut démentie par Schinderhannes et ses autres complices; néanmoins Walter persista dans son système.

3₁ᵉ. *Léonard Kœrper.* C'est le même qui se présenta chez le fermier Zurcher pour y recevoir le montant de l'obligation qu'il avait souscrite à Schinderhannes. Arrêté sur les déclarations de ce dernier, il s'évada des prisons de Mayence, après que l'instruction eut été commencée. Comme les formalités nécessaires pour parvenir au jugement par contumace n'étaient pas encore remplies, il ne fut pas compris dans l'acte d'accusation.

3₂ᵉ. *Pierre Haas,* admoniteur du passage sur la Nahe. Celui-ci était aussi l'un des affidés de la bande de Schinderhannes. Il donnait aux brigands asile dans sa maison, et les passait dans son bateau lorsqu'ils allaient au Hunsdruck, ou quand ils en revenaient chargés d'effets volés. Haas, qui se gardait bien d'avertir la police, cachait au contraire les brigands dans les houillères qui se trouvaient près de sa demeure.

Ce fut chez Haas que Schinderhannes, quelques jours après le vol de Neudorf, écrivit à Zurcher, et de là qu'il envoya chez ce dernier Léonard Kœrper. Comme celui-ci tardait à revenir, Haas cacha Schinderhannes et ses camarades dans une caverne à côté de sa maison; il y mena Kœrper, lors de son retour, et remit aux brigands la somme d'argent provenant de Zurcher, mais inférieure à celle que Kœrper avait reçue.

Haas chercha à repousser les charges qui résultaient contre lui de ces faits, et prétendit qu'il n'avait rien su du vol de Neudorf, et qu'il ne s'était pas approprié l'argent en provenant; et de plus, qu'il

n'avait reçu les brigands que forcément et par con-
trainte; ce qui était formellement contredit par ces
derniers.

33e. *Jean-Nicolas Müller*, dont le père faisait, depuis long-temps, partie des bandes de brigands, avait
été engagé par ce dernier au service de Schulz en
qualité de domestique, c'est-à-dire affilié à la bande
de Schinderhannes. Il avoua avec une sorte de naïveté
tous les crimes qui lui étaient imputés, et ses interrogatoires produisirent plus d'une révélation importante;
il déclara entre autres qu'il était resté pendant huit
jours caché dans la maison d'un sieur Keim, cabaretier
et adjoint au maire, et encore membre du conseil
municipal d'Eckelsheim, lequel était en relation avec
Schinderhannes.

34e et 35e. *Anne-Marguerite Laufried* et son frère
Adam étaient les affidés et les recéleurs des brigands
à Letweiler : la première était chargée de leur procurer des vivres. Pour y parvenir, elle abusait de la
frayeur où Schinderhannes tenait les habitans des campagnes, et leur extorquait ainsi tout ce qui pouvait
être nécessaire à leur subsistance, et d'autres objets.
Elle était en outre accusée d'avoir participé à l'exécution du vol commis chez Seckel Lœb, dans ces circonstances :

Les voleurs, épouvantés par les mesures que le maire
de Staudernheim prenait contre eux, coururent épars
dans la forêt, et deux d'entre eux, chargés d'une
grande partie du butin, se trouvaient égarés loin des
autres.

Arrivés aux environs de Letweiler, les brigands, craignant que l'aube du jour ne les surprît avec leur proie, aussi près d'un lieu habité, cachèrent dans les jardins les objets dont ils étaient chargés, et coururent dans la maison de Marguerite Laufried, en lui disant de venir, elle et son frère Adam, et de prendre un sac pour y renfermer les effets, qu'ils lui dirent positivement provenir de vol. Celle-ci n'avait pas de sac; un des brigands va chez le nommé Müller, son beau-frère, demeurant à un étage plus haut, pour en demander un; il n'en avait pas non plus. Après une courte délibération, il fut convenu qu'on prendrait des paniers.

La femme Laufried et son frère partirent avec le brigand, et portèrent les effets volés jusqu'à la forêt d'Iben, où ils trouvèrent le chef de la bande, qui se plaignit en termes énergiques de leur retard, et leur donna une pièce d'indienne noire en récompense de leur service.

Lors de leurs interrogatoires, Marguerite Laufried et son frère, tout en niant qu'ils eussent suivi volontairement le brigand, varièrent sur les moyens qu'il avait employés pour les contraindre à le suivre.

36ᵉ. *Henri Blum*, connu sous le nom de *Guillaume Rheinhard*, natif de Wezel en Prusse, avait lié connaissance avec Schinderhannes, près de Neustadt. Il avoua avoir commis avec lui le vol chez Isaac Moïse, le seul qui lui fût reproché; du reste, il était étroitement lié avec la plupart des brigands.

37ᵉ. *Jean-Georges Scherer*, marchand de bétail,

niait avoir jamais eu de relation avec les brigands; cependant plusieurs d'entre eux déclarèrent positivement qu'il leur avait souvent donné asile, tant de jour que de nuit, et qu'il avait été le principal instigateur de l'attaque dirigée contre Isaac Moïse. Suivant Schinderhannes et d'autres, ils étaient réunis dans la forêt près de Kempfeld, et, étant encore indécis sur le choix du lieu qui devait être, la nuit suivante, le théâtre de leurs brigandages, ils envoyèrent un des leurs chez Scherer, pour le prier de venir auprès d'eux.

Scherer vint en effet avec de l'eau-de-vie qu'il donna à Schinderhannes; il le tira ensuite en particulier, et lui indiqua Isaac Moïse, qui, dit-il, devait avoir beaucoup d'argent, parce qu'il avait vendu cinq ou six chevaux au dernier marché; il promit même d'acheter l'argenterie qui proviendrait du vol.

38e. *Jean Müller, le Vieux*, dit *Müllerhannes,* connu aussi sous le nom de *Boutla.* Ce brigand fut arrêté dans une battue de paysans, et commença par nier qu'il appartînt à la bande de Schinderhannes; mais bientôt, changeant de système, il avoua, en soutenant qu'il n'avait jamais mené une vie errante, qu'ayant fait rencontre du chef de brigands, il participa aux vols chez Isaac Moïse, chez Mendel Lœb, et chez Salomon Benedict.

39e. *François Bayer*, dit *Derschele Franz,* était depuis long-temps lancé dans la carrière du crime, et n'appartenait pas exclusivement à la bande de Schinderhannes. Non-seulement il était accusé d'avoir coopéré, avec ce brigand, aux vols d'Ullmett, à celui commis sur le gendarme André, et à la tentative de vol faite à Illingen, mais encore on lui reprochait de s'être introduit avec effraction, en brisant les plombs d'un carreau de vitre, dans le magasin du sieur Schmitt, marchand à Franckenthal, d'où il donnait des objets volés, consistant en indiennes et draps, à son frère et à un autre brigand resté inconnu, qui se tenaient en dehors pour les recevoir.

Bayer ne niait point avoir commis tous ces crimes.

40e. *Charles Gabel.* Après le vol d'Ullmett, Schinderhannes et ses complices se rendirent dans la forêt proche de Veiseroth, pour y procéder au partage de l'argenterie volée. Schinderhannes envoya un domestique du moulin de Rothermühl, pour prier son père de se rendre auprès de lui. Celui-ci le fit, et il fut convenu que Buckler père avertirait le prévenu, qui avait jadis été orfèvre, de l'argenterie qui était à vendre, et qu'on le ferait venir sur les lieux. Gabel s'y rendit effectivement avec des balances, fit prix avec les brigands, emporta la marchandise, et revint, quelques heures après, pour en acquitter le montant. La somme qu'il apportait résultait partie d'emprunt, et en faible partie de ses propres deniers.

A quelques mois de là, Gabel rencontra Bœr Lœb, de Baumholder, qu'il avait connu jadis, pendant qu'il faisait le commerce d'orfévrerie; il le tira mystérieusement à part, et lui demanda s'il ne pourrait pas s'informer, sans cependant le nommer lui Gabel, si les Juifs d'Ullmett voulaient acheter l'argenterie qui leur avait été volée dans la nuit du 10 au 11 messidor; et sur la réponse de ceux-ci qui lui fut rendue, qu'ils ne le pouvaient pas dans le moment, qu'ils ne pourraient peut-être le faire que dans quelques mois, il s'informa si le nommé Seriba exerçait encore le métier d'orfèvre : il alla chez cet homme, lui montra l'argenterie en nature, et lui déclara qu'il avait prêté une certaine somme sur ces objets; qu'on redemandait encore de l'argent sur ce gage, et qu'il ignorait si ce n'était pas hasarder la somme qu'il pourrait prêter de surplus. À cette demande succéda bientôt l'aveu que la veuve d'un ministre réformé, à qui cette argenterie appartenait, se trouvant dans le besoin, désirait s'en défaire. Seriba ne pouvant acheter lui-même cet objet, se chargea d'en parler au sieur Gottlieb, avec qui Gabel convint enfin du prix, livra la marchandise, après cependant l'avoir dénaturée, et donna même à l'acheteur, sur la réquisition de celui-ci, un certificat par lequel il attestait que cette argenterie se trouvait légitimement entre ses mains, et qu'il en répondait envers et contre tous.

Ces circonstances, que Gabel avouait, mais en prétendant avoir été forcé par les menaces des brigands, motivèrent l'accusation portée contre lui comme fauteur et complice de leurs crimes.

41e. *Frédéric Kunz,* musicien à Merxheim, est le même désigné sous le nom de *Borbé,* qui, lors du vol commis chez Jacques Bœr, fut envoyé, par Schinderhannes, prévenir le rentmeister de son intention, et eut ordre de rapporter du vin. Kunz avoua être allé chercher le vin, sans avoir cependant la commission d'avertir le rentmeister du vol qui devait avoir lieu dans la nuit; il convint encore qu'il avait accompagné les voleurs à Merxheim, mais il nia avoir reçu ni exigé une pièce de drap pour prix de ses services.

42e. *Michel Isaac.* Schinderhannes n'avait pas seulement besoin de faire des démarches pour se procurer la vente du produit de ses vols; les grands bénéfices que retiraient ceux qui traitaient avec lui lui attirèrent plus d'une sollicitation : Michel Isaac, entre autres, vint un jour le trouver à la ferme d'Iben, pour le prier de lui vendre les objets qu'il volerait par la suite : il lui paya même de l'eau-de-vie pour mieux l'y exciter.

Enfin le vol de Sthaudernheim s'accomplit, et quoique Michel Isaac ait nié, dans ses interrogatoires, avoir jamais eu les moindres relations avec Schinderhannes et avoir jamais rien acheté de lui, celui-ci et plusieurs de ses complices soutinrent d'une manière uniforme que les objets provenant de ce vol ayant été déposés dans la forêt, près de la cense d'Iben, l'un des brigands se détacha et alla dire au fermier d'aller prévenir Michel Isaac. Celui-ci arriva, et on lui montra les objets volés, consistant en indiennes, linge, argenterie, etc., étalés sur l'herbe. Les brigands ne lui cachèrent pas la manière dont ils étaient tombés entre leurs mains, et néanmoins on convint de prix; mais Isaac craignant d'exciter le soupçon en transportant ces objets chez lui, le fermier d'Iben se chargea de les conduire avec son cheval, ce qui eut lieu dès le soir même, et l'acheteur lui en remit le prix.

43e. *Henri Rupp* était accusé d'avoir aussi pris part au vol de Sthaudernheim ; les charges qui pesaient sur lui résultaient des révélations de ses complices, qui affirmaient la coopération de Rupp, et enfin qu'après le partage du butin entre les brigands, il acheta le lot échu à l'un d'eux nommé Lahr : assertion que celui-ci confirma lors de sa confrontation avec Rupp, et malgré ses dénégations.

44e. *Charles Michel,* cultivateur, servait d'intermédiaire à Schinderhannes, quand il levait ses contributions sur les Juifs ; ce fût lui qui porta ses ordres à Meyer Daniel, Moïse Hayum, et autres de Hundsbach. Nonobstant les déclarations de Schinderhannes et celles des individus volés, il soutenait qu'il n'avait été au contraire que le commissionnaire des Juifs auprès du premier. Il était encore prévenu d'avoir pris part à un autre vol, dont il soutint aussi n'avoir jamais eu connaissance.

45e. *Jean Wagner* n'était accusé que d'avoir pris part au crime qui précède, et Schinderhannes déclarait qu'en effet c'était la seule fois qu'il avait eu des relations avec lui. Voici comment ce malheureux rendait compte de la manière dont il s'était laissé aller à accompagner les brigands :

« Il y a environ deux ans, qu'un soir je fus chez un certain Charles Engers, à Sonschied, à l'effet de lui parler pour affaires domestiques ; je trouvai chez lui un certain Pierre Dalheimer, pareillement de Sonschied, et nous commençâmes tous trois un entretien pendant lequel nous avons bu un demi-pot d'eau-de-vie. Vers le matin, me trouvant ivre, je fus persuadé par ces deux personnes de les accompagner à la campagne : nous quittâmes Sonschied pour nous rendre sur le chemin de Grübelschied. Arrivés là, près d'une ferme, il se joignit à nous un jeune homme d'environ une vingtaine d'années, cheveux bruns ou noirs, de belle figure, lequel je n'avais jamais vu auparavant, et dont j'ignore le nom. Mon fusil n'était point chargé. Nous nous rendîmes ensuite sur le grand chemin de Kirn à Oberstein, où nous nous couchâmes à terre, derrière quelques buissons : environ une heure après, deux étrangers, habillés de bleu, vinrent de Kirn, dont l'un était juif et l'autre chrétien ; nous leur prîmes leur argent. J'ignore quel en fut le montant ; mais ce vol commis, nous étant rendus dans la forêt, le jeune homme me remit pour ma part vingt-neuf ou trente florins que je dépensai en route, ayant quitté ma maison deux ou trois jours après. »

46e. *Joseph Kein*, dit *Kramer Antons-Joseph*, quoiqu'il prétendît que toutes ses relations avec Schinderhannes s'étaient bornées à échanger pour lui un double louis, fut cependant dénoncé par ce dernier et d'autres, comme ayant pris part aux vols commis chez Valentin Bernhard et chez le fermier Zurcher.

47, 48 et 49e. *Catherine Schreiner, veuve Seibel,* et les deux fils *Adam* et *Théodore Seibel*. La maison de cette famille était le repaire ordinaire de la bande de Schinderhannes. Les deux fils passaient les brigands au-delà du Rhin, avec les chevaux et les marchandises volés qu'ils allaient y vendre.

Schinderhannes et les autres révélateurs déclarèrent

positivement qu'ils étaient bien connus des Seibels;
mais ceux-ci persistèrent à prétendre qu'ils n'avaient
su que plus tard quels étaient les gens qu'ils avaient
reçus, et qu'ils pensaient que les chevaux qu'ils ame-
naient avaient été achetés par eux.

50e. *Henri-Philippe.* Cet individu, qui fut l'instigateur du vol commis chez Riegel, et suivi de
l'assassinat de ce malheureux, avait été induit par
vengeance à donner aux brigands cette détestable idée.
Il avait recherché en mariage la fille de Riegel, et avait
demandé sa main; mais ses propositions n'avaient pas
été agréées, et depuis, la fille de Riegel s'était mariée
avec un autre. Henri en avait conservé le plus vif res-
sentiment, et Schinderhannes étant venu à la ferme
qu'il habitait, il lui proposa de commettre le vol, et
l'y engagea en disant que Riegel avait reçu neuf cents
florins; que son gendre en avait apporté cinq cents, et
en outre, qu'il devait avoir beaucoup d'argent; enfin,
il indiqua la maison de Riegel, et les localités intérieures.

Ces circonstances, établies d'une façon irrécusable,
furent cependant niées par Henri.

51e. *André Lüttger* était accusé d'avoir acheté à
Schinderhannes, qui persista à le soutenir, des bestiaux
volés, sachant qu'ils provenaient de vol, et d'avoir
servi d'intermédiaire à des marchés de ce genre; mais
il nia constamment les charges portées contre lui.

52e. *Jean Caspar,* ancien fonctionnaire public, ayant
déjà subi un emprisonnement de deux ans pour vol de
chevaux, était accusé d'avoir acheté deux autres che-

vaux de Schinderhannes, sachant qu'ils provenaient de vol ; comme il tarda de payer l'un des deux, il lui fut repris par ce brigand. Caspar niait ces faits, mais il était d'ailleurs prouvé qu'il était en liaisons intimes avec les voleurs, qui trouvaient chez lui un asile d'autant plus sûr que sa qualité d'ancien fonctionnaire le rendait moins suspect.

53e. *Jean-Frédéric Eisenhuth* était compris dans l'acte d'accusation comme ayant volé un cheval avec Schinderhannes ; ce malheureux, qui était alors âgé de douze ou treize ans, avoua ingénument ce délit, et toutes les circonstances qui l'avaient accompagné ; sa grande jeunesse, l'état de misère où il était réduit, et sa bonne conduite postérieure devaient trouver grâce auprès de ses juges.

54e. *François Stein* était aussi un des fauteurs de Schinderhannes, mais il nia le seul fait qui lui fût reproché, d'avoir gardé quatre chevaux volés, sachant qu'ils l'avaient été, tandis que les brigands, fatigués, se couchèrent dans sa maison, d'où ils ne partirent que le soir pour aller à une expédition qu'il méditaient.

55e. *Joseph Bossmann,* en même temps vannier, mercier et musicien, se trouvait logé à Grübelschied, dans une maison où Schinderhannes et autres donnèrent un bal dans lequel étaient réunies les plus jolies filles du pays ; il y joua, et vers le milieu de la nuit Schinderhannes se fit connaître à lui, ajoutant que s'il avait envie d'acheter quelques marchandises, il n'avait qu'à se rendre dans une maison de Kallenfels, qu'il lui indiqua, et où elles étaient déposées.

Bossmann, qui prétendit plus tard qu'il ne sut qu'après que le marché eut été conclu, que les marchandises avaient été volées, alla effectivement le lendemain les voir, les acheta pour six pièces de vingt-quatre livres et une de six, et, n'ignorant pas d'où elles provenaient, les déposa dans le grenier d'un maréchal ferrant, au lieu de les transporter directement chez lui.

56e. *Pierre Schneider* avait servi comme domestique chez une femme que les brigands avaient dessein de voler; ceux-ci allèrent trouver ce Schneider, qui était affilié à leur bande, et convinrent avec lui que, le vol commis, ils porteraient les marchandises volées dans sa maison. Ils ne manquèrent pas en effet d'y venir, et ils étaient dans un cabinet attenant à la chambre de Schneider, occupés à faire le partage du butin, lorsqu'un frère même de la femme volée vint l'avertir que le juge de paix allait faire une visite domiciliaire chez lui, mais qu'il ne devait pas le trouver mauvais; que pour lui, Schneider, qu'il regardait comme un honnête homme, ce n'était qu'une simple formalité. Les voleurs entendant cet avis, en profitèrent; ils cachèrent la marchandise volée dans la paille de Schneider, et s'enfuirent dans le bois, d'où ils revinrent le soir même la chercher. Ils la trouvèrent considérablement diminuée, et l'emportèrent pour la partager ailleurs.

Schneider nia ces faits, en opposition aux déclarations de Schinderhannes et des autres brigands qui avaient participé au vol.

57e. *Pierre Grünewald*, dit *Allenbachers-Peter*. Dans le printemps de l'année 1802, Schinderhannes et plusieurs autres se rendirent dans la grange de cet individu, et s'y introduisirent avant l'aube du jour. Grünewald s'étant levé pour faire sortir ses bestiaux, et les ayant aperçus, leur cria : Qui va là ? Schinderhannes répondit que c'était lui et quelques autres de sa bande qui désiraient passer la journée dans sa grange. Grünewald ne s'y opposa point, et retourna même auprès d'eux, vers le soir, pour les prévenir que la police les recherchait, et qu'ils eussent à gagner au plus tôt la forêt voisine ; il leur offrit même de les conduire dans une maison où on leur avait apprêté à manger ; mais ils le refusèrent, d'après ce qu'ils venaient d'apprendre.

Grünewald était encore accusé d'avoir indiqué à Schinderhannes des écuries où il pourrait voler des chevaux, et d'avoir reçu en récompense des objets volés. Enfin, on lui reprochait d'être l'auteur, avec un inconnu, d'un vol commis, au mois de mai 1802, de nuit et à force ouverte, sur le sieur Philippe Lichtenberger, meunier. Dans cette circonstance, les voleurs auraient fait les menaces les plus violentes aux habitans du moulin ; ils auraient extorqué un jambon, de la viande sèche et de l'eau-de-vie qu'ils auraient distribué aussitôt à des complices qui seraient restés en dehors. Ils se seraient fait donner en outre dix ou quinze florins que le meunier possédait à cette époque, et se seraient fait promettre, sous la menace de réduire le moulin en cendres, que, dès le lendemain, le meunier leur porterait trois cents florins à un autre moulin qu'ils lui indiquèrent. Le propriétaire de cet autre moulin était justement le beau-frère du volé ; celui-ci

n'ayant pu recueillir l'argent qui lui était dû, et craignant que les brigauds ne vinssent réaliser leurs menaces, prit le parti de se rendre chez son frère, où
l'un des voleurs aurait eu l'audace de revenir et de lui
extorquer encore une somme de onze florins que ce
meunier fut obligé d'emprunter à son frère.

Grünewald nia tous les vols et leurs circonstances;
et, quant à l'asile donné aux brigands, il avoua qu'il
les avait effectivement trouvés un matin dans sa grange,
mais que, s'étant engagé envers le préfet de Birkenfeld,
de lui conduire Schinderhannes mort ou vif, il ne lui
avait permis de rester dans cette grange que pour le saisir
plus facilement, et qu'il était allé appeler un autre habitant pour avertir le maire et le commandant de la garde
de police. Pendant ce temps Schinderhannes, ayant
eu connaissance des mesures que l'on prenait pour s'assurer de lui, s'était réfugié dans les bois; et enfin, lorsqu'il avait voulu le conduire dans une maison, en lui
faisant espérer qu'il trouverait à manger, c'était, dit-il,
pour être plus sûr de l'endroit où Schinderhannes allait
se réfugier, pour le faire saisir.

58°. *Schei-Meyer* était, à l'occasion, le pourvoyeur
de la bande : il portait des vivres aux brigands et leur
changeait de l'argent pour de l'or; il leur achetait aussi
des effets volés. Cet accusé ne convint que de ce qui
concernait les vivres. On était venu, prétendait-il, de
la part de Schinderhannes, lui enjoindre de lui porter
un petit pain; il n'avait fait cette commission répu-
gnante que sur la représentation des périls qu'il en-
courait par ce refus; il y était allé et avait reçu des

brigands le prix du pain qu'il avait apporté, et un petit écu pour sa peine.

59ᵉ. *Jacques Orth* était accusé d'avoir acheté les marchandises volées qui faisaient la portion d'un des voleurs qui avaient dépouillé Wolf Wiener, et d'avoir vécu sur un pied très-amical avec Schinderhannes et ses complices; il n'en disconvenait pas.

60ᵉ. *Chrétien Denig* avoua aussi avoir pris part au vol commis chez Wolf Wiener; mais, dit-il, enivré d'abord par les brigands qui en avaient formé le complot, puis, attiré par eux dans la forêt sous un prétexte légitime, il les avait suivis; alors un des brigands était allé jusque dans le village, d'où il était revenu avec de l'eau-de-vie, et, pendant son absence, un autre, avec un pistolet, l'avait gardé à vue; enfin, enivré de nouveau jusqu'à perdre la raison, il n'avait pris d'autre part au vol, sinon qu'il avait été placé à un poste où il s'était endormi, et ne s'était réveillé que pour partager le butin. Il ajouta que bientôt il avait recouvré la raison, mais qu'en même temps il avait senti naître ses remords; qu'alors il avait détesté son crime, et avait enseveli les objets volés dans un trou; mais qu'un de ses amis, à qui il avait confié cette aventure, lui avait conseillé de ne pas laisser perdre ces objets; qu'ils étaient allés les retirer ensemble, et qu'il les avait vendus, distraction faite d'une rémunération donnée à cet ami pour son conseil, à Jacques Orth, dont il s'agit plus haut.

61ᵉ. *Jacques Stein,* impliqué dans l'affaire du vol de Wolf Wiener, avait été acquitté, heureusement pour lui, à Trèves; depuis, l'arrestation de Schinderhannes fit connaître les relations criminelles qu'il avait eues avec ce brigand, et que c'était le même qui avait porté les lettres de ce dernier au sieur Stumm pour en extorquer de l'argent. Stein commença par nier hardiment ces faits; mais, confronté avec Schinderhannes, il fut forcé d'en convenir, avec cette restriction cependant que, lorsqu'il porta ces lettres, il en ignorait le contenu.

62ᵉ. *Jacques Müller*. La maison de ce brigand était l'asile ordinaire et sûr de Schinderhannes et de ses autres camarades, lorsqu'ils se trouvaient à Lettweiler. Ce fut chez lui, et selon ses conseils et ses avis, que des vols furent concertés; enfin sa maison servit de rendez-vous aux brigands. Ce fut ainsi qu'il leur indiqua, sur leur demande, quels étaient les lieux où les vols seraient plus faciles et plus productifs, la maison du sieur Schweitzer de Rehborn, où fut effectivement commis un vol dans le printemps de l'année 1802.

Ce fut lui qui, dans sa propre maison, provoqua l'attention des brigands sur la fortune de Valentin Bernhard; il les instigua à commettre ce vol, en leur faisant croire que cet homme ne trouverait guère d'assistance dans sa commune. Enfin ce fut encore lui qui, avant le vol commis chez Zürcher, à Neudorff, donna à Schinderhannes les indices de l'argent qu'il présumait être chez lui, et de celui qu'il devait recevoir, en indiquant les époques auxquelles ce vol serait plus productif.

Jacques Müller ne voulut point convenir avoir reçu sciemment les voleurs dans sa maison; seulement, dit-il, pendant une absence que nécessitait son commerce, les brigands étaient entrés nuitamment chez lui, s'étaient fait préparer des alimens par sa femme, et étaient sortis sans être revenus depuis; ce qui était entièrement contraire aux déclarations unanimes de Schinderhannes et de plusieurs autres.

63e. *Gustave Müller* soutint le même système que le précédent, son frère; il avait quelquefois, disait-il, admis des étrangers à coucher avec lui, mais il était sûr que ces étrangers étaient des gens fort honnêtes et loin de donner lieu au moindre soupçon de crimes.

Cependant ces mêmes étrangers n'étaient autres que Schinderhannes et ses complices, qui déclarèrent que Müller avait suggéré la première idée de commettre les vols de Kratzmülh et chez Joel Élie, et qu'il s'était même joint à eux lorsqu'ils partirent pour aller exécuter ce dernier crime.

64e. *Balthazar Lucas* était accusé d'avoir fait partie de la bande de Schinderhannes. Il s'était expatrié, au moyen d'un faux passe-port, après avoir commis un vol de chevaux pour lequel il était poursuivi. Mais, si on l'en croyait, le seul motif qui lui avait fait abandonner sa patrie était une dispute avec Schinderhannes, à la suite de laquelle il lui avait tiré un coup de fusil dans le bras; il craignait, ajoutait-il, non pas l'œil de la loi, mais la vengeance du célèbre brigand.

65e et 66e. *Neumann* et *Winkel* étaient prévenus d'avoir recélé et acheté des objets volés; mais tous deux disaient, pour leur justification, qu'ayant l'habitude d'acheter de différens colporteurs qu'ils ne connaissaient pas, ils avaient acheté avec la même sécurité les effets qui leur avaient été offerts.

67e. Enfin c'était chez *Louis Rech* qu'avaient été vendus à Bossmann différens objets provenant de vol, et on en inférait qu'il n'avait pas ignoré qu'ils en provenaient, puisque le marché avait été fait en sa présence, et que d'autres effets qui venaient de pareille source avaient servi à faire un habillement complet à l'un des brigands, et enfin qu'un tailleur était venu tout exprès à cet effet dans sa maison.

Rech ne niait aucune de ces circonstances, mais il disait, pour sa justification, que la ferme qu'il habitait était éloignée du village ; que, s'il n'eût pas accédé en ce point au désir des brigands, il avait tout à craindre pour sa maison isolée et peut-être pour lui-même ; et qu'une preuve que la peur seule avait pu le déterminer à donner asile aux brigands, c'est que, de leur propre aveu, il n'en avait pas même reçu une gratification, tandis qu'il avait nourri plus de huit jours l'un d'entre eux et le tailleur qui avait été occupé pour lui.

L'immensité des informations contre une bande aussi nombreuse, la multiplicité des griefs, et surtout la nécessité où l'on avait été de faire imprimer les actes de l'instruction (1) faite par les magistrats, avaient fait remettre de jour en jour l'instruction publique du procès.

Le 1ᵉʳ brumaire an XII (24 octobre 1803), tous

____

(1) Ils sont compris en cinq gros volumes in-folio.

les accusés, au nombre de soixante-cinq, comparurent devant le tribunal criminel spécial séant à Mayence.

Le matin de ce jour, à neuf heures, toute la bande fut tirée de prison pour être conduite au tribunal. Ils marchaient attachés deux à deux, et par rangs, à une seule et longue chaîne. Un corps d'infanterie et quatre brigades de gendarmerie formaient l'escorte. Le cortége s'avança lentement, au milieu d'une foule immense le long du Rhin.

Arrivés à la salle dite de l'académie, dans le ci-devant palais électoral, qui avait été préparée pour l'audience, Schinderhannes, qui avait parcouru avec la plus grande sérénité le trajet depuis la prison, sauta légèrement à la place qui lui avait été assignée, et, se faisant distinguer entre tous, se mit à contempler l'appareil imposant dont il était entouré.

Le tribunal était composé de MM. *Rebmann*, président; *Maas*, *Mahieu*, *Lesage*, *Derousse*, *Müller*, *Wernher* et *Düesberg*, juges, et *Tissot*, commissaire du gouvernement.

Cent trente-deux témoins avaient été assignés à la requête du ministère public, et deux cent deux à celle des différens accusés.

Nous ne rapporterons point les détails des longs débats qui s'ouvrirent alors; ils ne firent que confirmer d'une manière irrécusable les faits que nous avons déjà racontés, ainsi qu'on le verra par le dispositif du jugement prononcé par le tribunal, et dont nous allons donner un extrait, après avoir dit ce que l'audience présenta d'intéressant.

Le premier jour et une partie du second furent employés à la lecture de l'acte d'accusation ; lorsqu'elle fut terminée, le président adressa un discours aux témoins et à Schinderhannes lui-même. Il lui dit que, dans l'état déplorable où il se trouvait, le tribunal devait attendre de lui un sincère aveu de ses crimes et la dénonciation de tous ses complices : « Ce n'est que de cette manière, lui dit-il, que vous pouvez vous rendre digne de la grâce que vous avez implorée du premier consul. » Schinderhannes parut ému, et la gaîté qu'il affectait l'abandonna pendant quelques instans ; mais elle revint bientôt à la déposition du premier témoin.

Dans cette séance, le président lui remit vingt-quatre francs, qu'un meunier avait prié de lui remettre, en récompense de ce qu'il lui avait facilité les moyens de recouvrer deux chevaux qu'on lui avait volés. Schinderhannes en témoigna une grande joie ; il compta l'argent plusieurs fois dans sa main, le montra à ses voisins, et donna un écu de six livres à Julie Blœsius ; puis il caressa son enfant, qu'elle tenait sur ses genoux, et s'écria même, en faisant un geste fort expressif : « Allons, allons, nous nous amuserons bien ce soir ! »

Un dessinateur s'était placé dans la salle pour crayonner les physionomies les plus frappantes. Un des accusés en fit faire la remarque à Schinderhannes : « Laisse-le faire, dit-il, j'ai une mine d'honnête homme et ne crains pas de la montrer ; ceux qui ont peur n'ont qu'à se retourner. »

II.   12

Schinderhannes ne perdit sa contenance et sa gaîté que lorsque la mère du meunier de Merxheim, sous le bras de laquelle on avait tenu une chandelle allumée, eut été entendue comme témoin. Jusque alors il avait eu la prétention de ne pas paraître aussi cruel que ses complices; mais, après cette séance, toutes les espérances qu'il avait manifestées semblèrent l'avoir abandonné; il dit d'un air morne : « J'ai entendu le cri de l'oiseau de la mort. » Puis il demanda au président du tribunal s'il était vrai qu'il dût périr sur la roue. « Ce genre de supplice est aboli en France, lui répondit-on. » « Il reprit : Si j'ai souhaité de vivre, c'était pour devenir honnête homme. Mais Julia! elle est innocente; je l'ai séduite. Et que deviendra mon malheureux père ?... »

Pendant tout le temps des débats, il s'efforça constamment de détourner les charges qui pouvaient peser sur eux.

Enfin, après vingt-huit jours d'audiences consécutives; le tribunal, après avoir entendu les témoins, le commissaire du gouvernement et les défenseurs des accusés; statuant, à l'égard de Schinderhannes, sur trois cent quatre-vingt-deux questions; à l'égard des autres, sur un moindre nombre, selon les faits qui leur étaient reprochés, rendit son jugement motivé, ainsi qu'il suit:

« Considérant, à l'égard de Jean Buckler, dit Schinderhannes :

» Qu'il conste au procès, tant par ses aveux circonstanciés, faits en justice, que par ceux de ses complices et par la déposition des témoins entendus en sa pré-

sence, qu'il a été un des auteurs, ou auteur même
des crimes détaillés dans l'acte d'accusation, à l'exception de celui désigné audit acte sous le n° 15, dont il
s'est cependant rendu complice, en recevant gratuitement une partie des effets volés par Pierre Petry père,
dit Schwarz-Peter, auteur de ce délit, sachant qu'il provenait de vol;

» Considérant, à l'égard de Jean Buckler père :

» Que non-seulement il est convaincu, par les dépositions de témoins irréprochables, d'avoir extorqué de
l'argent à plusieurs citoyens, en profitant de la crainte
qu'inspirait le nom formidable de sondit fils; mais
qu'il est aussi prouvé par plusieurs dépositions et par
l'aveu de Jean Buckler fils, que Buckler père a reçu
gratuitement de ce brigand une montre provenant d'un
vol commis sur la personne de Herz Gottschlick, à
force ouverte, avec violence envers les personnes, sur
un chemin public; crime désigné sous le n° 2 de l'accusation; et qu'il a recélé ladite montre, sachant qu'elle
provenait d'un vol;

» Considérant que les dénégations qu'il oppose à ces
faits méritent d'autant moins de considération, que la
possession de cette montre et la vente qu'il en a faite
à Gottschlick Herz sont constatées par plusieurs témoins, et que Jean Buckler père n'a pas pu prouver
qu'il avait possédé ou vendu une autre montre que celle
volée, qui, au reste, a été reconnue pour être celle de
Gottschlick Herz;

» Considérant que Jean Buckler père, connaissant
le métier qu'exerçait son fils, ne pouvait pas croire que

celui-ci la possédait d'une manière légitime, d'autant moins qu'à cette époque, Buckler fils n'avait pas encore fait des achats à Francfort, pour se faire passer pour marchand colporteur;

» Considérant qu'il n'est pas prouvé que Jean Buckler père ait concouru à l'achat des objets volés à Ullmett (n° 3 des crimes de Jean Buckler fils), en appelant Charles Gabel dans la forêt, attendu que Buckler, de l'aveu de Gabel, a fait appeler celui-ci par un petit garçon inconnu;

» Considérant, quant à Julie Blœsius :

» Qu'il n'est pas constant qu'elle ait été complice du vol de Wolf Wiener, de Hottenbach (n° 5 des crimes de Jean Buckler), ni même qu'elle en ait eu une parfaite connaissance, ayant été gardée à vue lors de ce crime dans la forêt, de l'aveu unanime de tous les complices;

» Considérant qu'elle n'est pas non plus convaincue d'avoir été un des auteurs du vol commis chez Sender Isaac, à Weyerbach (n° 4 des crimes de Buckler), et que la description de l'individu que Sender Isaac avait d'abord pris pour elle ne s'accorde ni avec sa figure, ni avec sa taille;

» Considérant qu'il ne conste pas qu'elle ait pris quelque autre part active aux crimes de son compagnon;

» Considérant, cependant, qu'elle a parcouru les pays en compagnie d'un brigand, sans avoir ni domicile fixe, ni moyen honnête d'existence;

» Que, si d'un côté sa jeunesse et un fol amour peuvent mitiger sa peine, il est, de l'autre côté, bien prouvé qu'elle ne pouvait pas, comme elle le prétend, ignorer le brigandage de son amant, et qu'elle est donc, en tous cas, convaincue de vagabondage, et d'avoir profité, du moins indirectement, du produit des vols commis par Jean Buckler fils ;

» Considérant, quant à Philippe-Jacques Heidens, dit Claire-Philippe :

» Qu'outre son vagabondage, il est encore convaincu, par les aveux unanimes, en justice, de Jacques Finck, Jean Seibert et La Boostliss, d'avoir en compagnie desdits Finck, Seibert et Boostliss, assommé le nommé Blacken-Klos à la ferme dite Baldenauer-Hof, et de s'être même approprié le chapeau de l'homicidé ;

» Considérant que ce délit, commis avant la publication du Code pénal, porte tous les caractères d'un meurtre commis par un rassemblement de plusieurs individus, sans qu'il conste que ce soit lui qui ait porté le coup fatal, et doit être puni, d'après les lois anciennement en vigueur, d'une peine arbitraire ;

» Considérant, à l'égard de Pierre Petry fils :

» Qu'élevé depuis sa jeunesse dans le brigandage, il est constant, par les déclarations de Jean Buckler, et en partie par ses propres aveux, qu'il a été un des auteurs des crimes spécifiés sous les nᵒˢ 7, 8, 9, 10, 11 et 12 ; que les rétractations postérieures de Pierre Petry ne suffisent pas à réfuter les aveux, circonstances et dépositions des témoins qui les confirment ;

» Considérant que le crime commis à la Tuilerie, entre Spall et Archenswhwanz, et spécifié sous le n° 11, a été commis avant la publication du Code pénal, et doit être puni selon les lois alors en vigueur dans ce pays;

» Considérant que l'âge de Pierre Petry, et la circonstance qu'il accompagnait son père à ce crime, auraient, selon la jurisprudence des anciens tribunaux, mitigé la peine ordinaire, et qu'il n'aurait subi qu'une peine arbitraire;

» Considérant, quant à Nicolas Nau :

» Qu'il est constant au procès, par les aveux rectifiés de Jean Buckler, que Nicolas Nau n'a pas acheté lui-même la viande de deux porcs tués, volés à Heinzeberg (n° 7 des crimes dudit Buckler); mais qu'il en a seulement pris inspection par commission de feu son beau-père Dern;

» Considérant qu'il ne conste, par aucune preuve, qu'il savait que ces porcs provenaient d'un vol, ni qu'il connaissait Jean Buckler comme voleur, attendu qu'alors ce dernier ne faisait que commencer le cours de son brigandage;

» Considérant, à l'égard de Leser Isaac :

» Qu'il est prouvé, par deux témoins, qu'il a acheté les marchandises provenans du vol et assassinat du citoyen Simon Seligmann (n° 13 des délits de Jean Buckler) sur la route d'Altenbamberg et Feyl, en présence de plusieurs personnes ; mais,

» Considérant qu'il ne conste pas qu'il ait eu, ni antérieurement ni postérieurement à ce fait, quelques liaisons avec les brigands;

» Considérant, à l'égard de Chrétien Rheinhard :

» Qu'il est convaincu, par les aveux circonstanciés, faits en justice, de Jean Buckler, de Jean Müller le Vieux, de Georges-Frédéric Schulz, de Pierre Hassinger, de François Mundo, de Guillaume Weisheimer, et de Jean Korbmann, d'avoir été un des auteurs des crimes désignés dans l'acte d'accusation ;

» Considérant qu'il a avoué librement, par-devant la justice, la part qu'il a prise aux délits, en faisant un récit conforme à celui de ses complices ;

» Considérant que sa rétractation postérieure mérite d'autant moins d'égard, que, d'une part, les circonstances avouées par Jean Buckler et ses complices ont été constatées pour être conformes à la vérité, et que, d'autre part, le vagabondage de Reinhard et ses liaisons intimes avec les brigands servent d'appui aux déclarations et aveux susmentionnés ;

» Considérant, à l'égard de Marguerite Eberhard, femme du précédent :

» Qu'il ne conste pas au procès qu'elle ait pris une part quelconque aux crimes de son mari, de Jean Buckler et complices ;

» Considérant qu'il ne conste pas même qu'elle ait connu le brigandage exercé par son mari, attendu qu'elle restait ordinairement sur la rive droite du Rhin, pendant qu'il parcourait les quatre départemens ;

» Considérant néanmoins que, parcourant le pays sans domicile fixe et sans moyens honnétes d'existence, elle est toujours à considérer comme vagabonde ;

» Considérant, à l'égard de Jacques Benedum :

» Que, quant au premier crime qui est à sa charge,

savoir le vol sur la Streitmühl, des indices qui s'élèvent contre lui le rendent extrêmement suspect, mais ne suffisent pas à le convaincre, attendu qu'il n'a été reconnu ni par les personnes volées, ni par un autre témoin, et que les déclarations de Jean Buckler, qui ne se fondent en cette affaire que sur des ouï-dire, ne suffisent pas pour motiver une condamnation;

» Considérant que c'est le même cas, quant au second fait, savoir, le vol fait chez Philippe Bitsch, foulon, entre Coussel et Didelkopf, et que les déclarations de Charles Benzel, guillotiné à Coblentz, faites hors la présence de l'accusé, ne suffisent pas pour le convaincre;

» Considérant, quant au troisième fait, savoir le vol sur la grande route, que Buckler a déclaré en justice que Benedum est un des auteurs dudit vol; que ses déclarations précises et détaillées ont été trouvées conformes aux dépositions des témoins; qu'un de ces témoins, Charles Engel, a reconnu d'une manière positive Benedum pour être un des voleurs; que les dénégations de Benedum méritent d'autant moins d'égards, qu'il a été souvent traduit en justice pour plusieurs crimes; qu'il a été arrêté armé, en compagnie des brigands, et que toute sa conduite le rend extrêmement suspect;

» Considérant, à l'égard de Frédéric Schmitt:

» Qu'il a non-seulement déjà été repris en justice pour crime de vol, mais qu'il a aussi été arrêté dans un rassemblement de brigands armés; qu'il n'a pu, en aucune manière, justifier son séjour et ses moyens de subsistance depuis qu'il a été remis en liberté à Trèves, ce qui a eu lieu le 9 fructidor an IX; que, par conséquent, il est sous tous les rapports extrêmement suspect aux yeux de la justice ;

» Considérant, quant au vol de Streitmühl, que ce vol a été depuis long-temps concerté entre le prévenu Frédéric Schmitt et autres brigands, qui ont même fait la proposition à Jean Buckler de commettre avec eux ce crime ;

» Considérant que le prévenu Schmitt n'a pu prouver où il s'est trouvé à l'époque où ce vol fut commis, et que, dans ses interrogatoires, il a varié dans l'indication de son séjour lors dudit vol ;

» Considérant qu'on a trouvé sur le prévenu des habits faits d'un manteau volé au citoyen Krauth; que l'identité du drap de ces habits avec celui du manteau volé a été reconnue, de la manière la plus évidente, par la partie volée, par le fabricant du drap, par le tailleur qui a fait le manteau, et par celui qui a fait de ce manteau des habits au prévenu ; que les échantillons produits s'accordent parfaitement bien avec les habits saisis sur Schmitt; que ce prévenu, lorsqu'il s'est fait faire ces habits, s'est donné une fausse qualité, qu'il a varié sur le mode d'acquisition, et qu'il n'en a pu prouver aucun ;

» Considérant, quant au vol et assassinat de Mendel Lœb, à Sœdern, qu'il conste au procès qu'il avait déjà conçu le projet de ce vol dans sa prison à Trèves ;

» Qu'il résulte des dires de Jean Buckler fils, et de Jean Müller le Vieux, que c'est lui qui leur a proposé de commettre ce crime, et qu'il y a coopéré effectivement;

Qu'il résulte en outre de la déposition d'un témoin irréprochable, que le prévenu s'est trouvé, le jour qui a précédé la nuit dans laquelle ce crime a été commis, au Breitsesterhof, rendez-vous des brigands; qu'il a quitté cette ferme avec eux, et qu'il était porteur d'armes à feu;

» Considérant qu'il conste au procès que parmi les brigands on en a reconnu un dont la figure et l'habillement s'accordent avec le prévenu et avec les habits dont il était vêtu alors;

» Considérant que le prévenu a fait l'aveu extra-judiciaire d'être un des auteurs de ces crimes, tant à la ferme de Breitsesterhof, qu'à Bosen, dans la maison du citoyen Schell, ce qui est prouvé par des témoins irréprochables;

» Considérant, à l'égard de Jacques Porn, quant au vol d'Ullmett dont il est prévenu :

» Que Jean Buckler, en faisant un aveu circonstancié de ce vol et de toutes les circonstances qui l'ont accompagné, a nommé ledit Porn comme un des auteurs dudit vol;

» Que si un pareil aveu ne fait pas un moyen de preuve contre un individu, d'ailleurs non suspect, il mérite cependant foi en justice contre un homme suspect de brigandage, si, en outre, les circonstances alléguées se trouvent conformes à la vérité, et quand une pareille dénonciation est appuyée par d'autres témoignages;

» Considérant que ledit Porn a été impliqué en plusieurs affaires criminelles, qu'il a été poursuivi par la justice comme voleur ; qu'il s'est soustrait à ces poursuites, et qu'il a été arrêté dans un rassemblement de gens suspects et brigands ;

» Considérant que toutes les circonstances alléguées par Jean Buckler ont été constatées et trouvées conformes à la vérité ;

Considérant que les dires de Jean Buckler sont confirmés par le coprévenu François Beyer ;

Considérant qu'il est en outre prouvé, par un témoin irréprochable, que le prévenu s'est trouvé, à l'époque où le vol a été commis, au Breitsesterhof, le rendez-vous des brigands ; qu'il a quitté cette ferme avec les voleurs, et qu'immédiatement après le vol en question a été commis ;

Considérant, quant au vol et assassinat de Mendel, que ledit Porn est reconnu pour un des auteurs dudit crime commis par les deux coprévenus Jean Buckler et Jean Müller ; que toutes les circonstances, même les plus minutieuses, déclarées par Jean Buckler, ont été conformes à la vérité ; qu'il est en outre constaté, par un témoin irréprochable, que le prévenu s'est trouvé, le jour qui a précédé ledit crime, au Breitsesterhof, avec les auteurs de ce crime, et qu'en quittant cette ferme avec les autres brigands, ils étaient munis d'armes ;

» Qu'après le vol il a été vu en société avec les autres brigands par un témoin, qui le reconnaît par l'ensemble de toute sa figure ;

» Que lui-même en a fait l'aveu extrajudiciaire au Breitsesterhof ;

» Considérant, quant au vol commis sur la personne du citoyen André, gendarme national, que si le prévenu est déclaré coupable des deux crimes précédens, il devient inutile d'examiner sa culpabilité à l'égard de ce crime, selon la règle du droit, *Crimen majus absorbet minus ;*

» Considérant, quant au vol à la Streitmühl, que les seuls dires de Buckler, qui même ne sont que des présomptions, ne peuvent pas faire preuve en justice;

» Considérant, à l'égard de Philippe Klein, dit Husaren-Philippe :

» Qu'il est un homme suspect de brigandage, lequel, pour fait de vol simple et pour avoir mendié avec menaces, a déjà été puni correctionnellement par le tribunal d'arrondissement de Birkenfeld;

» Considérant que depuis sa mise en liberté (1er vendémiaire an XI) jusqu'à sa dernière arrestation (mois de frimaire), il ne peut justifier ni de ses moyens de subsistance, ni de son séjour fixe, et que lors de son arrestation il a encore osé braver et menacer les autorités qui avaient ordonné sa capture;

» Considérant qu'il conste au procès qu'il a été depuis long-temps en liaison intime avec Jean Buckler, et que c'est lui qui a arrangé l'entrevue de Buckler et de sa concubine Blœsius, par suite de laquelle celle-ci a suivi Buckler dans sa vie errante; que le prévenu, en niant ces liaisons moins coupables, s'est rendu plus suspect encore;

» Considérant que Jean Buckler fils a déclaré dans ses interrogatoires, et l'a soutenu en face dudit prévenu, qu'il a été un des auteurs du vol commis à Antesmühl et à Otzweiler;

» Considérant que ces dénonciations regardent un homme justement suspect, qu'elles sont circonstanciées, et que les circonstances ont été trouvées conformes à la vérité; qu'elles sont en outre appuyées par les dépositions de deux témoins non reprochables en justice, qui reconnaissent le prévenu pour avoir fait partie du rassemblement des brigands, le jour même qui a précédé la nuit dans laquelle les deux crimes en question ont été commis;

» Considérant, à l'égard de Jean Welsch :

» Quant au vol commis chez le citoyen Horbach, à Antesmülh, qu'il est dénoncé comme un des auteurs par ledit Buckler fils;

Considérant que les nommés Gimbel, père et fils, de Kirchenbollenbach, ont reconnu ledit Jean Welsch comme un de ceux qui ont fait partie du rassemblement des brigands qui a eu lieu dans leur maison, le jour même qui a précédé le crime;

» Considérant que les motifs de suspicion contre les deux témoins ne sont appuyés par aucun fait, moins encore fondés en droit;

» Considérant que ledit Welsch est en outre reconnu positivement par le citoyen Michel Horbach; et si même il y avait une différence apparente entre les aveux de Jean Buckler et la déposition de Michel Horbach, cette différence ne regarde cependant que des circonstances accessoires, et ne peut en rien atténuer la reconnaissance positive et réitérée de Michel

Horbach, à laquelle les circonstances n'ont aucun rapport ;

» Considérant que les dires de Jean Buckler sont circonstanciés, que ces circonstances ont été prouvées, et que ledit Welsch, impliqué dans d'autres procédures criminelles, n'est rien moins au crime que non suspect ;

» Considérant, quant à la tentative de vol et assassinat du sieur pierre Riegel, d'Otzweiler, que ce crime a immédiatement suivi celui du moulin dit d'Antesmühl;

Qu'il est prouvé que les voleurs ont pris le chemin vers Otzweiler, qui en est à peu de distance; que Jean Buckler, un des auteurs de ces deux crimes, a déclaré que l'objet de ce rassemblement a été de voler Pierre Riegel, d'Otzweiler, et que tous ceux qui ont été rassemblés à Antesmühl sont allés avec lui à Otzweiler ;

» Considérant, à l'égard de Georges-Frédéric Schultz,

» Prévenu des vols commis à Laufersweiler, Staudernheim, Obermoschel et Erbes-Büdesheim ;

» Considérant, quant aux vols commis à Laufersweiler, Staudernheim, Obermoschel et Erbes-Büdesheim, qu'ils sont avoués par le prévenu ; que ces aveux sont circonstanciés et sans aucune qualification ou restriction quelconque; qu'ils sont en outre confirmés par les aveux des autres coprévenus, que par conséquent ils font pleine foi en justice ;

» Considérant, quant au vol et assassinat de Mendel Lœw à Sœdern, que le prévenu est dénoncé comme un des auteurs de ce crime par Jean Buckler et Jean Müller père; que le prévenu a été vu, avec les prévenus Buckler et Müller, à la fête d'Iben, qui a eu lieu antérieurement à ce crime; qu'il a été reconnu, par l'ensemble de sa figure et par son habillement, par des témoins, avoir été présent au rassemblement des brigands qui a eu lieu au Breitsesterhof, le jour qui a précédé ce crime; qu'il a été vu avec les brigands et reconnu, par l'ensemble de sa figure, à la ferme d'Ayen, deux jours après le vol; qu'enfin il est revenu avec Jean Buckler, à la ferme d'Iben, huit jours après l'avoir quittée, sans avoir, après bien des variations et des contradictions, pu indiquer où il a passé cet intervalle;

» Considérant que toutes les circonstances, même les plus minutieuses, alléguées par Jean Buckler, ont été constatées et trouvées conformes à la vérité;

» Considérant, à l'égard d'Anne-Maria Grein, femme du précédent :

» Que quoiqu'elle ait nié dans ses premiers interrogatoires sa qualité de femme de Georges-Frédéric Schultz, et que, par ses variations et mensonges, elle se soit rendue très-suspecte de n'être pas étrangère aux crimes de son mari, il n'existe cependant aucune preuve qu'elle ait pris part à un crime commis sur la rive gauche, ou qu'elle en ait profité;

» Considérant que lorsqu'il ne conste pas qu'elle ait coopéré aux crimes de son mari, sa qualité d'épouse légitime la rend excusable, si même elle a continué de vivre avec un brigand;

» Considérant néanmoins qu'il résulte de ses propres aveux qu'elle n'a pas eu un domicile fixe ou un moyen honnête de subsistance;

» Considérant, à l'égard de Jean Adam Lahr :

» Que, de son propre aveu, il a parcouru pendant plusieurs jours le pays avec d'autres brigands, dans le dessein de commettre un vol; qu'après une première tentative infructueuse à Ratz-Kirchen, il a coopéré au vol commis chez le citoyen Lœw, à Staudernheim; que ces aveux, faits en justice, ont été sérieux et sans aucune restriction; que l'excuse proposée, tirée de l'état d'ivresse où le prévenu prétend s'être trouvé au moment qu'il a suivi les brigands, et, d'ailleurs, en contradiction avec les autres prévenus, n'est prouvée d'aucune manière, et ne mérite, d'après ces circonstances, aucune considération;

» Considérant, à l'égard de François Brixius :

» Qu'il était déjà depuis long-temps suspect aux autorités judiciaires de son arrondissement, pour avoir, en plusieurs procédures, rendu témoignage en faveur de brigands connus, et en contradiction même des déclarations des prévenus et des dépositions des autres témoins; que cela est principalement démontré dans la procédure instruite contre Jean Leyendecker, brigand fameux, où ledit Brixius prétend avoir été présent dans la forêt lorsque ledit Leyendecker doit avoir acheté, d'un soi-disant Français, les mouchoirs volés au citoyen Emmanuel Levi, d'Offenbach, tandis qu'il est maintenant constant que ces mouchoirs ont été volés audit Levi par Jean Buckler; que ce dernier les a donnés en commission à Jean Leyendecker, pour les vendre, non dans la forêt, mais dans un jardin près de Lauschied;

» Considérant que si de ces circonstances il résulte

bien que ledit Brixius ait rendu un faux témoignage, il ne conste cependant pas qu'il ait effectivement reçu un mouchoir provenant de vol, sachant qu'il en provenait;

» Considérant, quant au vol de Staudernheim, qu'il résulte des dépositions uniformes des trois prévenus Buckler, Schulz et Lahr, qu'ils ont trouvé, le jour avant ce vol, deux chasseurs près de la ferme du Hühnerhof; que ces chasseurs leur ont suggéré l'idée de voler le Juif de Staudernheim, que l'un d'eux les a accompagnés jusque derrière la grange du Juif, où il est resté comme factionnaire;

» Considérant que le prévenu Brixius a été reconnu pour celui qui a fait faction;

» Considérant que les trois déclarations de ces prévenus sont circonstanciées et uniformes, qu'elles proviennent de trois individus contre lesquels le prévenu n'a pu alléguer aucune cause d'inimitié, haine ou autres reproches pertinens; que ces trois individus ont été arrêtés en différens endroits et à différentes époques; que lesdits coprévenus, détenus dans des prisons différentes, n'ont pu communiquer ensemble; que par conséquent toute suggestion ou de conspiration tombe; qu'en outre leur déclaration concerne un homme qui n'est rien moins que non suspect;

» Considérant que les témoins à décharge produits par le prévenu, loin de prouver son alibi, prouvent au contraire qu'il a été, le jour avant ce vol, aux environs du Hühnerhof, et qu'il est rentré chez lui fort tard dans la nuit, ce qui vient à l'appui des dires des prévenus;

II.   13

» Considérant, à l'égard de Lothaire Baumann :

» Que les motifs qui ont été allégués contre François Brixius militent aussi contre ce prévenu, à l'exception que celui-ci n'a pas coopéré au vol même, mais qu'il a seulement indiqué la maison du Juif à un des brigands, qu'il l'y a conduit, après quoi il s'est retiré chez lui;

» Considérant qu'il conste en outre au procès que ledit Baumann a vendu un fusil à Jean Buckler fils, ce qui le rend encore plus suspect de liaisons avec ces brigands;

» Considérant, à l'égard de Conrad Grothé :

» Que quoiqu'il conste au procès que ledit Grothé ait donné asile auxdits brigands, qui pernoctaient chez lui, même avec des objets volés, il n'existe cependant pas de preuve que lui Grothé ait recélé des objets volés, en l'absence des brigands, ou qu'il ait commis un fait pour soustraire de pareils objets aux recherches des propriétaires et de la justice;

» Considérant que Jean Buckler a même, dans ses interrogatoires, varié sur la personne qui lui a prêté la charrette, pour y atteler le cheval volé, aux fins de lui faciliter le transport de ce cheval sur l'autre rive;

» Considérant qu'il en résulte que, quoique le prévenu Grothé soit effectivement convaincu du recélage des brigands, et que comme tel il ait bien mérité son arrestation, selon la lettre ministérielle du 12 germinal an X, il n'existe cependant aucune preuve complète de complicité, aux termes de la loi;

» Considérant, à l'égard de Pierre Hassinger :

» Que le prévenu a avoué, dans ses interrogatoires, les crimes dont il est prévenu, et la part qu'il y a prise; que ses aveux ont été formels, circonstanciés, précis et sans aucune restriction; que ces circonstances, ainsi que ses liaisons avec les brigands, ont été prouvées par des témoins irréprochables et les dires des autres prévenus; que par conséquent de pareils aveux font pleine foi en justice, et ne peuvent être infirmés ni atténués par des rétractations postérieures, surtout quand aucune raison suffisante des aveux antérieurs ne peut être alléguée, moins encore prouvée ;

» Considérant, à l'égard de Pierre Weber :

» Qu'il a été prouvé par plusieurs témoins que ledit Weber a été en liaison avec Jean Buckler et ses consorts, lorsqu'il se trouvait à Lettweiler ;

» Considérant, quant au vol de Waldgreweiler, dont ledit Weber est prévenu d'être complice pour avoir procuré aux voleurs un fusil qui a servi à ce vol, que ce fait n'est pas constant, et qu'il ne repose que sur les dires de Buckler ;

» Considérant, quant au vol d'Obermoschel, que Jean Buckler a déjà, dans ses interrogatoires devant le directeur du jury, désigné Pierre Weber sous le nom de paysan de Lettweiler, dont le frère, qui a été en arrestation à Kaiserslautern, a assisté au vol de Waldgreweiler, ce qui s'accorde parfaitement audit Weber; qu'il y a persisté dans les interrogatoires devant le juge chargé de l'information ;

» Considérant que tous les autres prévenus qui ont

assisté à ce vol conviennent que deux paysans de Letweiler y ont coopéré;

» Considérant que plusieurs d'entre eux reconnaissent positivement Pierre Weber pour un de ces paysans; que ces aveux sont circonstanciés, précis et formels; qu'ils proviennent des gens arrêtés à différentes
époques et en différens endroits, ce qui écarte tout
soupçon de suggestion et de conspiration; que d'ailleurs le prévenu n'a pu alléguer aucun motif de reproche contre eux;

» Considérant, à l'égard de François Mundo:

» Que le prévenu a avoué dans ses interrogatoires
avoir coopéré au crime commis à Waldgreweiler et
Erbes-Büdesheim; que ces aveux ont été sérieux et circonstanciés; que les circonstances ont été trouvées conformes à la vérité et confirmées par les coprévenus;
que par conséquent la rétractation faite à l'audience ne
mérite aucun égard, et que les premiers aveux faits devant le juge interrogateur font foi en justice;

» Considérant, à l'égard de Philippe Weber :

» Qu'il est prévenu et déclaré convaincu comme un
des auteurs du crime de Waldgreweiler, par les aveux
uniformes des coprévenus; que les aveux se dirigent
contre un homme dont les liaisons avec Jean Buckler
et complices sont prouvées par des témoins irréprochables; qu'il est en outre prouvé, par les dépositions
des témoins, que le soir qui a précédé la nuit dans laquelle ce vol a été commis, le prévenu, accompagné
de trois hommes suspects et armés, est sorti de la maison de Jacques Müller qui a servi de rendez-vous aux

brigands ; que dans la neige qui est tombée pendant la nuit, on a vu de grand matin les traces d'un homme rentrant dans la maison du prévenu ; enfin, qu'on l'a trouvé le lendemain du vol ayant des empoules aux pieds ;

» Considérant, à l'égard de Jean Korbmann,

» Prévenu du vol de Waldgreweiler : qu'il a fait un aveu circonstancié de la part qu'il a prise à ce crime ; que cet aveu a été fait en justice et sans restriction ; qu'il est en outre confirmé par les autres coprévenus ;

» Considérant, à l'égard de Guillaume Weisheimer,

» Prévenu du même vol de Waldgreweiler : que les aveux par lui faits sont précis et formels, qu'ils sont conformes aux déclarations des autres prévenus, et que par conséquent ils méritent toute foi en justice ;

» Considérant, à l'égard de Henri Walter,

» Prévenu du vol d'Obermoschel : qu'il a, dans ses premiers interrogatoires, avoué la part qu'il a prise à ce crime, avec toutes les circonstances et sans aucune restriction quelconque ; que la modification qu'il a voulu donner postérieurement à ces aveux est dénuée de toute vraisemblance, et en contradiction avec les dires des autres prévenus ; qu'il conste en outre des interrogatoires des prévenus, confirmés par la déposition du témoin Élie Lamp, que ledit prévenu a pénétré jusque dans la maison volée ;

» Considérant, à l'égard de Léonard Kœrper :

» Qu'en admettant même contre les dires formels de Jean Buckler, que ledit Kœrper, qui connaissait cependant ce dernier et ses complices, n'ait pas été informé de l'objet et du contenu des deux lettres lorsqu'elles lui furent remises pour les porter au Neudorferhof, il a avoué néanmoins en avoir été informé par le fermier et sa femme, avant que l'argent lui fût remis, et de s'être chargé de cet argent pour le porter à Jean Buckler;

» Considérant que l'excuse du prévenu de ne s'être chargé de cette commission que sur la demande expresse du fermier et de sa femme, est contredite par le fermier et nullement prouvée par le prévenu ;

» Considérant, en outre, que le témoin Henri Zürcher persiste à dire qu'il a remis cent cinquante florins au prévenu; que Buckler prétend n'en avoir reçu que cent dix, ce qui est conforme aux dires du prévenu et de son beau-frère Pierre Haas;

» Considérant, à l'égard de Pierre Haas :

Que, quoiqu'il conste au procès que le prévenu ait recélé chez lui les brigands, et qu'il ait servi leurs projets criminels, en les passant d'une rive de la Nahe sur l'autre, il devient cependant excusable de ce fait par la situation isolée de sa maison et par la crainte que le nom des brigands inspirait aux habitans de la campagne;

» Considérant qu'il n'est pas suffisamment prouvé que le prévenu ait concouru sciemment au vol commis chez Henri Zürcher, ou qu'il s'est approprié une partie de l'argent provenant de ce vol;

» Considérant, à l'égard de Jean-Nicolas Müller :

» Que les crimes dont il est prévenu sont avoués par lui-même en justice, avec toutes les circonstances qui les ont accompagnés ;

» Considérant que, lors de l'arrestation, il a déclaré lui-même dans ses interrogatoires être âgé de dix-huit ans ;

» Considérant que les crimes dont il est prévenu ont été commis dans les neuf mois qui ont immédiatement précédé son arrestation ; que, pour sortir de cette base, il avait déjà passé l'âge de seize ans accomplis à l'époque que ces crimes ont été commis ;

» Considérant que, malgré les recherches faites d'office dans les registres de naissance de son prétendu lieu de naissance, on n'a pu avoir aucune preuve d'icelle, que par conséquent il faut s'en tenir à ses propres dires ;

» Considérant que les nombreux crimes dont ledit Müller est prévenu se sont succédé si rapidement et ont été commis avec tant de violence, et qu'il a, en y prenant une part active, déployé un caractère si déterminé, qu'aucune excuse ne peut mitiger en sa faveur ;

» Considérant, à l'égard de Anne-Marguerite Land-fried :

» Qu'il n'existe pas d'autre preuve contre elle, sinon qu'elle ait reçu dans sa maison les objets provenant du vol de Staudernheim, pour les transporter plus loin ; que les dires de George-Frédéric Schulz, et les aveux d'un seul brigand connu, ne suffisent pas pour faire preuve en justice ; qu'ils sont contre-balancés par les déclarations de la prévenue, et de son frère Adam, qui prétendent qu'ils ont été forcés par les brigands, qui les ont rencontrés dans la forêt, à transporter les paquets de marchandises ;

» Considérant qu'il est prouvé que la prévenue a raconté ce fait publiquement et immédiatement après qu'il a eu lieu, ce qui écarte tout soupçon d'un dessein criminel;

» Considérant néanmoins que ladite Landfried a extorqué des vivres et autres objets des habitans de la campagne, en abusant de la terreur que le nom de Jean Buckler inspirait;

» Considérant que la prévenue a commis des extorsions à l'insu de Jean Buckler, que par conséquent la crainte qu'il inspirait n'était que chimérique;

» Considérant, à l'égard de Adam Landfried:

» Qu'il a pour lui les mêmes raisons que sa sœur Marguerite Landfried, en raison du transport des objets volés à Staudernheim;

» Considérant qu'il n'a pris aucune part aux escroqueries commises par sa sœur;

» Considérant, à l'égard de Henri Blum:

» Qu'il a été vagabond dès sa tendre jeunesse, et qu'il a été arrêté et détenu comme tel dans les prisons à Manheim; qu'il a avoué avoir coopéré au vol de Laufersweiler, dont il est prévenu, et que cet aveu formel et précis a été circonstancié et fait en justice; qu'il est en outre confirmé par les aveux uniformes des autres prévenus, d'où il suit qu'il fait pleine foi en justice;

» Considérant, à l'égard de Jean-George Scheerer:

» Que, si même il était vrai qu'il a donné asile aux brigands dans le temps qu'il était fermier à Althof, il en est excusable par la situation isolée de ladite ferme;

que ce recélage des brigands, qui peut bien motiver
son arrestation et la procédure instruite contre lui,
n'est, en outre, pas qualifié crime par les lois françaises;

» Considérant, quant à l'achat des chevaux volés à
Steinbach et revendus par le prévenu, que ce fait a été
jugé par l'ancienne justice compétente, et, quant aux
autres achats, qu'il ne conste ni corps de délit, ni que
le prévenu ait acheté des chevaux, sachant qu'ils provenaient d'un vol;

» Considérant, quant à la complicité du vol à Laufersweiler, que la seule question est celle de savoir si
le prévenu Scheerer a provoqué les brigands par des
promesses à commettre ce crime;

» Considérant que quoiqu'il paraisse assez constant
que le prévenu Scheerer, par suite de ses anciennes liaisons avec Jean Buckler, a envoyé à ce dernier des vivres dans la forêt, que lui-même est venu dans la forêt
où Buckler se trouvait avec ses complices, et qu'il y a
parlé des richesses du Juif de Laufersweiler, il est cependant prouvé, par plusieurs des prévenus, qu'ils
avaient déjà conçu le projet de voler ce Juif, à Laufersweiler, antérieurement à l'entrevue avec Scheerer,
de dans la forêt près Kempfeld, et que si même le seul
chrétien Rheinhard a persisté, dans ses interrogatoires,
à dire que sans Scheerer il n'aurait pas pensé à commettre ce vol, ledit Reinhard est non-seulement contredit par ses coprévenus, mais qu'il a aussi rétracté à
l'audience ses dires contre Scheerer; d'où il résulte que
ce dernier, quoique suspect de liaisons avec les bri-

gands, et d'avoir même été instruit de leur projet de
commettre le vol à Laufersweiler, n'a cependant pu
être suffisamment convaincu d'un fait qui le qualifie
complice aux yeux de la loi;

» Considérant, à l'égard de Jean Müller, dit le vieux
Butla :

» Que les crimes dont il est prévenu sont avoués par
lui-même avec toutes ses circonstances qui les ont accompagnés; que ces aveux ont été faits en justice, et
confirmés par ses coprévenus, ainsi que par des témoins irréprochables, d'où il suit qu'ils méritent pleine
foi en justice;

» Considérant, à l'égard de François Beyer, dit
Scheele Frantz :

» Qu'il a avoué tous les crimes dont il est prévenu,
d'une manière précise et circonstanciée; que cet aveu
fait en justice, d'ailleurs confirmé par les autres prévenus, ne peut être révoqué en doute;

» Considérant, à l'égard de Charles Gabel :

» Qu'il est constant que, par ses propres aveux circonstanciés et faits librement en justice, il a acheté
l'argenterie volée chez Herz Mayer d'Ullmett, sachant
qu'elle provenait d'un vol;

» Considérant, cependant, qu'appelé dans la forêt,
il a été contraint par Jean Buckler et par ses complices
armés, d'abord de taxer ces effets, et puis de les acheter, sous menaces qu'ils le surprendraient dans sa maison s'il s'y refusait, ou s'il racontait cette entrevue à
qui que ce fût;

» Considérant que la peur qu'inspirait alors le nom

de Jean Bucker, et les vols à force ouverte qu'il commettait même au milieu de plusieurs bourgs peuplés, pouvaient en quelque sorte excuser la frayeur d'un vieillard sexagénaire;

» Considérant que Charles Gabel, tant en offrant, par l'intermédiaire d'un témoin, l'argenterie aux Juifs volés, à un bas prix, qu'en racontant à plusieurs personnes qu'il était peiné par une affaire qui lui était arrivée, a bien prouvé son repentir et son embarras;

» Considérant que, bien loin d'avoir été recéleur de métier, ou d'avoir eu des liaisons avec les brigands, il est au contraire reconnu par tous les témoins qu'il s'est toujours conduit en honnête homme;

» Considérant que, s'il a négligé de dénoncer l'affaire au juge de paix, et si, au lieu de rendre les effets à la partie volée, il s'en est défait en les vendant ailleurs, l'excuse qu'il allègue, et qui se fonde sur ce qu'il craignait d'un côté la vengeance des voleurs, et de l'autre la perte de la somme qu'il avait payée aux brigands, mérite quelque égard, parce qu'elle est appuyée par sa réputation sans tache, par les aveux des brigands, et par la déposition des témoins même à charge, ainsi que par la déclaration de la partie volée elle-même ;

» Considérant qu'il a déjà subi une détention de seize mois, et l'appareil d'une procédure criminelle ;

» Considérant, à l'égard de Frédéric Kunz:

» Qu'il n'est pas constant que le prévenu ait reçu une pièce de drap provenant du vol de Merxheim ;

» Considérant que les autres faits imputés au prévenu n'ont pas le caractère de complicité requis par la loi ;

» Considérant, à l'égard de Michel Isaac :

» Qu'il est convaincu, par les aveux de quatre co-prévenus, d'avoir acheté l'argenterie et une partie des marchandises provenant du vol de Staudernheim ; que ces aveux sont circonstanciés et uniformes, qu'ils proviennent de quatre individus arrêtés en différentes époques ; ce qui écarte tout soupçon de suggestion et l'exception d'inimitié proposée contre un des prévenus, le nommé Pierre Hassinger, inadmissible envers les autres ;

» Considérant que ledit Michel Isaac est d'autant plus punissable, qu'il était convenu auparavant, avec Jean Buckler, de vouloir acheter les objets qu'il pourrait voler ;

» Considérant, à l'égard de Charles Michel :

» Qu'il résulte, tant par les déclarations de Jean Buckler que par la déposition unanime des témoins irréprochables, que Charles Michel a aidé et assisté les coupables dans les faits qui ont préparé et facilité l'exécution du vol à force ouverte commis sur plusieurs habitans juifs de la commune de Hundsbach, et qu'il a en outre profité de ses liaisons intimes avec Jean Buckler, pour extorquer différens objets desdits Juifs;

» Considérant, à l'égard de Jean Wagner :

» Qu'il a été reconnu par le citoyen Mathias de Sobernheim pour avoir été un des auteurs du vol, sur la grande route près d'Hackenfels, commis sur la personne dudit Mathias ;

» Considérant qu'il est en outre dénommé par Jean Buckler comme un des auteurs du vol ;

» Considérant que le prévenu a avoué lui-même, en justice, avoir coopéré à ce vol, et en avoir reçu sa part ;

» Considérant, à l'égard de Joseph Klein :

» Qu'il est prouvé, par un témoin irréprochable, que ledit Klein a fait partie d'une bande de brigands armés qui a parcouru le pays, et qu'il était lui-même porteur d'armes à feu ;

» Considérant, quant aux crimes dont ledit Klein est prévenu, qu'il est dénoncé comme un des auteurs de ces crimes par les aveux uniformes et circonstanciés de plusieurs prévenus ; et que, quant au vol de Waldgreweiler, il a été reconnu par les citoyens Bernhard et Bœhmer, par l'ensemble de sa figure, pour celui des brigands qui a porté les flambeaux ; ce qui est encore conforme aux déclarations de Jean Buckler ;

» Considérant, à l'égard de Catherine Schneider, veuve Seibel :

» Qu'il ne conste pas que les mouchoirs que cette prévenue doit avoir reçus des brigands provenaient d'un vol ;

» Considérant qu'en recevant les brigands avec des objets volés dans sa maison, elle est bien recéleuse des brigands, mais qu'il ne conste pas qu'elle ait eu, hors de la présence des brigands, des objets volés en sa garde ; que par conséquent aucun fait de complicité en particulier n'ayant pu être prouvé contre elle, les disposi-

tions de la lettre ministérielle du 12 germinal an 10
trouvent leur application contre elle ;

» Considérant, à l'égard d'Adam Seibel et Théodore
Seibel, frère et fils de la précédente :

» Qu'il est prouvé que les deux prévenus ont passé
plusieurs fois Jean Buckler et consorts, ses complices,
avec des objets volés, sur l'autre rive du Rhin, et que
les hommes qu'ils conduisaient ainsi ne leur étaient
pas inconnus ;

» Considérant que parmi les complices les prévenus
Schulz et Jean-Nicolas Müller se trouvèrent aussi, et
par conséquent étaient aussi connus comme brigands
desdits Seibel ;

» Considérant, quant au vol de chevaux à Klein-
hausen, que Jean-Nicolas Müller a été pendant plusieurs
jours dans la maison de Seibel, mendiant son pain
dans le voisinage ; que George-Frédéric Schulz y est
aussi venu, qu'il y a laissé sa femme en quittant la
maison, et que sadite femme mendiait son pain ;

» Considérant qu'un des auteurs, savoir George-
Frédéric Schulz, déclare qu'ils étaient convenus avec
les deux prévenus Seibel, même avant le vol, que
ceux-ci les attendraient avec leur nacelle sur la rive
droite pour les conduire sur la rive gauche ;

» Considérant que le vol a été commis dans la nuit
du 6 au 7 prairial an 10 ; que la partie volée a poursuivi les voleurs jusqu'au Rhin, et n'a plus trouvé les
chevaux sur la rive droite ; que les préposés des doua-
nes ont vu passer des chevaux dans la journée du 7
prairial ; que Schulz fut arrêté avec ces chevaux le

8 prairial, à trois heures du matin, près d'Eckelsheim, qui est à six lieues de distance du Rhin ; qu'il suit de ce détail que les chevaux ont nécessairement passé le Rhin dans la nuit du 6 au 7, et que par conséquent les dires du prévenu Schulz, que les frères Seibel les attendaient sur la rive droite, sont conformes à la vérité ;

» Considérant qu'ils ont passé ces chevaux à la nage, en les tenant par la bride dans la nacelle, tandis qu'il y a peu de distance des barques propres à contenir des chevaux ; que Schulz et Müller étaient connus desdits Seibel comme brigands et mendians ; que par conséquent leur excuse, qu'ils les ont pris pour des marchands, ne mérite aucune considération ;

» Considérant qu'il ne conste pas que lesdits Seibel aient commis un fait qui puisse les rendre complices du vol d'Erbesbüdesheim ou des autres vols commis par Buckler et ses complices, quoiqu'il n'y ait pas de doute que les Seibel ont, non-seulement recélé, mais aussi passé les brigands;

» Considérant, à l'égard de Henri Philippi, que les inculpations contre lui ne reposent que sur les dires de Jean Buckler ;

» Considérant que celui-ci même les a certifiés, disant que ce n'était pas dans le dessein de crime et immédiatement avant le vol d'Otzweiler, mais long-temps auparavant et occasionellement, que Philippi leur a fait connaître la demeure du citoyen Riegel ;

» Considérant qu'il a été prouvé, par le fils même de l'assassiné, que ledit Philippi, sur le premier avis qu'il recevait de ce qui se passait à Otzweiler, s'est rendu à sa ferme de Limbach pour y chercher du secours, ce qui écarte nécessairement toute participation à ce vol;

» Considérant, à l'égard de André Lütger et de Jean Caspar:

» Que les charges contre ces deux prévenus ne reposent que sur les dires de Jean Buckler;

» Considérant que ces déclarations sont vagues, manquent de précision, et ne sont appuyées par aucune autre preuve;

» Considérant, à l'égard de Jean - Frédéric Eisenhuth:

» Que ce prévenu n'avait pas encore l'âge de quatorze ans lorsqu'il commit le crime dont il est prévenu;

» Considérant que depuis il s'est toujours conduit honnêtement;

» Considérant, à l'égard de François Stein:

» Que le seul fait qui est à sa charge, savoir, qu'il a gardé les chevaux provenant du vol spécifié sous le n° 29 des crimes de Jean Buckler, n'est fondé que sur les dires vagues de ce dernier, qui varie extrêmement, quant à ce fait, dans ses déclarations, prétendant même ne pouvoir dire, ni si Stein a effectivement gardé lesdits chevaux, ni si c'est lui ou un autre brigand qui en avait fait seulement la proposition à Stein;

» Considérant qu'aucun autre fait n'étant à la charge dudit Stein, il est impossible d'asseoir sur ces dires quelque condamnation contre lui;

» Considérant, à l'égard de Joseph Bossmann :

» Qu'il conste, par ses aveux librement faits en justice et appuyés par les dires de Buckler, qu'il a acheté de ce dernier, qu'il connaissait pour brigand, des marchandises ;

» Considérant qu'après avoir payé ces marchandises Buckler lui a dit qu'elles provenaient de vol ;

» Considérant néanmoins que la proposition de la vente desdites marchandises a été faite, de l'aveu des brigands, lors d'un bal, lorsque le vendeur et l'acheteur étaient ivres ; et principalement que Bossmann, sans y être contraint par la justice, a rendu ces effets à la partie volée, et ce, sur la première demande qui lui a été faite, sans en réclamer la restitution du prix ; que plusieurs témoins irréprochables attestent sa bonne conduite, son assiduité et sa probité dans son petit commerce, et qu'il n'a pas eu, ni antérieurement ni postérieurement à ce fait, des liaisons avec les brigands ;

» Considérant que ces excuses, qui paraissent prouvées, servent à diminuer sa culpabilité, et à prouver qu'il n'est pas recéleur de métier, et qu'il ne paraît passible que d'une peine correctionelle ;

» Considérant, à l'égard de Pierre Schneider :

» Que la seule déclaration de Jean Buckler, que les voleurs qui ont commis le vol nocturne chez la veuve Frenger, d'Offenbach, se sont rendus chez Pierre Schneider, ne peut servir à convaincre ce dernier, d'autant moins qu'aucune autre déposition pertinente et directe ne vient à son appui ;

II.   14

» Considérant, quant au témoignage bénévole qu'il a rendu pour Gilcher, qu'il se peut qu'il ait véritablement ignoré la part que Gilcher a prise au vol dont il s'agit ;

» Considérant que la déclaration du témoin Fischer affaiblit en quelque sorte les dires de Buckler;

» Considérant, à l'égard de Pierre Grünewald, dit Allenbachers-Peter :

» Que, quant à l'inculpation d'avoir laissé échapper Jean Buckler aux poursuites de la police, après avoir promis de le faire prendre dans sa grange, il n'est pas certain si le projet a manqué par la négligence des autorités locales ou par sa mauvaise volonté; qu'au reste cette négligence ne saurait pas être qualifiée de crime ;

» Considérant que les autres délits qui lui sont imputés ne reposent que sur des déclarations vagues, et en partie rétractées, de Jean Buckler, qui, du reste, ne sont appuyées par aucun témoin, et dont quelques-unes ne se fondent que sur des ouï-dire ; que notamment, quant au vol chez Lichtenberger, il n'a été reconnu par aucune des personnes volées; et que, quant au vol de Limbach, Buckler est en outre en contradiction avec Jean-Nicolas Müller, un des auteurs de ce vol;

» Considérant, à l'égard de Schey-Maier:

» Qu'il est prouvé, tant par les aveux en justice de Buckler, de Denig, que par ceux de Louis Rech, et par les dépositions du tailleur Hermann et de Catherine Roos, que Schey-Maier a acheté des effets provenant du vol de Hottenbach, caractérisé dans le nº 5 des crimes de Buckler, et un habit bleu provenant du vol fait sur la personne du citoyen Reinach;

» Considérant que les premiers achats ont été faits dans une forêt; que les voleurs étaient des gens armés qu'il connaissait pour brigands; et qu'ayant acheté, non-seulement le butin en masse de la bande, mais aussi la portion particulière de deux des voleurs dans un lieu très-suspect, il ne peut pas prétendre avoir ignoré que ces effets provenaient d'un vol;

» Considérant qu'il a porté le prix pour une de ces portions au château de Kallenfels, et qu'il a acheté, quelque temps après, des effets provenus du vol, quoique le discours des voleurs ne lui pouvait plus laisser le moindre doute sur la manière dont ils avaient acquis les effets;

» Considérant, quant à Chrétien Denig:

» Qu'il a avoué en justice avoir fait partie de la bande qui a commis le vol chez Wolf-Wiener, à Hottenbach, en avoir reçu sa part, et l'avoir vendue à Jacques Orth;

» Considérant que les exceptions du prévenu, d'avoir été forcé à commettre ce crime, sont contredites par Jean Buckler fils, ainsi que par Jacques Gerhard, fils de Weiden, l'un des auteurs du délit; d'où il résulte que le prévenu Denig était porteur d'armes à feu, et qu'il attendit, hors du village de Weiden, pendant une heure et demie, les autres brigands pour les accompagner à ce vol;

» Considérant, à l'égard de Jacques Orth:

» Que ce prévenu a, après bien des variations et des mensonges, avoué qu'il connaissait depuis long-temps Jean Buckler fils, et qu'il a acheté de Chrétien Denig des marchandises;

» Considérant que Denig et Buckler soutiennent que l'achat dont il s'agit a eu lieu en présence et par l'intermédiaire de Buckler; que si ce dernier était connu au prévenu Orth comme brigand, il savait aussi bien que Chrétien Denig n'était pas marchand; que la vente s'est en outre faite dans un lieu suspect, et que, par conséquent, il ne pouvait pas ignorer que les objets qu'il a achetés provenaient de vol;

» Considérant, à l'égard de Jacques Stein :

» Qu'il est prouvé, tant par les aveux faits en justice, du prévenu lui-même, que par les déclarations de Jean Buckler et par les dépositions du citoyen Stumm, d'Aspach, que Stein a coopéré au crime commis par Buckler;

» Considérant que sa vie antérieure et la confiance que Jean Buckler mettait en lui, prouvent qu'il a eu des liaisons suspectes avec ces brigands, et viennent à l'appui des dépositions qui sont à sa charge, et prouvent que c'est lui qui a porté la lettre menaçante au citoyen Stumm, et qui a fait le message bénévole de Buckler, par des motifs d'intérêt;

» Considérant, quant à Jacques Müller :

» Que l'imputation d'avoir provoqué à plusieurs crimes ne se fonde que sur les déclarations de Jean Buckler, qui ne sont appuyées par aucun autre témoignage; déclarations qui sont très-vagues, en ce que

Buckler déclare ne pas savoir si ces provocations ont été faites par Jacques Müller ou par un des fils d'Adam Schmitt ;

» Considérant, quant aux vols commis par Buckler, que Jacques Müller a prouvé son alibi d'une manière satisfaisante, tant en produisant un ordre de sa commune qui l'avait envoyé ce jour-là à Kaiserslautern, que par le témoignage d'un hôte chez lequel il a passé la nuit en route ;

» Considérant, à l'égard de Gustave Müller :

» Qu'il est prouvé, par des témoins irréprochables, que ce prévenu était en maintes liaisons avec Jean Buckler ; qu'il a été avec lui le jour même qui a précédé le vol d'Obermoschel ; que le prévenu, en niant de pareils faits, qui sont prouvés contre lui, s'est rendu plus suspect encore ;

» Considérant que tous ceux qui ont coopéré au vol d'Obermoschel, conviennent de ce que deux paysans de Lettweiler ont assisté à ce vol ;

» Considérant que trois prévenus arrêtés en différens endroits ont non-seulement, d'une manière uniforme, nommé dans leurs interrogatoires ledit Gustave Müller comme un des auteurs du vol dont s'agit, mais qu'ils y ont aussi persisté dans les confrontations qui ont eu lieu ;

» Considérant, à l'égard de Balthasar Lucas :

» Que la tentative du vol à Oberwesel n'a été connue que par les déclarations de ce brigand ; qu'aucun corps de délit n'a été constaté à cet égard ; que Henri Gottleb, marchand à Oberwesel, chez lequel cette tentative a eu lieu, n'a pas pu en détailler d'autres circonstances que celles qu'il avait apprises par les interrogatoires de Jean Buckler ;

» Considérant qu'il n'est constaté en aucune manière que Balthasar Lucas ait jamais épié les localités, ni qu'il ait concouru en aucune manière à cette tentative ; qu'il ne s'élève contre lui que des soupçons fondés en partie sur les dires vagues de Buckler, et en partie sur sa vie déréglée ;

» Considérant, à l'égard de Georges-Guillaume Neumann et Thomas Winckel :

» Qu'il est constant que Georges Neumann a porté un sac plein de drap, provenant du vol commis par Buckler ;

» Considérant qu'il est de même constant que Thomas Winckel, de Hundheim, a acheté ce drap ;

» Mais considérant aussi que ni l'un ni l'autre n'est convaincu d'avoir su que ce drap provenait d'un vol, ni d'avoir connu Jean Buckler, qui alors ne faisait que commencer ses brigandages pour voler ;

» Considérant qu'au surplus ce fait, arrivé avant la publication du Code pénal, ne pouvait être puni que selon les lois alors en vigueur, qui ne considéraient les acheteurs des effets volés comme complices, que dans le cas où ils avaient été instruits du vol avant son exécution, et qui, hors ce cas, ne prononçaient contre eux qu'un emprisonnement de quelques mois, moindre que la détention que Neumann et Winckel ont déjà subie ;

» Considérant, à l'égard de Louis Rech :

» Qu'il n'est pas constant au procès que Louis Rech ait recélé les objets provenant du vol dudit Buckler, et que tout ce qui est à sa charge consiste en ce que ce brigand, avec quelques-uns de ses complices, a été reçu dans sa ferme; mais

» Considérant que la situation isolée de sa demeure le forçait, en quelque sorte, de les recevoir; et qu'il conste que, loin de retirer quelque profit de leur séjour, il a été même obligé de les nourrir, sans en recevoir quelque indemnité;

» Pour tous ces motifs, déclare,

SAVOIR:

» *Jean Buckler fils* dit *Schinderhannes, Chrétien Reinhard, Frédéric Schmitt, Jacques Porn, Philippe Klein* dit *Husaren Philippe, Jean Welsch, Georges-Frédéric Schulz, Jean Adam Lahr, François Brixius, Pierre Hassinger, François Mundo, Philippe Weber, Jean Korbmann, Georges-Guillaume Weisheimer, Jean Nicolas Müller, Henri Blum, Jean Müller le vieux, François Beyer, Joseph Klein* et *Chrétien Denig,* convaincus des crimes à eux imputés;

» Les condamne, en conséquence, à la PEINE DE MORT, conformément à la loi;

» Ordonne que, conformément à loi, seulement lesdits *Jean Buckler, Frédéric Schmitt, Porn, Klein, Welsch, Schulz* et *Müller le vieux,* tous comme ASSASSINS, seront conduits au lieu de l'exécution *revêtus d'une chemise rouge;*

» Condamne *Walter, Weber, Gustave Müller,*

Michel Isaac Meyer, Orth et *Baumann,* en vingt-quatre années de fers ;

» *Buckler père, Benedum* et *Wagner,* en vingt-deux années de fers ;

» *Pierre Petry fils,* en quatorze années de fers ;

» *Michel Kœrper* et *Stein,* en dix années de fers ;

» *Adam* et *Théodore Seibel,* en huit années de fers ;

» *Heidens,* en six années de fers ;

» *Marguerite Lanfried,* à un emprisonnement de deux ans ;

» Déclare *Julia Blœsius* non convaincue d'avoir coopéré aux crimes de Buckler ; la déclare néanmoins coupable du fait de vagabondage, et d'avoir reçu gratuitement des objets provenant des vols commis par ledit Buckler ; admettant cependant les excuses proposées par elle, la condamne, par forme de correction, à *deux ans d'emprisonnement ;*

» Condamne *Bossmann* à la même peine ; *Charles Gabel,* à cinq mois d'emprisonnement ;

A l'égard des femmes *Schulz* et *Reinhard,* ordonne qu'elles seront déportées du territoire de la république ;

» Ordonne enfin que ceux qui sont condamnés aux fers seront, avant de subir leur peine, exposés pendant six heures sur un échafaud, conformément à la loi ;

» A l'égard des autres accusés, ordonne qu'ils seront mis en liberté. »

Schinderhannes n'avait point manifesté d'émotion lorsqu'il entendit prononcer son arrêt, mais il laissa paraître quelque joie lorsqu'il connut l'indulgence dont les juges avaient usé envers sa maîtresse et envers son père. Quand le jugement eut été prononcé, il demanda à parler encore une fois au président du tribunal. L'on était curieux de savoir ce qu'il avait à dire, et l'on s'attendait même à quelque déposition importante : il se borna à renouveler le vœu qu'il avait déjà exprimé plusieurs fois, qu'après sa mort on prît soin de son père, de sa maîtresse et de son enfant.

Lorsqu'il sortit de la salle pour être reconduit en prison, il dit, en voyant la foule assemblée : « Regardez-moi bien, car aujourd'hui et demain c'est pour la dernière fois. » Ses conducteurs pressaient un peu sa marche : « Hé quoi ! leur dit-il, le bourreau est-il donc si impatient ? »

Le jugement du tribunal criminel spécial était sans appel; en conséquence, le lendemain, 29 brumaire an XII (21 novembre 1803), avait été fixé pour l'exécution.

Le matin, un ministre de la religion vint, suivant l'usage, pour exhorter Schinderhannes. Lorsque celui-ci l'aperçut, il lui dit d'un air calme : « Vous venez m'apporter des consolations; allez près de ceux qui sont à côté de moi, ils en ont bien plus besoin. Je suis entièrement résigné. » Il témoigna ensuite au ministre le désir de recevoir de sa main la communion qui ne lui avait pas été administrée depuis beaucoup d'années.

Enfin, vers une heure après midi, les condamnés furent conduits, dans cinq charrettes, au lieu du supplice, situé sur l'ancien emplacement du château de La Favorite. Pendant le chemin, Schinderhannes aperçut une personne de sa connaissance à qui il dit *bonsoir,* et qu'il chargea de faire ses adieux à sa Julie; puis il s'adressa au ministre qui l'avait accompagné à l'échafaud, et lui dit : « Je vais maintenant vous raconter comment j'ai commencé cette vie qui a une fin si triste. » Il continua son récit sans interruption jusqu'à l'échafaud, sur lequel il monta rapidement. Il examina d'abord avec attention la guillotine, et demanda si le jeu de cette machine était aussi prompt et aussi assuré qu'on le disait. On lui répondit par l'affirmative. « Ne serait-il pas possible, ajouta-t-il, que je me préparasse moi-même sans qu'il fût besoin de m'attacher? » On lui observa qu'il ferait mieux de se soumettre à la manière employée pour ce genre de mort.

Alors il regarda des deux côtés de l'échafaud la multitude qui l'environnait, et dit : « J'ai mérité la mort, mais dix de mes camarades meurent innocens. Voilà mes dernières paroles. » Il se livra ensuite à l'exécuteur.

L'exécution des vingt condamnés ne dura que vingt-six minutes. La vue des cercueils et de l'instrument du supplice avait abattu le courage des brigands les plus intrépides : il fallut les porter presque tous sur l'échafaud.

On attribua les derniers mots de Schinderhannes à la persuasion où il était que le meurtre seul emportait la peine de mort; ils firent peu d'impression sur le peuple, et ce grand acte de justice rendit enfin la tranquillité aux provinces si long-temps désolées.

FIN DU PROCÈS DE JEAN BUCKLER.

PROCÈS

DE PIERRE COIGNARD,

SE DISANT

PONTIS, COMTE DE SAINTE-HÉLÈNE.

NOTICE PRÉLIMINAIRE.

Les troubles révolutionnaires qui ont agité la France pendant vingt-cinq ans, le désordre qu'ils ont fait naître au sein des familles les plus unies, les séparations brusques et inopinées que ces troubles ont opérées, la mort, dans les contrées lointaines, d'une foule de personnages de toutes conditions, peuvent seuls faire comprendre comment il est possible qu'un homme échappé des galères ait pu si long-temps usurper impunément le nom et les titres d'un gentilhomme qui, bien que sorti de France dans un âge très-tendre, n'en dut pas moins y laisser une famille et des souvenirs.

L'histoire du procès que nous allons raconter offrira une réunion de circonstances assez extraordinaires pour avoir été jusqu'alors sans exemple dans les annales judiciaires ; mais une vérité à laquelle cette histoire donnera une nouvelle force, sera qu'il est presque impossible que le coupable flétri par une peine infamante puisse, au sortir des bagnes, rentrer dans la voie de l'honneur, dût-il même retrouver dans le monde une existence assurée, et parvenir à y cacher ses jours d'infamie !

Pierre Coignard, évadé du bagne, *retiré des affaires,* parvenu, en partie à l'aide de faux titres, et en partie aussi à l'aide de quelque habileté, à un grade supérieur dans l'armée, à celui de lieutenant-colonel de la légion de la Seine, se laissa entraîner par un penchant irrésistible à ses dispositions natives. Il paraît que de malheureuses liaisons renouées dans la capitale, à son retour en France, ne contribuèrent pas peu à le rappeler à ses anciennes habitudes.

Nous allons le suivre au milieu de tous ses écarts, et on ne sera pas peu surpris de le voir, au sein même des dignités, se livrer aux plus honteuses escroqueries ; mais bien que sa vie, partagée en trois procès criminels, se trouve pour ainsi dire décrite en entier par l'analyse de chacun d'eux, nous ne nous en bornerons pas moins à passer sous silence le premier qui lui fut intenté. Et d'ailleurs, qu'irions-nous y chercher? des vérités affligeantes, le spectacle d'un misérable débutant dans le monde par le crime, et se conduisant de telle manière, que de nouveaux crimes devaient être les affreuses conséquences de ses premiers écarts?... C'est ainsi, par exemple, qu'après s'être soustrait à l'action de la justice, on le verra, pour cacher l'opprobre d'une sentence infamante, ajouter le faux au vol, lorsque, dans les circonstances favorables où le sort était venu le placer, il eût pu, par un retour sur lui-même, en abjurant les funestes écarts de sa jeunesse, en reprenant ses fers, recommander quelques jours d'une vie moins impure à la clémence du souverain.

Pierre Coignard, fils d'un vigneron de Langeais(Indre-et-Loire), se destinait à l'état de chapelier, lorsque les mouvemens militaires qui s'opéraient en France l'appelèrent à faire partie des légions que la république organisait à la hâte; il entra avec le grade de caporal dans les grenadiers de la Convention; mais oubliant

bientôt la dignité du noble métier des armes, il se lia
avec quelques misérables dont les penchans pervers ne
pouvaient guère trouver de frein dans la vie agitée de
camps sans organisation, et un certain nombre d'escroqueries qui décelaient déjà en lui une certaine audace,
lui valurent une condamnation de quatorze années
de galères. Envoyé au bagne de Toulon, il y fit bientôt connaissance avec les *prevôts* des cachots ; là, initié
aux moyens employés par les plus adroits pour réussir
dans les expéditions les plus difficiles, il acheva d'y
perdre toute espèce de sentiment d'honneur, si déjà il
ne les avait pas abjurés avant de tomber dans cet état
d'avilissement qui conduit l'homme à ne pas reculer
devant l'idée d'un crime. Parmi les nombreuses connaissances qu'il fut à portée de faire à Toulon, plusieurs lui devinrent funestes, et c'est ce que nous aurons l'occasion de faire observer plus tard.

Après quatre années de séjour aux galères, Coignard
se décida à quitter ses compagnons d'infamie, et, à la
suite d'une tentative qui eut un plein succès, il brisa ses
fers, quitta Toulon, se sauva dans les Pyrénées, d'où
il gagna bientôt l'Espagne. Parvenu sur le sol étranger,
il paraît qu'il entra dans un corps de partisans, lors
des premiers troubles qui agitèrent la Péninsule ; mais
il sentit bientôt qu'il devait jouer un tout autre rôle,
et qu'au moins momentanément il fallait abjurer les
principes que depuis long-temps il mettait en pratique.
Plein d'audace et d'adresse, Coignard, profitant du désordre qui régnait alors, quitte le nom de sa famille,
se fait appeler *Pontis,* et sous ce faux nom parvient

à se faire admettre dans les rangs de l'armée française, où, en produisant de faux états de services militaires, il obtient le grade de chef de bataillon, et est bientôt attaché, en cette qualité, à l'état-major d'une division de l'armée française en Espagne. Il paraît bien que, pendant l'espace de quelques années, il rentra d'assez bonne foi dans une voie plus honorable; car il était parvenu, jusqu'à un certain point, à se concilier l'estime de ses chefs.

Ce fut en 1813, et lorsqu'il se trouvait à Saragosse, qu'il lia connaissance avec Rosa Marcen, fille d'un cultivateur de cette ville, où elle exerçait l'état de couturière, et qui avait elle-même contracté précédemment d'intimes liaisons avec M. le comte de Sainte-Hélène, émigré français. C'est cette fille que Pierre Coignard faisait passer pour sa femme légitime, et qu'il annonçait être la veuve d'un officier supérieur espagnol.

Rentré en France lors de l'évacuation de l'Espagne, avec l'armée à laquelle il était attaché, Coignard passa avec son grade d'abord dans le 100e régiment de ligne, et ensuite dans le 81e, et suivit ces deux régimens dans les différentes garnisons où ils furent envoyés. Depuis son arrivée en France, et lors du retour du Roi, il ajouta à son nom de *Pontis* celui de *comte de Sainte-Hélène,* qu'il fit porter aussi à sa maîtresse Rosa Marcen. C'est ici l'occasion de faire remarquer que l'on conçoit difficilement comment il se peut que les parens de M. le comte de Sainte-Hélène, émigré français, ne se soient pas empressés, en apprenant le retour en France d'un officier supérieur portant leur nom, de venir s'assurer si c'était le sujet fidèle qui avait quitté la France pour suivre son roi, ou bien un imposteur qui venait encore rappeler l'audacieux *Martin-guerre*. Il est vrai qu'avant de prendre ces faux noms et ces faux titres, Pierre Coignard avait arrangé un roman pour établir sa filiation ; mais, en traçant l'histoire du premier procès, le lecteur en apercevra facilement l'invraisemblance et l'absurdité.

Les efforts de Coignard pour se procurer des titres furent long-temps infructueux. Il avait besoin d'un acte de baptême pour établir qu'il était le fruit du légitime mariage de Pierre de Pontis, comte de Sainte-Hélène, et de la demoiselle de Ligniers-d'Aubusson de La Feuillade. Les maires de Chollet et de Saint-Pierre-Duchemin, dans la Vendée, dont il chercha à tromper la religion, ne répondirent pas à ses vues.

Le hasard lui fit bientôt connaître que les registres de la ville de Soissons avaient été incendiés lors de l'invasion étrangère : il fit prendre aussitôt des renseignemens dans cette ville, et apprit qu'à une époque qui se rapprochait de celle où il voulait établir sa naissance, une femme, accompagnée d'un monsieur, était descendue à l'auberge de *la Grosse-Tête,* à Soissons, et y avait fait secrètement ses couches. Il s'empara de cette idée, et résolut de prendre le lieu et la place de cette mystérieuse union. Un ample déjeûner lui procura des témoins, avec lesquels il se présenta chez Me Morand, notaire. Un acte de notoriété en bonne forme, et le voyage qu'il fit lui-même à Soissons, revêtu de son

II.   15

uniforme et de toutes ses décorations, lui fit obtenir
aisément l'inscription d'un prétendu acte sur les registres de l'état civil.

Le 20 mars 1815 arriva. Coignard, qui avait déjà
joué tant de rôles, parodia celui des serviteurs dévoués
à la dynastie légitime; il suivit le Roi à Gand, et fut
incorporé parmi les officiers sans troupes attachés au
service de S. M. A son retour de Gand, il retrouva à
Paris un cantinier, nommé Lenormand, qu'il avait
connu en Espagne, et qui se trouvait alors dans un
état voisin de la misère. Soit par pure obligeance, soit
pour s'assurer de la discrétion de cet homme, il lui
procura d'abord le grade de sous-officier dans la légion
de la Seine, puis une pension de retraite. Pour cela,
il lui fabriqua un faux état de service, et vainquit ses
scrupules en le traitant d'*imbécille.*

En arrivant à Paris, Coignard s'était présenté chez
M. Prévost, intendant militaire de la 15e division,
qui occupait alors une place importante au ministère de la guerre. Madame Prévost était une demoiselle de Pontis; et, à l'aide de ses faux titres, Coignard se donna pour un parent éloigné. Admis dans
cette maison, il y fit de fréquentes visites, et y présenta Rosa Marcen comme son épouse légitime, et
comme étant la comtesse de Sainte-Hélène. Tous deux
enfin se lièrent dans cette maison, où ils furent invités
à dîner, particulièrement Pierre Coignard, qui témoi-
gnait beaucoup d'amitié aux deux filles de madame
Prévost; il les appelait ses petites cousines; et, à l'é-
poque du jour de l'an, il donna en cadeau, à cha-

cune, une petite montre de cou et une chaîne d'or.

Coignard avait annoncé à madame Prévost qu'il avait son père en Amérique, que tout récemment il avait reçu de ses nouvelles, que celui-ci possédait une fortune d'au moins un million, et qu'enfin deux de ses sœurs étaient religieuses.

Ce fut sur un des amis d'une maison où il avait reçu une hospitalité si généreuse et si bienveillante, que Coignard dirigea le premier essai de l'art funeste que lui et ses complices possédaient pour prendre, avec de la cire molle, l'empreinte des clefs et des serrures; car il faut savoir qu'en même temps que le prétendu Pontis de Sainte-Hélène était lieutenant-colonel de la légion de la Seine, il commandait à des *troupes* qui n'avaient certes aucun point de ressemblance avec de braves soldats.

La première victime de ses nouvelles escroqueries fut M. Sergent de Champigny, chef de division au ministère de la guerre. Il se présenta chez lui au mois de novembre 1816, avec un soi-disant ami, pour lequel il sollicita des recommandations auprès de la commission russe établie à Maubeuge.

Pendant que M. de Champigny écrivait la lettre, Coignard ouvrit familièrement plusieurs tiroirs du se-crétaire, et y apercevant de l'argenterie, des bijoux et des diamans, il le fit remarquer à l'individu qui était avec lui, en disant : *Mais voyez donc tout cela, il est logé et meublé comme un ministre.* Ensuite il demanda à M. Sergent la permission de faire voir à son ami les différentes parties de l'appartement. M. Sergent, qui n'avait aucun soupçon, y consentit. Pierre Coignard et l'individu visitèrent toutes les pièces, les unes après les autres. Toutes leurs mesures étant prises, l'exécution du vol fut fixée au 11 décembre 1816, jour auquel M. Sergent de Champigny donnait son audience publique au ministère de la guerre; mais il fallait s'assurer que, pendant que le vol s'exécuterait, M. Sergent ne rentrerait pas chez lui. A cet effet, Pierre Coignard se rendit à cette audience dès son ouverture, et y resta jusqu'à la fin, quoiqu'il n'eût rien à demander. M. Sergent, qui l'avait aperçu dans la foule, s'approcha plusieurs fois de lui, pour savoir s'il n'avait pas quelque chose à lui dire. Pierre Coignard se confondit en remercîmens, pria M. Sergent de ne pas s'occuper de lui; et comme celui-ci le voyait habituellement à son bureau, cette conduite ne lui parut pas extraordinaire.

Le lecteur pressent bien que pendant l'absence de M. Sergent, et pendant que Coignard le gardait pour ainsi dire à vue, des hommes de la bande avaient commis chez lui un vol considérable. Un certain Lexcellent, que nous aurons l'occasion de signaler dans le second procès de Coignard, fut présenté comme l'auteur de cette expédition, de complicité avec Coignard; bien qu'il ait été retrouvé, au domicile de ce dernier et de Rosa Marcen, un petit peigne en écaille et un flacon de cristal.

Ce fut vers la fin de 1817 que la fortune cessa d'être prospère à cet audacieux forçat, qui, comme on a pu le voir, avait, depuis son évasion de Toulon, réussi au‑delà de ses espérances dans tout ce qu'il avait entrepris.

Un forçat libéré, ancien compagnon de Coignard, fut fort surpris de voir sur la place du Château, pendant une revue, en uniforme d'officier supérieur, et décoré de plusieurs ordres, un ancien camarade d'infortune qu'il reconnut pour être Pierre Coignard. Il crut d'abord qu'il se trompait; mais un tic qu'il connaissait à celui-ci lorsqu'il parlait, et qui lui faisait mouvoir d'une manière un peu convulsive la lèvre inférieure, le confirma dans ses premiers soupçons; il en fit part à la préfecture de police. L'autorité militaire en reçut avis sur-le-champ. On ne tarda pas à demander à *M. le comte Pontis de Sainte-Hélène* une explication dans laquelle on désirait qu'il confondît l'ex-forçat. Mais comme il redoutait toute espèce d'explication, il voulut éviter tout démêlé avec la justice. Un matin qu'on l'avait mené dans son domicile, escorté d'un gendarme et d'un officier d'état-major, pour faire perquisition dans ses papiers; il demanda la permission d'entrer dans une alcôve, et disparut par une porte dérobée. En vain on se mit à sa poursuite; il parvint à s'échapper. Dès ce moment Coignard, qui se voyait découvert, alla loger rue Saint-Maur, sous le nom de *Carelle*, en se servant du passe‑port de l'un de ses complices, où, à l'aide d'un grattoir, il avait transformé en *Carelle* le nom de *Carette*, et changé l'âge de 28 *ans* en celui de 48 *ans*. Toutefois sa sécurité ne fut pas de longue durée; et, dans la nuit du 21 au 22 mai 1818, il fut arrêté lui et deux de ses complices.

Quatre chefs d'accusation pesaient sur lui ; mais comme il persistait à dire se nommer *Pontis de Sainte-Hélène,* on dut, avant tout, s'occuper d'établir l'identité du personnage avec Pierre Coignard, échappé du bagne ; et ce fut à ces fins qu'il parut, le 2 juillet, devant la Cour d'assises de Paris.

FIN DE LA NOTICE.

PROCÈS

EN IDENTITÉ

DE PIERRE COIGNARD,

SE DISANT

PONTIS, COMTE DE SAINTE-HÉLÈNE.

La curiosité publique, vivement excitée par tout ce qui avait été dit sur le soi-disant *Pontis de Sainte-Hélène*, avait attiré dans l'enceinte du Palais un nombreux concours de spectateurs. On s'attendait à voir paraître l'accusé en grand uniforme, avec ses décorations de l'ordre d'Alcantara et de Saint-Louis : son costume était plus modeste ; pour la première fois de sa vie, il semblait connaître qu'il était indigne de porter les emblèmes de l'honneur.

Peut-être, et c'est une réflexion que l'on a déjà émise, que sans la concordance et le nombre de témoignages qui semblaient établir que le prévenu était, à n'en point douter, Coignard, condamné pour vol, aux galères, la question de possession d'état, si elle eût été portée devant les tribunaux civils, n'aurait pas été résolue sans difficulté. En effet, pour attaquer la possession d'état du prétendu Pontis de Sainte-Hélène, en fins civiles, il n'aurait pas suffi de lui prouver qu'il était Coignard, il aurait fallu établir encore qu'il n'était pas le comte de Sainte-Hélène; mais en matière criminelle, lorsqu'il s'agit d'identité, les juges doivent seulement prononcer, d'après les preuves qui leur sont fournies, s'ils reconnaissent l'individu qu'on leur représente pour celui qui fut antérieurement condamné.

A l'ouverture de l'audience, M. le président procède à l'interrogatoire de l'accusé.

Dem. Comment vous nommez-vous? — *Rép.* Je me nomme le comte Pontis de Sainte-Hélène, qu'une foule de témoins veulent absolument reconnaître pour Coignard.

Dem. Votre état? — *Rép.* lieutenant-colonel.

Après ces interrogations, auxquelles le prévenu répond avec assez de fermeté, M. le président lui nomme un avocat d'office, Me Dupin jeune, et la parole est donnée à M. Ayer, avocat général. Le ministère public, après avoir tracé sommairement l'historique des faits qui ont jadis conduit Coignard sur le banc des accusés, et de ceux qui l'y ont de nouveau ramené, conclut à ce qu'il plaise à la Cour d'entendre les témoins propres à constater l'identité du prévenu avec Pierre Coignard.

M. le président. Vous venez d'entendre le réquisitoire de M. le procureur du Roi, qu'avez-vous à répondre? — *Rép.* On se trompe sur mon compte, je puis ressembler à Coignard, on me l'a déjà dit en Espagne, où je l'ai beaucoup connu. La femme avec laquelle il vivait est à Saint-Lazare, on peut l'appeler, et elle dira si elle me reconnaît.

M. le président. Il y a plusieurs témoins qui vous ont connu au bagne. — *Rép.* Je les récuse, ils sont sous l'influence de la police.

Dem. Vous protestez que vous êtes le comte de Sainte-Hélène, mais vous ne rapportez de ce fait d'autres preuves que vos protestations. — *Rép.* Monsieur, il y a quarante jours que je suis au secret; je n'en suis sorti que ce matin; pendant tout ce temps je n'ai pas vu un oiseau, comment vouliez-vous que je vous prouvasse que j'étais le comte de Sainte-Hélène?

M. l'avocat général. Lorsque la police militaire vous soupçonnait d'être le forçat Coignard, M. le comte Despinois vous a laissé pendant plusieurs mois la facilité de vous faire reconnaître par votre famille; toute latitude vous a été accordée à cet égard. Vous n'avez jamais pu donner sur eux les moindres renseignemens, et les papiers que vous présentez sont probablement faux.

M. le président ordonne aussitôt la comparution des témoins. Les quatre premiers, *Antoine Bois, sa femme, Jean Vincent,* et la dame *de Montigny,* qui avaient paru comme témoins dans les débats, en l'an ix, où Coignard fut condamné, ne reconnaissent pas le prévenu; mais un cinquième témoin, ancien prisonnier de Bicêtre, qui, dit-il, n'a pas eu avec Coignard une *liaison bien intime*, le reconnaît parfaitement pour l'avoir vu partir avec la chaîne.

M. le président au cinquième témoin (1). Vous déclarez donc que vous reconnaissez bien le prévenu pour le nommé Coignard. — *Rép.* Oui, monsieur, sa figure est restée dans ma mémoire ; je l'ai connu à Bicêtre.

L'accusé. Ah ! vous êtes de Bicêtre : je ne m'étonne pas, vous êtes de la bande de Vidoc. N'est-il pas bien malheureux pour un honnête homme de se voir assassiner par des mouchards et des galériens ! M. le président, le témoin a été mouchard, galérien, je le récuse.

Sixième témoin. Il reconnaît le prévenu pour être *Alexandre* Coignard ; il l'a connu à Toulon, au bagne. Ce témoin, forçat libéré, était secrétaire des commissaires ; plusieurs fois il a écrit son nom sur les matricules, et l'a souvent vu dans les cours et dans les salles.

L'accusé se récrie avec force contre ce témoignage. « Je récuse, dit-il, des hommes notés d'infamie, qui ne parlent ainsi qu'à l'instigation d'un agent de police, mon plus cruel ennemi : d'ailleurs, il ment quand il dit avoir été secrétaire des commissaires ; vous voyez, Messieurs, qu'il ne sait pas même parler français. En

---

(1) Si nous nous bornons à n'indiquer les témoins que par l'ordre dans lequel ils ont été appelés sans les nommer, c'est qu'ils sont tous *forçats libérés,* et qu'il nous eût paru inconvenant de les traduire de nouveau devant l'opinion publique.

outre, il me donne le prénom d'*Alexandre,* tandis que Coignard s'appelait *Pierre* (1). »

Le témoin, qui avait fait avec une assurance remarquable l'aveu de sa condamnation, et qui avait, sans se plaindre, supporté l'épithète de galérien, se récrie lorsque Coignard lui reproche sa faute de langue : « Apprenez que je sais le français aussi bien que vous. »

Le septième témoin. Celui-ci, comme le précédent, reconnaît l'accusé ; il l'a connu à Toulon ; *il était lié avec lui,* ce qui veut dire qu'ils étaient attachés à la même chaîne.

Les précédentes déclarations sont confirmées par le *huitième témoin,* qui ayant subi, à Toulon, une condamnation, et passant sur la place Vendôme au moment de la parade, fut fort étonné de reconnaître Coignard en habit de lieutenant-colonel.

Le *neuvième témoin,* greffier de la Conciergerie en l'an ix, ne peut se rappeler les traits de Coignard. Mais plusieurs autres concierges qui depuis trente-six ans ouvrent et referment les portes de Bicêtre, le reconnaissent pour un des anciens détenus. L'accusé oppose une dénégation absolue à ce témoignage foudroyant.

M. l'avocat général. Pierre Coignard n'était pas marié, mais il avait pour maîtresse une fille Lordat, qui est morte dernièrement à Saint-Lazare. On a trouvé, dans les effets de cette fille, le portrait du

____

(1) On verra dans le procès suivant figurer Alexandre Coignard, frère du prévenu et son complice.

nommé Coignard. Je demande qu'il soit représenté à
l'accusé. Celui-ci, après avoir examiné le portrait, s'é-
crie : « Jamais de ma vie je ne me suis fait peindre;
j'en prends à témoin Dieu et les saints... J'avoue que
malheureusement il y a de la ressemblance, mais ce
n'est pas mon portrait. »

Les témoins étant entendus, M. l'avocat général
prend la parole pour soutenir l'accusation. « Nous ne
prétendons pas, dit-il, faire une preuve de reconnaissance du portrait qui vient de passer sous les yeux de
l'accusé. Il y a sans doute quelque ressemblance, mais
ce portrait est grossier; il a été fait depuis plusieurs
années, et l'accusé a dû changer d'une manière remarquable. »

L'orateur présente avec art tous les faits de la cause,
résume tous les élémens du débat, répond aux objections de l'accusé sur la valeur de certains témoignages,
et conclut qu'il y a identité parfaite entre le condamné
Pierre Coignard et le soi-disant comte de Sainte-Hélène.

Me Dupin jeune, nommé d'office dans la séance
même pour présenter la défense de l'accusé, demande
un délai pour conférer avec son client, et faire assigner
des témoins à décharge, qui établiraient qu'il servait
en Espagne à l'époque de la condamnation de Pierre
Coignard. Le Tribunal allait entrer en délibération
sur la demande de Me Dupin, lorsqu'un spectateur bénévole qui se trouvait dans la salle a porté un coup
terrible au *comte de Sainte-Hélène.*

Ce témoin, entendu en vertu du pouvoir discrétionnaire de M. le président, déclare être de Langesaist, près de Sourit, et se nommer *Viguier,* où il a connu toute la famille de l'accusé. Il reconnaît Pierre Coignard pour l'avoir logé deux ans avant sa première condamnation. Il lui doit encore deux cent et tant de francs, et il a été parrain de sa fille, baptisée à Saint-Sulpice. C'est par ses bons offices que Coignard a été reçu dans les grenadiers de la Convention; et d'ailleurs, dit-il en terminant, le père de l'accusé existe encore, et je suis étonné qu'il ne soit pas venu pour *défendre son fils.*

L'accusé. C'est un tissu d'imposture : il faudrait entendre aussi comme témoin la femme de monsieur. Qu'on examine le registre de baptême, et qu'on vérifie si la signature est de moi. Coignard a servi dans les grenadiers de la Convention : hé bien! que l'on compare les signalemens qui doivent exister au ministère de la guerre, s'il y a seulement un pouce de différence, je ne suis pas Coignard.

Après cet incident, qui paraît faire sur l'auditoire une impression profonde, la Cour, après en avoir délibéré, remet la cause au 10 du même mois, pendant lequel temps l'accusé conférera avec son conseil, et sera libre de produire des témoins à décharge.

Le 10 juillet suivant, à l'ouverture de l'audience, M. l'avocat général prie la Cour de vouloir bien entendre la lecture de l'interrogatoire qu'a subi l'accusé devant M. le lieutenant-général Despinois, et les détails qu'il a donnés alors sur sa prétendue famille. Mais Me Dupin jeune, défenseur d'office, s'étant opposé à cette lecture, attendu que M. le comte Despinois n'avait point eu, dans cet interrogatoire, le caractère d'officier public, et que la pièce n'avait point été notifiée à l'accusé, le Tribunal, faisant droit à sa réclamation, on passe outre à l'audition des nouveaux témoins produits par l'accusé et par le ministère public.

Le premier témoin appelé à la requête de l'accusé est M. *l'abbé Lambonet*, supérieur du séminaire de Soissons. Après avoir examiné attentivement les traits de l'accusé, il croit en effet l'avoir vu en Espagne, mais ne se souvient pas précisément de l'époque.

L'accusé lui rappelle plusieurs faits. « J'étais, dit-il, en 1803, à la Barcelonnette, commandant du royal étranger. Officier et gentilhomme, je ne pouvais faire moi-même le commerce, mais j'avais un intérêt sur deux bâtimens, commandés par un négociant nommé Lavona, demeurant en cette ville. J'ai eu des relations très-fréquentes avec MM. Llosade et Chaudet qui étaient missionnaires, ainsi que M. Lambonet. M. Chaudet était mon directeur de conscience; le témoin s'occupait aussi de mon salut, et me reprochait de le négliger en recevant chez moi une personne que je n'aurais pas dû recevoir. Ces messieurs m'ont plus d'une fois donné leur bénédiction, et je leur ai baisé la main. »

Interpellé sur chacun de ces faits, le témoin hésite soit à les nier, soit à les affirmer, n'ayant de quelques-uns qu'un souvenir vague et confus. En résultat il a pu voir l'accusé avec M. Chaudet, en Espagne, et c'est vraisemblablement avant 1808, époque de l'invasion des Français; mais il ne peut dire que ces faits soient antérieurs à 1803, et ce fait est d'autant plus important, que ce n'est qu'en 1805 que Coignard s'évada de Toulon.

Le second témoin à décharge, M. *Dreuil*, garde-magasin à Malaga. Il n'a vu l'accusé qu'en 1812. L'accusé s'est présenté à lui comme un émigré français, appartenant à une famille honorable du Poitou, dont il est allié, et il n'en a été que mieux accueilli. Il rapporte, en outre, qu'un jour, dans une conversation, un M. Belfort, officier espagnol, lui dit que depuis quinze ans il servait avec le comte de Sainte-Hélène, tant en Amérique qu'en Portugal.

Coignard. Ne vous ai-je pas mené plusieurs fois chez madame Movéno? — *Rép.* Oui, monsieur.

Le président au témoin. Avez-vous entendu dire dans cette maison qu'on connût l'accusé depuis long-temps? — *Rép.* Non, monsieur.

Dem. Accusé, pourquoi vous disiez-vous originaire du Poitou, si votre famille n'en est pas? — *Rép.* J'ai été présenté par un M. Lanneau qui a bien pu se tromper sur le lieu de ma naissance.

M. l'avocat général. A moins qu'il n'y ait en France deux comtes de Sainte-Hélène, il faut que ce soit vous qui ayez écrit au maire de Saint-Pierre-Duchemin les deux lettres qui sont parvenues entre nos mains. Dans la première, on écrit au maire pour lui apprendre que madame Pontis de Sainte-Hélène, passant avec son mari dans ce bourg, mit fortuitement au monde un enfant qui fut baptisé à l'église paroissiale, et on l'engage à envoyer l'extrait de baptême de cet enfant qui est le signataire de la lettre. Le maire ayant répondu que les registres ne portaient pas d'inscription au **nom** de Pontis, on lui expédie une seconde missive dans laquelle on cherche à insinuer que sans doute le registre a été brûlé. On lui dit qu'aux termes de la loi, il serait possible de faire un nouvel acte, avec l'assistance de sept témoins, qui déclareraient le reconnaître pour l'enfant né de madame Pontis de Sainte-Hélène. On promet au maire, pour récompense de ses soins, la croix de Saint-Louis et une place d'officier pour son fils s'il veut servir. Est-ce vous qui avez écrit ces deux lettres? — *Rép*. Mon avocat répondra.

Le prés. Vous seul pouvez savoir si vous avez écrit ou non; répondez. — *Rép*. Oui, monsieur, j'ai écrit ces lettres, et je dirai plus tard les raisons qui m'y ont forcé.

Dem. Il me semble qu'il serait à propos de les expliquer maintenant?—*Rép*. Hé bien! monsieur, c'était pour mon frère que j'ai écrit ces lettres; je savais qu'il était né au Poitou, et je voulais avoir son extrait de naissance.

Dem. Jusqu'à présent vous vous étiez dit fils unique? — *Rép*. Mon père était un homme fort dur, qui de toute sa vie ne m'a pas dit deux cents paroles; j'ignorais qui de mon frère ou de moi était né dans la Vendée. Mon fils à moi s'est trouvé dans le même cas : il est né à Colmar lorsque ma femme y passait pour me suivre en Allemagne.

On reprend l'audition des témoins à charge.

La femme du sieur *Viguier*, témoin bénévole, entendu à la fin de l'audience du 2 juillet, paraît à la barre.

Me Dupin jeune. Je récuse le témoignage de cette dame; elle a été amenée, il y a trois jours, à la Force, par le commissaire-interrogateur de la police, nommé Vidoc, et il l'a confrontée avec l'accusé, de sa propre autorité.

M. l'avocat général. Nous nous sommes plusieurs fois plaints de cette manière de procéder des agens supérieurs de la police; mais le fait qu'on allègue n'est pas un motif de récusation.

La Cour ordonne que le témoin sera entendu.

La femme Viguier reconnaît très-bien le prévenu pour être Coignard jeune, qui a tenu son enfant sur les fonts de baptême, il y a vingt-deux ans.

L'accusé. Coignard cadet avait-il de belles dents? — *Rép.* Oui, il en avait de belles.

L'accusé. Hé bien, qu'on fasse venir un dentiste, il vous dira que mes dents ont toujours été clair-semées comme elles le sont. — *Rép.* C'est bien vous; à telle enseigne, que vous me devez encore 400 francs moins 3 livres.

Un des surveillans du jardin des Tuileries. Il reconnaît l'accusé pour être son compatriote, et avoir servi avec lui, en l'an v ou vi, dans les grenadiers de la Convention.

M. Bourgeois, commissionnaire de roulage, dépose que l'accusé a demeuré dans la même maison que lui, il y a plusieurs mois. Il prenait le nom de Pontis de Sainte-Hélène, ainsi que le fait est avéré au procès;

mais il a laissé, entre les mains de la portière, une note ainsi conçue : « S'il vient une lettre à l'adresse de *M. de Coignard,* la remettre à M. le comte de Sainte-Hélène. »

L'accusé. Il y a *Coignet,* et non pas *Coignard;* c'était un officier qui faisait des réclamations au bureau de la guerre.

La note est représentée par la portière, et l'on y remarque en effet le nom de *Coignet.*

Dem. Qu'est donc devenu ce M. de Coignet?

L'accusé. N'ayant pu rien obtenir en France, il est retourné en Espagne, et je crois même qu'il est passé en Amérique.

La femme *Métras,* impliquée, en 1801, dans le procès de Coignard, et condamnée à la réclusion pour vol, paraît à l'audience ; elle reconnaît l'accusé à son organe. Il a, dit-elle, débauché une jeune fille qu'il a entraînée dans le crime, et qui est morte à Saint-Lazare. Je le reconnais pour un scélérat; son nom seul me fait trembler. Une autre femme, victime du vol de 1801, reconnaît aussi l'accusé : il avait été introduit dans la maison par la fille Lordat, son intime amie(1).

M. le président. Êtes - vous sûre que c'est lui? — *Rép.* Oh! oui, Monsieur; car je l'ai bien remarqué quand on l'a arrêté dans la rue; il a tiré deux coups de pistolet pour s'évader. Je l'ai revu depuis au tribunal, et lorsqu'on l'a exposé au tabouret j'étais bien

____

(1) En 1817, la fille Lordat vivait avec Coignard, et est morte à Saint-Lazare.

jeune alors, sa physionomie m'a frappée, et je disais à mon père : Quel dommage qu'un si beau jeune homme soit un voleur ! »

Le sieur *Viguier,* limonadier, réitère la déposition qu'il a faite à la première audience. Elle est corroborée par celle de deux femmes qui sont de Langeais, et ont connu toute la famille Coignard. Une d'elles, après sa déclaration, ajoute : Vous êtes bien Coignard ; vous ressemblez à votre mère comme deux gouttes d'eau, et vous faites les mêmes gestes que votre père.

Enfin un dernier témoin est introduit ; il est escorté par deux gendarmes ; tous les regards sont fixés sur lui. Interpellé sur ses nom et prénoms, il déclare se nommer *Alexandre Coignard,* être natif de Langeais, département d'Indre - et - Loire. Il est agé de vingt - neuf ans, et a été arrêté le 29 avril (1).

Dem. Connaissez - vous l'individu qui est sur ces bancs ? Le témoin laisse apercevoir une émotion profonde ; l'accusé, au contraire, se lève et le regarde avec hardiesse.

M. le président. Le reconnaissez-vous pour être *de Pontis ?* — *Rép.* Oui, Monsieur. A la manière dont M. le président a fait cette question, on pressent bien

______

(1) Le prétendu Pontis de Sainte-Hélène avait été arrêté environ un mois après Alexandre Coignard, et lorsque les débats auront établi l'identité du prévenu, et que le tribunal s'occupera des crimes imputés à Pierre Coignard, on verra de nouveau reparaître Alexandre Coignard, et il ne sera pas permis de douter qu'ils n'aient été de part dans toutes les expéditions. La dame *de Pontis,* avec laquelle l'accusé demeurait à Paris, viendra également plus tard grossir la liste des coupables.

qu'elle sera l'unique qu'il lui adressera; il ne veut pas, s'il est en effet frère de l'accusé, exiger de lui un sacrifice que réprouve la nature et que la loi ne commande pas. Le témoin, qui offre une ressemblance très-marquée avec l'accusé, se retire, et M. le président demande à l'accusé s'il le connaît. — *Rép.* Je vous ai dit que Coignard, avec qui j'ai le malheur de me voir confondu, avait servi sous mes ordres en Espagne : celui-ci est venu me voir, et m'a dit qu'il était son frère.

Dem. A quel titre a-t-on sollicité votre protection en faveur de ce militaire? — *Rép.* C'est l'ordinaire; on cherche toujours à faire la cour aux gens en place.

On a remarqué que parmi les témoins entendus, deux seulement avaient été favorables à l'accusé, s'il est encore permis de considérer ainsi leurs dépositions mal affermies; cette circonstance n'ayant point échappé au prévenu ni au défenseur, celui-ci demande un nouveau délai pour faire appeler d'autres témoins justificatifs; et la Cour, du consentement du ministère public, continue la cause au 20 juillet suivant.

A l'ouverture de l'audience, et avant de procéder à l'audition des témoins nouvellement assignés, M. le président adresse à l'accusé une série de questions, dans le but d'obtenir de lui quelques renseignemens sur les premières années de sa vie.

«J'avais quatre ans, dit-il, quand j'ai quitté la France pour aller en Amérique avec mes parens, qui ne m'ont jamais dit la cause de ce voyage. J'ai resté avec eux dans ces contrées jusqu'à l'âge de quinze ans, époque à laquelle mon oncle me ramena en France. Je crois me rappeler que nous descendîmes dans un hôtel de la rue Saint - Nicaise. Mon père sortait peu, voyait peu de monde : nous vécûmes fort retirés; je n'ai conservé aucun souvenir précis de ce qui nous est arrivé pendant notre séjour. Nous passâmes ensuite en Espagne avec mon père. Ma mère est morte en Amérique. »

Dem. Ne pouvez - vous donner quelques particularités sur vos parens? — *Rép.* Non, Monsieur; comme je vous l'ai dit, mon père était un homme très-soucieux. En 1790, il me fit obtenir une sous-lieutenance. Je me rappelle qu'il dit un jour : Mon fils est né en France, commune de Saint-Pierre, dans la Vendée.

M. l'avocat-général ayant fait observer à l'accusé qu'il avait annoncé lui-même, dans ses états de service, être né à Chatillon, il répond : C'est sans doute mon secrétaire qui a commis cette erreur; et puis, moi, j'étais d'un caractère très-brouillon.

Dem. Vous avez dit que vous avez été marié? — *Rép.* Oui, Monsieur; avec la demoiselle Marie Moreno; elle est morte en couches.

Dem. N'est-ce pas la même personne avec laquelle vous viviez à Paris? — *Rép.* Non, c'était impossible, puisque l'autre était morte; celle dont vous me parlez se nomme Rosa Marcen. L'un de ses prénoms est le même que celui de feue ma femme; mais cela est très-fréquent en Espagne, où les familles d'une même ville s'allient toujours entre elles.

Dem. A une dernière audience, vous avez dit que votre mère s'appelait Linière d'Aubusson de La Feuillade; il est constant, d'après les renseignemens qui ont été pris, qu'aucune demoiselle de cette illustre famille n'a épousé un M. de Pontis. — *Rép.* Je n'ai pas dit de La Feuillade, mais de *La Ferillade.*

On fait observer à l'accusé qu'il se réfugie toujours dans des ressemblances de noms, telles que *Pontés* et Pontis, *Coignet* et Coignard, etc.

Dem. Que sont devenus votre père et votre mère? — *Rép.* Ils sont morts de chagrin depuis que j'ai quitté l'Amérique.

M. l'avocat-général demande à l'accusé s'il n'a pas à la jambe quelques signes ressemblant à des marques de variole. Celui-ci répond négativement; et sur l'attestation d'un gendarme présent à l'audience, auquel l'accusé a montré ces signes, il relève avec vivacité son pantalon jusqu'au genou, et déclare que ce sont des meurtrissures causées par les coups de pied qu'il a reçus de Vidoc; et, sur l'observation de Me Dupin, que, pour constater la cause de ces signes, l'attestation d'un docteur pourrait seule faire autorité, l'interrogation du prévenu n'est pas poussée plus loin; on introduit un nouveau témoin.

M. Versabo, garde à pied ordinaire du Roi, et en l'an VIII brigadier de gendarmerie à Langeais. Il y a connu toute la famille Coignard, et particulièrement l'accusé, contre lequel il a fait d'inutiles recherches lors de son évasion.

Un commissaire de police, qui fut chargé d'arrêter Pierre Coignard après le vol qui le fit condamner à quatorze années de fers, le reconnaît aussi dans la personne du prévenu.

Un troisième témoin, cité à la requête de l'accusé, dépose l'avoir vu à Malaga vers 1811 ou 1812 ; il le connaissait, dit-il, sous le nom de Pontis de Sainte-Hélène, et il disait avoir servi à Buénos-Ayres.

Tous les témoins sont entendus.

Avant d'entendre M. l'avocat - général, le président fait donner lecture d'une lettre *confidentielle* écrite par l'accusé, depuis la dernière audience, à Alexandre Coignard. Cette lettre contient la leçon qu'on doit faire à plusieurs témoins, pour déclarer qu'on a vu l'accusé en Espagne en 1803 ou 1804, sous le nom de Pontis de Sainte-Hélène. Une femme Lauréna devait se charger des commissions.

Divers individus, impliqués dans les accusations de vol qui ont motivé la dernière accusation de l'accusé, y sont désignés sous des *sobriquets,* tels que *le Gros, le Fils du meunier,* etc. L'auteur de la lettre se flatte que, si les démarches réussissent, et qu'on le reconnaisse pour de Pontis, le reste ne sera plus qu'une bagatelle, et qu'on lui rendra son grade. « Ayez soin, dit-il, de faire attention à ce que Lauréna rapportera à mon avocat. M. Dupin a pleine confiance en moi, et croit tout ce que je lui dis. » Interpellé sur le motif qui l'a conduit à écrire cette lettre, le prétendu comte de Sainte-Hélène assure qu'il ne voulait pas provoquer de faux témoignages, mais engager les témoins à dire la vérité.

M. l'avocat - général ayant persisté dans ses précédentes conclusions, qui sont la déclaration d'identité, le défenseur obtient la parole.

« Messieurs les jurés ,

» Si la prévention qu'il est toujours si facile de jeter sur un accusé pouvait décourager son défenseur et
assiéger l'esprit de ses juges, si elle pouvait présider à
vos délibérations et dicter l'arrêt que vous allez rendre,
je ne prendrais la parole qu'avec défiance, et mon
client ne paraîtrait devant vous qu'avec terreur.

» Quels efforts en effet, Messieurs, quels efforts
n'a-t-on pas faits pour vous entourer des séductions
dangereuses de la prévention, pour faire tourner vos
premières impressions contre l'accusé, pour le flétrir
provisoirement dans l'opinion, et faire élever contre
lui une sorte de clameur publique qui pût préparer et
forcer peut-être une condamnation.

» Mais c'est en vain qu'on a fondé quelque espérance
sur ces manœuvres : ceux-là ne vous connaissaient pas,
qui ont cru que la prévention pouvait aller jusqu'à
vous! Le sentiment de vos devoirs et l'expérience de
tous les jours vous ont appris et ne vous permettent
pas d'oublier qu'on ne peut juger sur les apparences
les causes non plus que les hommes; que trop souvent,
dans les affaires, l'erreur a la couleur de la vérité, et
l'innocence la figure du crime; qu'il faut se défier d'un
premier sentiment comme d'un premier coup d'œil, et
se garder surtout de condamner un homme dont la défense n'a pas été entendue.

» Ainsi, Messieurs, je suis bien sûr que vous dé-
pouillerez cette cause des fausses couleurs qu'a pu lui
donner momentanément la prévention : je suis bien
sûr de vous trouver dans cette liberté de conscience et
cette indépendance d'opinion qui sont les premiers

besoins de l'accusé comme le premier devoir du juge.

» Il y a plus, Messieurs, et je vous rends assez de justice pour croire que la prévention qu'on a voulu faire naître contre mon client tournera à son profit : que vous craindrez, dans la délicatesse de vos consciences, de céder à l'influence d'une première impression, et que cette crainte salutaire vous mettra en garde contre vos propres sentimens et contre l'accusation, et vous rendra plus accessibles à la défense.

» Quoi qu'il en puisse être, je ne vous demande pour M. de Pontis ni indulgence ni pitié : je ne vous demande que ce que je suis sûr d'obtenir, de m'écouter sans prévention, et de juger de même... : cela suffit au besoin de ma cause.

» S'il vous reste démontré que le prévenu est Coignard, frappez sans ménagement; mais si le contraire vous est démontré, si même il vous reste quelque doute, n'oubliez pas que pour condamner un citoyen à une peine infamante, il faut une évidence plus claire que le jour ; que la plus légère incertitude doit entraîner l'absolution, parce qu'il vaut mieux encore absoudre un coupable que de condamner un innocent.

» Toutefois, Messieurs, je le dis dans toute la sincérité de mon cœur, je ne vous apporte point le tribut obligé d'une défense officieuse, je parlerai selon ma conviction ; j'aime à croire que je ne sortirai pas d'ici sans la faire partager à ceux qui m'écoutent. J'espère au moins que mes paroles seront écoutées sans défiance, quand on se rappellera qu'ici je n'ai d'autre intérêt que celui qu'inspire un homme qu'on croit innocent, d'autre désir que celui de voir triompher la vérité, d'autre but que de répondre à la confiance honorable de la cour. »

Après cet exorde, Me Dupin jeune entre en matière.

Suivant son récit, l'accusé serait né à Soissons en 1774, dans le cours d'un voyage que son père et sa mère faisaient à Mons. Il y fut baptisé à l'église de Saint-Germain, et l'avocat rapporte les noms des parain et marraine. « Je fournirai, dit-il, la preuve légale de ces faits : c'est un acte de notoriété passé devant notaire à Paris, les registres des baptêmes de Soissons ayant été détruits par un incendie. »

L'accusé ayant été emmené par ses parens en Amérique vers 1778, revint en France, et passa ensuite en Espagne, puis à Buénos-Ayres, où il prit du service, et obtint successivement différens grades. L'avocat lit l'état de ses services : on y mentionne ses exploits à la tête des Espagnols contre les Anglais. Lorsque les Français entrèrent en Espagne, M. de Pontis se présenta à M. le maréchal duc de Dalmatie, et fut admis chef de bataillon.

« Concevez-vous, continue Me Dupin, qu'un homme échappé du bagne de Toulon se soit trouvé tout à coup en état de remplir les fonctions d'officier supérieur ? La bravoure peut être innée, mais les connaissances militaires ne s'acquièrent que par une longue et pénible expérience. Quand le duc de Dalmatie, expert en fait de valeur et de talens militaires, atteste qu'il ne connaît pas de militaire plus digne du grade de chef de bataillon, c'est que M. de Pontis réunissait à la fois la valeur, les talens militaires et l'habitude du commandement; sans cela, l'usurpateur du nom de Pontis aurait été trahi par son ignorance même. »

Me Dupin avoue que son client, accusé de n'être pas le véritable comte de Sainte-Hélène, a eu tort de s'évader et de ne pas se livrer volontairement aux recherches de la justice; il a eu un plus grand tort, ç'a été de se réfugier chez un homme qui a été lui-même arrêté comme soupçonné de vol; mais l'accusé connaissait très-peu cet homme, et cette circonstance a servi à aggraver ses malheurs. Toutefois, il n'est pas vrai, comme l'ont dit les journaux, qu'il ait été pris en flagrant délit; il est encore plus faux qu'on ait trouvé dans son domicile de fausses clefs et d'autres instrumens de voleurs; les effets de cette nature n'étaient pas dans son appartement, mais dans un cabinet à côté, et ce sera au locataire de ce cabinet à en donner l'explication.

Le défenseur fait ensuite la lecture de l'acte de notoriété dont il a parlé, et qui se trouve signé de quatre témoins recommandables. C'est en vertu de cet acte que l'acte de naissance a été réintégré sur les registres de Soissons.

« C'est donc un point constant que M. de Pontis a un titre de naissance régulier, légal et conforme à sa possession d'état. Vous savez, Messieurs, quelle est la puissance de la possession d'état, accompagnée d'un titre. L'accusé se trouve donc dans un camp retranché, où on ne peut l'attaquer qu'avec des moyens formidables, à l'aide de témoignages irréprochables et purs, de témoignages assez puissans pour prévaloir sur la foi du titre.

» C'est à la lueur de ces principes que j'entre dans la discussion ; j'établirai l'insuffisance des dépositions, une preuve irrécusable que l'accusé ne saurait être Pierre Coignard, qu'il est de Pontis, et ne saurait être que de Pontis.

» Donnerai-je le nom de témoins à des êtres qui, ayant rompu tous les liens de la société, ne peuvent mériter aucune confiance? Donnerai-je le nom de témoins à ces forçats que vous avez entendus? Quel que soit le nombre de ces dépositions, c'est une série de zéros auquel manque le chiffre qui seul pourrait les faire valoir. »

Les autres témoins appelés à la requête du ministère public, un peu plus embarrassans pour l'avocat, sont combattus par d'autres motifs.

» Quels que soient, au surplus, le nombre, la gravité des témoignages, ils tomberaient devant une preuve qui ne saurait être récusée. Je vais donner lecture d'une pièce qui a été délivrée, non pas au prévenu, mais au ministre de la police; d'une pièce qui est authentique; c'est le signalement de Coignard (Pierre), au bagne de Brest. Le signalement des forçats est pris avec une exactitude scrupuleuse : on ne se contente pas de définir les traits du visage, on les fait mettre nus, on examine tous leurs signes particuliers. Voici cette pièce :

« Pierre-Louis Coignard, âgé de trente-un ans,

taille d'un mètre soixante-huit centimètres (cinq pieds deux pouces). Hé bien ! l'accusé a un mètre soixante-dix-huit centimètres (cinq pieds quatre pouces).

» On ajoute qu'il a les cheveux châtains, mêlés de gris ; ainsi le malheureux Coignard avait déjà ses cheveux à moitié blanchis par la douleur, par les remords ; voyez le prévenu , ses cheveux ne sont pas encore changés de couleur ; ils sont parfaitement noirs. Suivant le signalement, Coignard avait le visage marqué de petite vérole, et une marque à la lèvre supérieure. Qu'on examine le prévenu , si l'on trouve sur lui une marque de petite vérole, je passe condamnation. Il est encore désigné comme ayant deux cicatrices sous la jointure du pouce droit ; le prévenu n'a qu'une cicatrice gagnée au champ d'honneur et sur le pouce même. Enfin Coignard avait sur la jambe gauche deux signes, c'est-à-dire deux taches noire et bleue ; ces indices ne se remarquent pas davantage sur le prévenu ; il n'est donc pas Coignard.

» Je vais au contraire, continue l'avocat, prouver que l'accusé porte sur lui des traces incontestables qu'il est bien M. de Pontis. Il a en sa possession des états de service et d'autres papiers dont on a eu beaucoup de peine à se rendre compte dans le système de l'accusation. D'abord on a dit : L'accusé vint à Paris avec une jeune demoiselle qui a connu M. de Pontis, elle a pu lui communiquer les papiers de M. de Pontis. Les journaux se sont emparés avec intérêt de cette version, qui contient une double erreur. En effet, on aurait dû réfléchir que la dame dont il s'agit prenait le nom de

Pontés, et non de Pontis ; l'accusé, en outre, ne l'a connue qu'à Malaga, en 1811 ou 1812, et lorsqu'il était déjà notoirement connu sous le nom de Pontis de Sainte-Hélène.

» Un autre moyen de justification va servir d'éloge au prévenu. Les états de service qui lui ont été délivrés en Espagne portent la désignation et la date des blessures qu'il a reçues à Buénos-Ayres, à la Corogne, etc., en 1804, 1805 et 1806 ; cinq coups de sabre à la tête, deux coups de sabre sur les pouces de la main droite et de la main gauche ; un coup de baïonnette au bas-ventre, un coup de feu à la jambe droite, un autre coup de feu à la partie supérieure du tibia. Toutes ces cicatrices existent, elles sont ineffaçables ; si l'on prétend que Mme Marcen lui a donné les papiers de M. de Pontis, il faudra dire aussi qu'elle lui a livré ses blessures...

» Prenez garde, dit le défenseur en terminant, prenez garde, Messieurs, de confondre l'innocent avec le coupable ; rappelez-vous ces pages judiciaires où sont consignées des erreurs irréparables ; je ne rappellerai ni le faux *Démétrius,* ni le faux *Martin-Guerre,* je prendrai mon exemple dans des temps moins reculés : en 1778 le courrier de Bordeaux fut arrêté ; on prit deux cent mille francs qu'il portait dans sa caisse. Le courrier prétendit qu'il avait parfaitement distingué le voleur ; de nombreux témoins déclarèrent qu'ils l'avaient vu sur la route avant et après le crime. Sur ces divers témoignages, on arrêta un homme nommé *Le-surgues,* qui opposa à l'accusation dont on le chargeait, une vie toujours honorable ; mais il ne fut point écouté, la concordance des témoignages prévalut : il fut condamné et exécuté. Dix-huit mois après, un nommé Dubosq, qui s'était sauvé en Suisse, revint en France, avoua qu'il était l'auteur du crime commis sur la route de Bordeaux. On reconnut l'erreur, on la déplora, mais il n'était plus temps, le sang de l'innocent avait coulé. Cependant tous les témoins et le courrier lui-même avaient reconnu l'infortuné Lesurgues ; ces témoins étaient, pour ainsi dire, irréprochables ; mais vous, Messieurs, si l'erreur vous faisait rencontrer Pierre Coignard dans Pontis de Sainte-Hélène, et qu'un jour l'erreur fût reconnue, vous n'auriez pas la consolation des juges de Lesurgues ; vous n'avez entendu pour témoins que des forçats et des geôliers... Mais non, vous prouverez par votre arrêt que l'état de citoyen ne dépend pas des intrigues et des impostures. »

Après ce plaidoyer, écouté avec la plus religieuse attention, Me Dupin lit les conclusions suivantes :

« A ce qu'il plaise à la Cour, lors de sa délibération, de faire comparaître l'accusé, et appeler un chirurgien ou officier de santé pour constater qu'il n'a aucun grain de petite vérole ; que les signes qui existaient sur Coignard ne se trouvent pas sur lui, et que les blessures qui sont rappelées par les états de service de M. de Pontis existent sur le prévenu. »

M. Agier, avocat général, dans sa réplique, commence par répondre aux récriminations élevées par l'avocat contre les journaux qui, dit-il, n'exercent aucune influence sur les débats ; puis, arrivant à la cause, il ajoute :

« Il suffira de démontrer que les preuves les plus convaincantes contre l'accusé résultent de l'impossibilité où il s'est trouvé d'expliquer les circonstances les plus importantes de ce qui s'est passé dans sa famille. Rien ne l'a frappé dans son séjour à Paris, quoiqu'il y soit arrivé à l'âge de quinze ans, à cet instant où l'homme commence à sentir le besoin de voir et de s'instruire. » Revenant aux étranges contradictions que l'on a pu remarquer dans toutes les versions de l'accusé, M. Agier le présente, tantôt prétendant appartenir aux Pontis du Poitou, tantôt se disant issu des Pontis d'Alsace, qui n'ont rien de commun entre eux.

» Les papiers que l'accusé produit, continue l'organe du ministère public, peuvent avoir été donnés à un sieur *Pontés,* et falsifiés depuis. Un certificat délivré par M. l'ambassadeur d'Espagne atteste que jamais le nom de Pontis ne s'est trouvé sur les cadres des armées espagnoles ; enfin il a pu séduire, par ses artifices, les autorités espagnoles, comme il s'est efforcé de tromper les autorités françaises. Ce qui prouve sur ce point l'imposture de l'accusé, c'est qu'il a fait, dans ses interrogatoires, des récits incompatibles avec ses prétendus états de service. Il se serait trouvé, suivant lui-même, dans des lieux fort éloignés du champ de bataille où le vrai de Pontis aurait reçu des blessures.

» On vous a beaucoup parlé d'un acte de notoriété qui constate que le prévenu est Pontis de Sainte-Hélène; mais pourquoi n'a-t-il pas appelé les témoins qui l'ont signé : ils ont tous disparu, dit-il ; disons plutôt, Messieurs, que cet acte a été surpris à la religion du notaire qui l'a délivré sur la déposition de gens qu'il croyait possesseurs de noms honorables. Nous avons fait de vaines recherches pour retrouver ces témoins; leurs noms, sans doute imaginaires, n'ont été trouvés sur aucun registre de police ou autre :

» On tire un grand argument de la différence du signalement... » Ici, M. le président interrompt l'orateur, et donne lecture de deux autres signalemens qui viennent de lui être transmis par le préfet de police. Ces deux signalemens sont sous le nom de Coignard, et ne s'accordent pas plus que s'il était question de deux personnes différentes. Dans une de ces pièces, où l'on donne à Coignard le surnom de *Famine,* on trouve des indications qui se rapportent à la pièce lue par le défenseur; l'autre se rapporte davantage au physique de l'accusé.

M. l'avocat général continue sa réplique, et tire de la différence même de ces signalemens la preuve que ni les uns ni les autres n'ont été faits avec une rigoureuse exactitude. Il affaiblit ainsi l'un des principaux moyens de défense employés par Me Dupin jeune. Le ministère public tire de très-fortes présomptions en faveur de l'accusation , de la lettre interceptée et qui a été produite à l'audience; il rappelle à la Cour quelle avait été l'émotion des deux frères lorsqu'ils ont été confrontés, et la ressemblance frappante qui existe entre ces deux individus.

« Ainsi, dit M. Agier en terminant, le prévenu ne prouve point qu'il est le comte de Sainte-Hélène; nous pensons qu'il lui est tout-à-fait étranger, et qu'enfin il est le condamné Coignard. »

Mᵉ Dupin réplique à son tour, et la Cour, après une heure et demie de délibération, rend un arrêt conforme aux conclusions de M. l'avocat général, et à la décision du jury; c'est-à-dire qu'elle déclare L'IDENTITÉ CONSTANTE, ordonne l'exécution de l'arrêt de l'an IX, et met Pierre Coignard à la disposition de M. le procureur général, pour être procédé à l'instruction des nouveaux faits qui lui sont imputés.

A la lecture de l'arrêt, Coignard s'est écrié : *Dieu vous demandera compte de ce jugement ; jamais je n'ai eu aucun des signes qui couvraient le corps de celui pour qui vous me prenez. J'en appellerai.*

Désormais, et malgré ses amères récriminations, Pierre Coignard prétendra vainement se prévaloir du titre et du nom de comte de Sainte-Hélène, il est démasqué; on ne verra plus en lui qu'un misérable appelé à paraître devant la Cour d'assises, au milieu d'une bande de complices plus ou moins compromis dans ses forfaits. Quoi qu'il en soit, il est une réflexion pénible à laquelle personne ne pourra se soustraire, c'est qu'il ait pu cacher pendant quatorze années tant de turpitudes et de crimes. Il est vrai qu'il était propre à toutes les métamorphoses, qu'il prenait avec une grande facilité tous les masques; car on se rappelle ses questions à cet aumônier, témoin dans son premier procès, qui l'avait rencontré en Espagne : *Ne me donnâtes-vous pas votre bénédiction? N'avais-je pas pour directeur de conscience un de vos amis?* etc., etc. Mais ce n'est point assez encore; et comme s'il ne lui suffisait pas d'ajouter l'hypocrisie aux crimes dont il s'était rendu coupable, on le voit prendre la qualité d'émigré, de sujet fidèle jadis menacé par la faux révolutionnaire; et plus tard, afin de donner au moins l'apparence de la vérité à ses mensonges, il affiche un royalisme pur, suit, au 20 mars, Louis XVIII à Gand : en un mot, si on veut l'en croire, c'est un des plus fermes appuis de la monarchie, bien qu'il soit presque contraint à avouer ces lettres honteuses par lesquelles il promettait à un fonctionnaire public des titres et des honneurs s'il consentait à certifier qu'en celui qui ne craignait pas d'offrir des décorations pour des actes mensongers vivait le comte Pontis de Sainte-Hélène. Malheureusement pour tant de grandes espérances, le jugement dont on vient de lire les détails réduisit le *comte* à sa véritable expression; et, malgré les efforts de l'intrigue et les protestations solennelles, l'officier supérieur de Pontis disparut et fit place au forçat Pierre Coignard.

Arrêté au milieu de l'arsenal où se fabriquaient les instrumens propres aux plus coupables expéditions, entouré de voleurs qui avaient avoué en partie tous leurs crimes, il se disait encore Pontis de Sainte-Hélène, l'homme pur par excellence; mais sa véritable origine est prouvée; de sorte qu'il ne s'agit plus maintenant que de détruire les préventions terribles qui pèsent sur sa tête, car Coignard est dans le cas de la récidive, et tout, jusqu'à ses fréquentations, prouve qu'il a coopéré aux nombreux méfaits dont la police est informée.

Après onze mois d'une instruction dirigée avec le

soin le plus scrupuleux, Pierre Coignard parut pour
la troisième fois devant la Cour d'assises, mais dépouillé de l'intérêt qu'il s'était efforcé d'inspirer, et
chargé du mépris de tous ceux qui, avant son procès
en identité, se refusaient à croire qu'un uniforme respectable, des décorations glorieuses, avaient pu servir
à cacher à tous les yeux l'âme la plus basse et le cœur
le plus avili.

PROCÈS DE PIERRE COIGNARD, ET AUTRES.

Le mardi 22 juin 1819, Coignard paraît devant ses
juges. Fidèle à son système de dénégation, il se garde
bien de reconnaître le *bien-jugé* de l'arrêt qui a statué
sur son identité. Interpellé sur ses noms et qualité, il
répond d'une voix forte et sonore : « Je me nomme
Pontis de Sainte-Hélène, et je suis lieutenant-colonel. »
Toutefois il a jugé à propos de ne mettre à sa boutonnière ni la décoration d'Alcantara, ni les croix de
Saint-Louis et de la Légion-d'Honneur qui lui avaient
été décernées pour quelques services réels rendus soit
en France, soit en Espagne.   .

Pierre Coignard, accusé principal, est entouré de
sept de ses complices, dont voici les noms : *Rosa Marcen,* Espagnole, vivant avec lui ; *Alexandre Coignard,*
réputé frère de Pierre ; *Laurence Laurent,* vivant avec
ce dernier ; *Lexcellent,* ex-limonadier ; *Carette,* bijoutier ; *Soffiet,* ex-garde magasin, né en Piémont ; *Lenormand,* portier à la grille de l'Orangerie, à Ver-
sailles.

Avant la lecture de l'acte d'accusation, Pierre Coignard se lève, et dit : « M. le président, je vous ai écrit hier pour demander la remise de la cause; voilà treize mois que je suis en prison, et j'en ai passé dix au secret. Je n'ai pas eu le temps de prendre communication de la procédure, ni d'appeler des témoins, ni de me procurer des pièces indispensables à ma défense. En mon nom et en celui de mes coaccusés, je demande la remise de la cause à la prochaine session. »

M. le président. Vous avez tort de dire que vous parlez au nom de tous vos coaccusés; plusieurs d'entre eux ont formé par écrit une demande toute contraire.

Me Millot, avocat de Pierre Coignard, Me Dupin jeune, avocat de Rosa Marcen, et le défenseur de Soffiet, insistent pour la remise. Me Millot surtout attache plus d'importance à ce délai, en ce que, dit-il, le principal accusé est le plus intéressé à rassembler tous ses moyens de défense; car, à raison de la récidive, il y va pour lui des travaux forcés à perpétuité, et peut-être de la peine de mort.

M. le président interrompt l'avocat, et lui fait observer qu'il n'aurait pas dû faire connaître aux jurés le résultat possible de leur déclaration, attendu qu'ils sortent de leurs devoirs lorsqu'ils prennent en considération les dispositions de la loi pénale.

Me Pinet, avocat de Lexcellent, s'oppose à la remise vivement sollicitée par son confrère. Il dit à ce sujet qu'aucune communication ne lui ayant été refusée au greffe, les avocats des autres prévenus auraient pu obtenir avec la même facilité tous les renseignemens utiles à la défense.

Les conclusions de M. l'avocat général Hamelin ten-
dent à passer outre aux débats. « Cette remise, dit-il,
ne me paraissant qu'un moyen dilatoire pour obtenir
un ajournement indéfini. »

Pierre Coignard, avec force. M. Lexcellent est entouré de je ne sais combien de femmes qui viennent le
voir à la prison, et qui intriguent pour lui; voilà pourquoi il est pressé d'être jugé : il a encore d'autres motifs que je dévoilerai. Au surplus, je suis malade; et je
déclare que si on ne veut pas remettre la cause, je ne
répondrai pas.

La Cour entre en délibération sur cet incident. Durant cet intervalle, une altercation très-vive s'élève
entre Coignard et Lexcellent; les gendarmes sont obligés d'empêcher que cette dispute ne devienne plus
sérieuse. Mais à peine le calme est-il rétabli, que la
Cour rentre en séance, et fonde le rejet de la remise
demandée, sur ce que la requête n'avait pas été présentée, aux termes de l'art. 306 du Code d'instruction criminelle, avant la première réunion du jury dans cette
session.

Le greffier donne aussitôt lecture de l'acte d'accusation, dont la première partie est consacrée à Coignard.
Cet acte le suit dans les principales circonstances de sa
vie; rappelle son premier vol, sa carrière militaire, sa
conduite avec Rosa Marcen, les moyens qu'il employa
pour se procurer ce certificat de notoriété publique
attestant qu'il était fils du comte de Pontis, ses relations
avec M. Prévost, dont il trompa la religion; il analyse
les moyens employés par Coignard pour voler M. Ser-

gent de Champigny; rappelle comment on découvrit dans un lieutenant-colonel de la légion de la Seine un forçat évadé, et enfin rapporte par quels moyens il parvint à se soustraire aux recherches de la police; circonstances que nous avons indiquées dans la notice qui précède le procès en identité.

Après avoir suivi Pierre Coignard et ses complices dans différentes expéditions, s'aidant de leurs ruses et de leur commune audace, employant pour auxiliaires de fausses clefs et des empreintes en cire, l'acte d'accusation trace l'histoire de vols si romanesques et si hardis, que nous croyons devoir en rapporter la substance.

Pierre Coignard avait connu autrefois le général espagnol Pierre Marti, qui se trouvait à Paris, et logeait rue Basse-du-Rempart, n° 64. Il chargea le nommé Carette de découvrir la demeure de ce général, et Carette, dans son interrogatoire du 29 mai, est convenu d'avoir été chargé de cette commission par le prétendu de Pontis.

Le 31 décembre 1817, Pierre Coignard envoya Rosa Marcen chez ce général. Elle eut soin de se faire annoncer sous le nom de madame de Pontis, comtesse de Sainte-Hélène. Une mise décente et recherchée, une voiture derrière laquelle figurait comme domestique Alexandre Coignard, et enfin un air de dignité dans les manières, persuadèrent au général Marti que cette femme, qui s'annonça pour être la veuve d'un officier français qui avait émigré, et qui lui avait laissé une fille de son mariage, disait la vérité. Elle lui annonça qu'elle avait l'intention de passer en Amérique, et qu'elle désirait connaître à Paris l'adresse du général Mina, frère de celui qui commandait un corps d'insurgés américains. Le général espagnol, ne connaissant pas cette adresse, envoya aussitôt son domestique la demander chez un de ses amis, et la remit à la prétendue comtesse de Sainte-Hélène.

« On a, dit l'acte d'accusation, tout lieu de croire qu'au moment où la prétendue comtesse prenait connaissance des localités intérieures, Alexandre Coignard examinait avec soin les localités extérieures. Il paraît toutefois que l'on ne s'était pas encore procuré des notions suffisantes. Le lendemain, 1er janvier 1818, Rosa Marcen, toujours accompagnée d'Alexandre Coignard, déguisé en laquais, retourna chez le général sous prétexte de lui faire une visite de remercîmens, et demeura long-temps toute seule dans le salon pendant que don Marti achevait de s'habiller. »

Cette visite de bonne année fut très-funeste au général; car, le 18 janvier suivant, on lui vola 700 fr. en or et en argent, de riches habits d'uniforme, une grande quantité de linge, d'argenterie, et trois croix de la Légion-d'Honneur.

Tous ces vols étaient faits avec tant de subtilité, qu'on ne pouvait en suivre les traces. Alexandre Coignard, frère de Pierre, est le premier qui soit tombé entre les mains de la justice. On l'arrêta, à 9 heures du soir, rue de la Paix, n° 17, dans le bureau du sieur Richard-Mont-Joyeux, banquier. Un garçon nommé Petit, y ayant vu de la lumière, y courut, et éprouva d'abord quelque résistance à ouvrir la porte. Cependant Alexandre, en ayant poussé le battant avec violence, saisit Petit à la gorge, le terrassa, lui marcha sur le corps et se sauva. Les cris poussés par Petit, et le bruit que cette lutte avait occasioné, attirèrent plusieurs personnes de la maison. Le portier ferma aussitôt la porte cochère; et Alexandre Coignard, qui était déjà descendu en criant lui-même *Au voleur!* fut arrêté dans la cour : il pria celui qui s'était emparé de lui de ne pas le perdre, et de le laisser aller; refusa long-temps de dire son nom, mais protesta qu'il était d'une famille honnête.

A l'en croire, il avait rencontré sur les boulevards une jeune fille qui lui avait dit se nommer Adèle, et être en service dans cette maison, sans lui indiquer le nom des maîtres qu'elle servait et l'étage où elle demeurait. Elle était convenue avec lui de laisser sa porte ouverte. Pendant qu'il la cherchait vainement d'étage en étage, il entendit crier *Au voleur!* craignit d'avoir compromis cette fille, et entra, sans savoir comment, dans le bureau de M. Richard-Mont-Joyeux.

Un autre événement fut encore plus funeste au frère et aux compagnons d'Alexandre Coignard.

Le 20 mai 1818, Pierre Coignard, Rosa Marcen et plusieurs des accusés, en déjeûnant aux Prés Saint-Gervais, formèrent tout-à-coup le projet de dévaliser deux maisons différentes de la rue du Sentier. L'une de ces maisons était occupée par un sieur Dumoulin : il fallut préalablement se procurer l'empreinte des serrures.

Pierre Coignard monta en fiacre avec Carette, et
descendit d'abord rue Bergère, où il paraît que, chemin faisant, il prit plusieurs empreintes de clefs pour
s'en servir au besoin. « Toutefois, continue l'acte d'accusation, Coignard n'a pas voulu indiquer dans quelle
maison il était monté rue Bergère, ni ce qu'il y était
allé faire. »

Remonté en voiture avec ses compagnons, il descendit avec eux rue du Sentier, un peu plus loin que
la porte du sieur Dumoulin ; Coignard y entra seul ;
Carette l'attendit à la porte : Soffiet et le nommé Lexcellent l'attendirent dans la voiture. M. Dumoulin, qui
se trouvait à un autre étage, rentra au bruit qu'il entendit, et vit Pierre Coignard, placé de manière à couvrir avec son corps la porte, et la clef qui était dans la
serrure. Une position si singulière lui fit naître des
soupçons. Aussitôt que Pierre Coignard l'aperçut, il
lui demanda, d'un air embarrassé, s'il n'était pas le
sieur Dumoulin, ajoutant qu'il avait besoin de papier
sur Toulouse. M. Dumoulin, remarquant son trouble,
lui dit qu'il n'en avait pas, et demanda qui il était.
Pierre Coignard, après avoir balbutié, donna un domicile en l'air, et pria le sieur Dumoulin de l'y accompagner. Pendant que le banquier rentrait chez lui pour
prendre son chapeau et ordonner à son domestique
de le suivre, Coignard s'enfuit, et remonta en voiture
avec Carette, en recommandant au cocher de bien
fouetter, et d'aller rue de Cléry. S'apercevant que
M. Dumoulin et son domestique les suivaient de très-
près, Coignard ouvrit la portière et prit la fuite ; ses

camarades se sauvèrent du côté opposé, mais Lexcellent, moins leste que les autres, resta prisonnier.

Le premier soin de Coignard fut de courir rue Saint-Maur, où il demeurait avec sa femme, et de s'informer si on avait vu Lexcellent (1). Rosa Marcen lui dit que cet homme n'était pas rentré. Coignard en conçut de vives alarmes, et déclara qu'il n'y avait rien de mieux à faire que de quitter le logement au plus vite. Pendant qu'on faisait les paquets, Coignard vit arriver de loin le commissaire, et ne jugea pas à propos de l'attendre. Il se sauva par la croisée, en emportant tous ses faux papiers, et une boîte remplie de bijoux que Rosa Marcen lui remit par la fenêtre.

Le commissaire, après avoir éprouvé quelque difficulté à se faire ouvrir la porte, entra enfin, s'adressa à Rosa Marcen, et demanda si elle connaissait le nommé *Carelle* (sobriquet pris par Coignard). Rosa Marcen déclara ne pas connaître cet individu, mais fit sonner bien haut le nom de Pontis de Sainte-Hélène, son mari. Il n'en fallut pas davantage pour fortifier les doutes de la police, car on se rappelle comment le soi-disant Pontis de Sainte-Hélène lui avait échappé.

Mais les perquisitions du commissaire de police pro-

---

(1) Lexcellent, arrêté sur-le-champ, avait indiqué son domicile ; et comme il était le principal locataire de la maison rue Saint-Maur où logeait Coignard sous le nom de Carelle, ses déclarations mirent sur-le-champ l'autorité sur des traces perdues depuis long-temps. Il paraît que Coignard en garda rancune à Lexcellent, qu'il considéra comme la cause de son arrestation, et que c'est à cela que l'on doit attribuer l'altercation qui s'éleva entre eux à l'audience ; altercation si violente, que les gendarmes eurent de la peine à la réprimer.

curèrent des résultats bien plus importans encore que ceux qu'on attendait; car non-seulement c'était l'officier supérieur de Pontis qui, sous le nom de Carelle, se trouvait être désigné comme le chef de la bande, mais encore on découvrit bientôt, dans un cabinet, un atelier complet pour la fabrication des fausses clefs et des instrumens à voleurs. On se repentit de n'avoir pas arrêté d'abord *madame la comtesse de Sainte-Hélène,* qui s'était hâtée de prendre la fuite; cependant on soupçonna qu'elle n'était pas loin, et l'on fit des recherches dans les vignes qui dominent le pavillon de la rue Saint-Maur. Son bonnet, aperçu à travers les ceps et les échalas, la fit découvrir.

Il restait à faire la capture la plus importante, celle du faux comte de Sainte-Hélène. On soupçonna avec raison que Coignard, inquiet du sort de Rosa Marcen et de ses affidés, viendrait le soir rôder autour de la maison. Une embuscade fut dressée en conséquence; toutes les précautions furent prises pour éclairer ses démarches et celles du nommé Soffiet qui était resté avec lui. En effet, Coignard et son camarade se présentèrent le soir, en arrivant par un long détour, et marchant avec une extrême circonspection. Les agens de police avaient placé une lumière dans la chambre habitée par Rosa Marcen; ils firent même entendre un coup de sifflet qui acheva de persuader à Coignard qu'il avait pris l'alarme mal à propos, et que ses amis étaient restés en possession du logement. Soffiet et lui descendirent jusqu'à la rue Ferdinand, où ils furent entourés et saisis par les agens de police.

Une circonstance de cette accusation devient ici bien plus terrible pour Coignard, à cause de son état de récidive. Il a dirigé sur les hommes qui l'arrêtaient, *de par le Roi,* deux coups de pistolet, dont l'un a raté, mais dont l'autre a fracassé et traversé de part en part la main du nommé Fourchet.

«On saisit sur Coignard, outre une paire de pistolets de poche, deux châles de cachemire, dont l'un fut reconnu pour provenir d'un vol. Il avait caché dans une de ses bottes 3,200 francs en or; enfin on découvrit sur lui une montre d'or volée, et la croix de la Légion-d'Honneur du général espagnol Marti. »

Si l'on en croit les révélations d'un de ses compagnons de captivité à la Force, Coignard, dans l'épanchement de sa confiance, aurait, pour la première fois, démenti la présence d'esprit qu'il a soutenue pendant un aussi grand nombre d'années. Se promenant un matin dans une cour de la Grande-Force, il aurait dit au nommé Dégend : « Vous voyez bien cet exhaussement de muraille; hé bien! il a été fait *pour moi...* Je veux dire pour ce fameux Coignard avec qui on cherche à me confondre : c'est par là qu'il voulut s'évader il y a quatorze ans.

« Les moyens de défense des prévenus, dit l'accusation en terminant, consistent en partie dans des dénégations. Coignard, en dépit des arrêts et de l'évidence, soutient qu'il n'a pas eu d'autre nom que celui de Pontis de Sainte-Hélène. Rosa Marcen proteste qu'en supposant Coignard coupable, elle ignorait ses mauvaises actions, et se défend avec énergie du chef d'accusation qui la concerne plus particulièrement. Si elle est allée chez le général Marti, c'est pour des motifs très-louables qu'elle explique ; elle n'a pu supposer qu'Alexandre profitât de l'occasion pour recueillir des empreintes et étudier les localités. »

M. Hamelin, organe du ministère public, prend la parole, et soutient les points principaux de l'accusation. Pendant son discours, Rosa Marcen garde une contenance modeste ; ses yeux sont constamment baissés : son extérieur est agréable, et son costume est élégant, quoique simple. Pierre Coignard, qui depuis le procès en identité avait laissé croître ses favoris, a une contenance fière et martiale ; sa voix est forte et impérieuse, et ses regards sont très-animés.

Coignard est le premier soumis au débat ; et malgré ses menaces de jouer le *muet volontaire,* il se dispose à répondre aux interpellations de M. le président.

Dem. Pierre Coignard, d'après les faits que vous venez d'entendre, vous êtes accusé de faux. — *Rép.* Je ne suis pas Coignard, je suis André-Pierre de Pontis, comte de Sainte-Hélène.

M. le président. Par arrêt du 20 juillet dernier, qui a l'autorité de chose jugée, vous êtes Pierre Coignard ; c'est sous cette dénomination que vous devez répondre ? — *Rép.* J'ai été jugé sur les dépositions de quelques galériens. De pareils témoignages ne peuvent anéantir ni mon état, ni mes titres, ni mes états de service qui constatent qui je suis.

Dem. Vous avez usurpé ces titres ; les états constatent des faits faux : vous étiez au bagne à Toulon à l'époque où, d'après vos états de service, vous étiez dans tel ou tel corps en Amérique? — *Rép.* C'était Coignard, et non pas moi : je l'ai connu, ce malheureux; je lui ai rendu quelques services; il est mort.

M. l'avocat général. Vous étiez officier dans un corps de partisans espagnols, quand, après avoir été fait prisonnier par les Français, le maréchal Soult vous donna un grade dans son armée; vous étiez muni de plusieurs états de service; mais le maréchal, ni qui que ce soit, n'a vérifié s'ils vous appartenaient, ni s'ils étaient vrais : vous les avez usurpés.

Coignard. Ils étaient à moi, comte de Sainte-Hélène. Qu'on me montre un autre comte de Sainte-Hélène que moi. Personne dans Paris, ni vous non plus, ne peut croire que je sois Coignard.

Me Millot, défenseur du prévenu, après être convenu que l'arrêt du 20 juillet devait avoir autorité de chose jugée, soutient qu'il s'agissait alors d'identité, mais que la question actuelle n'est pas la même, qu'il s'agit de faux, et non de personnalité.

La Cour, après avoir délibéré, ordonne que Coignard sera tenu de répondre sous cette dénomination; mais, malgré cet arrêt, le prévenu n'en continue pas moins à crier à l'injustice, qu'il est véritablement le comte Pontis de Sainte-Hélène. On passe à l'audition des témoins, qui se trouvent être au nombre de quatre-vingt-seize; leur grand nombre, le peu d'importance des dépositions de la plupart d'entre eux, nous feront passer rapidement sur cette partie de la procédure. Parmi les six témoins entendus à la première audience, deux n'ont rien dit qui puisse éclairer l'affaire, et il résulte des déclarations des quatre autres, qu'ils auraient été sollicités pour concourir aux attestations sur lesquelles a été délivré le certificat de notoriété publique dont il a été déjà question dans le procès en identité.

A l'ouverture de la seconde audience, M. le président adresse au principal accusé la question suivante (1) :

Pierre Coignard, est-ce vous qui avez fait obtenir à votre coaccusé Lenormand une pension de retraite de 3oo fr., sur de faux états de service? — *Rép.* J'ai déjà eu l'honneur de dire à M. le président que je me nomme de Pontis, et que je ne répondrai pas au nom de Coignard. La mort serait là, que je ne changerais pas de langage.

Afin de tout concilier, M. le président n'adresse plus la parole à Coignard qu'en l'appelant *premier accusé.*

Lenormand, interpellé lui-même sur ce fait, raconte avec une naïveté remarquable par quel fatal concours de circonstances il se trouve compromis dans le procès. Après avoir servi sous Louis XVI, il eut le bras percé de part en part : alors il était encore sous les drapeaux du roi martyr. Plus tard il reçut en Espagne d'autres blessures. *Enfin,* dit-il, *ce n'est pas ma*

---

(1) Voir la notice, où ce fait est consigné. Lenormand était l'un des contemporains de la fortune de Coignard, et probablement il avait intérêt à acheter son silence, car il est difficile d'expliquer autrement qu'il ait employé son crédit pour faire obtenir une pension à Lenormand, qui n'y avait aucun droit.

faute si le conseil d'administration du corps a rempli une petite lacune dans ses états de service, en disant qu'il avait été fait prisonnier à la Jamaïque, puis sergent-major, puis volontaire royal, etc.

Coignard. A l'époque où vous avez passé à la visite, je n'étais plus président du conseil d'administration du corps, j'étais occupé à instruire et former la légion de la Seine.

Lenormand. C'est vrai, mais vous m'avez recommandé à M. B***.

Coignard. C'eût été contre mes principes, car M. B*** est un *Suisse,* et je n'ai jamais aimé les étrangers (1). Ici l'accusé entre dans les détails de sa vie militaire; il rend compte, avec emphase, des grands services qu'il a rendus en pays étranger; il en appelle à ses *vertus guerrières,* de l'outrage qui lui est fait depuis treize mois, et cela avec tant de chaleur, que M. le président l'engage à s'exprimer avec plus de calme.

« Que voulez-vous? dit-il; je parle comme un soldat. Vous remplissez vos devoirs de président; moi je suis militaire au fond du cœur. Je n'aurais pas tant fait de *belles choses* si j'eusse exercé la profession d'avocat ; mais il semble que je sois ici un bouc de malédiction ; on veut que je sois l'auteur de tous les faux, de tous

---

(1) Un motif de retenue, que le lecteur appréciera, nous porte à taire le nom de l'officier supérieur qui, sur la recommandation de Coignard, homologua les faux états de service de Lenormand : quant à la boutade *nationale* de Coignard, qui dit ne pas aimer les étrangers, nous laissons au mépris public le soin d'en faire justice.

II.   18

les vols qui se sont commis dans Paris. Je dévoilerai les brigands, les monstres qui me persécutent..... Je ne parle pas de M. le préfet de police, qui est un fort honnête homme, mais des subalternes, des misérables qui..... » Ici M. le président invite de nouveau Coignard à se modérer; celui-ci s'écrie : Hé bien! pour aller plus vite, envoyez-moi au cachot, et faites-moi mettre tout de suite la chaîne au cou.

M. *Prévost,* ancien chef de division au ministère de la guerre, et dont Coignard se disait le cousin, dépose des relations qu'il a eues avec l'accusé, et rappelle la manière adroite dont il s'y est pris pour se faire passer pour le cousin de son épouse, qui était une demoiselle de Pontis. On remarque que jusqu'ici cette déposition est la seule qui n'a pas été contredite par Coignard. M. Prévost ajoute que l'accusé lui présenta Rosa Marcen, non-seulement comme sa femme légitime, mais comme la fille du *vice-roi de Malaga.*

Coignard. M. Prévost a trop d'esprit pour ne pas reconnaître qu'il commet ici une erreur; jamais il n'y a eu de vice-roi à Malaga. Mais où est Mme Prévost? je désirerais qu'elle fût entendue (1).

M. le président. Elle est malheureusement décédée.

Coignard. Ah, mon Dieu! que m'apprenez-vous

---

(1) On remarque que c'est la seconde fois, depuis ses deux derniers procès, que Coignard réclame les dépositions de deux témoins à charge dont les déclarations auraient été foudroyantes pour lui, certain que tous les deux avaient cessé de vivre : quant à son exclamation en apprenant, de la bouche de M. le président, la mort de madame Prévost, que d'ailleurs il ne pouvait ignorer, elle est d'une effronterie sans exemple.

là ! cela me fait mal ; j'étais fort attaché à Mme Prévost.

Pressé de questions sur les fables qu'il a débitées à M. Prévost afin d'établir sa filiation, fables qui ne concordent en rien avec celles qu'il a débitées devant le tribunal, il s'excuse sur le trouble que lui a causé la nouvelle de la mort de Mme Prévost ; cependant il reprend bientôt sa véhémence et son aplomb ordinaires, et répond à toutes les questions embarrassantes : « Ce sont là, dit-il, de malheureuses chicanes qu'on me fait depuis un an, et qui dévoilent bien les intrigues de la police. »

M. *Sergent de Champigny*. C'est chez lui qu'a été commis le premier vol considérable qui fait l'objet de l'accusation, et dont nous avons déjà rapporté les principales circonstances dans la Notice préliminaire. Le témoin ne reconnaît plus aussi affirmativement qu'il l'avait fait d'abord, le flacon de cristal et le peigne d'écaille qui ont été trouvés chez Coignard. L'argenterie et une quantité d'objets volés le même jour ont disparu. Aucun des accusés qu'on soupçonnait d'avoir pris part à cette expédition, pendant que Coignard gardait M. de Champigny à vue, ne convient d'en avoir fait partie.

Il en est de même d'un second vol commis rue de Bondy, chez mademoiselle Lefebvre, avec laquelle Rosa Marcen était, à force d'intrigues, parvenue à se lier : trois de ses effets, un châle de cachemire, un bracelet et une montre, trouvés au repaire commun, sont reconnus par cette dame. Les accusés, interpellés tour à tour sur l'origine de ces objets, ne disent rien de semblable ; mais Coignard, qui n'est jamais en défaut, assure les avoir achetés d'un Espagnol nommé *Rodrigo*. Mais d'où le connaît-il ? Où demeure ce Rodrigo ? C'est encore un personnage mystérieux, invisible, dont Coignard ne peut indiquer ni l'état, ni la demeure. Embarrassé par les questions que M. le président fait ressortir de tant d'impostures patentes, il s'emporte en injures contre le témoin ; injures étrangères à son témoignage. M. le président lui ordonne de se taire, et Coignard s'écrie : Puisqu'on veut gêner ma défense en m'empêchant de faire connaître le degré de confiance que mérite le témoin, je m'oppose à ce que désormais mon avocat prenne la parole ; quant à moi, je ne répondrai plus à aucune des interpellations qui pourraient m'être adressées.

Cependant, malgré cette déclaration solennelle, il rompt bientôt son engagement, au point de vouloir répondre pour une autre accusée, la fille Laurent, concubine d'Alexandre Coignard, que l'on interrogeait. M. le président ordonne, suivant la loi, qu'il sorte pendant la déclaration de sa coaccusée. « Je ne veux plus revenir, dit Coignard ; faites-moi conduire au cachot. »

A son retour, il n'en donne pas moins de longues explications ; mais, quelle qu'en soit la prolixité, elles ne semblent en rien atténuer l'accusation qui pèse sur lui, et dont chaque témoignage nouveau rend la vérité plus accablante.

La séance du lendemain est encore consacrée à l'audition des témoins à charge ; M. le général espagnol Marty paraît à la barre : il ne déclare rien qui établisse positivement la culpabilité de Pierre Coignard. Quant à ce qui concerne Alexandre et Rosa Marcen, prévenus d'être les auteurs du vol commis chez lui, il n'exprime encore que des doutes ; mais, ce qui est accablant pour les accusés, c'est qu'on ait retrouvé, au dépôt central de la bande Coignard, des objets que M. Marty reconnait pour lui appartenir.

Rosa Marcen, interrogée sur les faits qui déposent contre elle, convient d'avoir rendu au général espagnol une visite intéressée, puis celle du jour de l'an ; mais bien que cette époque soit précisément celle d'où date le vol dont se plaint le général Marty, elle affirme y avoir été totalement étrangère : « C'était à *bonnes intentions,* dit-elle, et je me rendis chez M. Marty, à pied et non en voiture. »

La tentative de vol, rue de la Paix, chez M. Richard de Montjoyeux, banquier, paraît établie d'une manière irrécusable, contre Alexandre Coignard, par la déposition du sieur Petit, domestique du banquier, qui surprit l'accusé dans le bureau où se trouve la caisse. Alexandre soutient qu'il y a eu *quiproquo,* et qu'il n'est pas le même homme que le témoin Petit a surpris dans l'intérieur des bureaux de la maison de banque. Petit affirme reconnaître le prévenu pour être celui dont il s'est emparé, et qui l'a blessé grièvement en essayant de lui échapper. Cette déposition est d'ailleurs fortifiée par la déclaration des personnes qui ont aidé Petit dans l'arrestation d'Alexandre Coignard : toutes affirment le reconnaître pour être celui qui les priait de ne pas le perdre.

Mademoiselle Lefebvre. Ce témoin, qui a déjà paru à l'audience précédente, à l'occasion d'un vol commis chez elle, dont elle croit Rosa Marcen coupable, met sous les yeux du tribunal l'autre partie de bracelet, dont le fermoir s'ajuste parfaitement à la partie exposée comme pièce de conviction. MM. les juges et les jurés vérifient le fait, et pendant cette scène muette on remarque la consternation la plus profonde sur le visage de Pierre Coignard et sur celui de sa concubine.

On passe à l'audition des témoins destinés à constater le chef d'accusation qui pèse sur la bande entière, celui qui se rapporte au vol tenté chez M. Dumoulin, rue du Sentier; expédition fatale à toute la troupe de Coignard. Le fait seul de l'arrestation de Lexcellent, des découvertes faites par le commissaire de police rue Saint-Maur, détruisent les dénégations de Coignard et de Soffiet, qui, comme on le sait, étaient parvenus à s'échapper par la portière du fiacre où Lexcellent, moins ingambe, avait été arrêté. Mais ici l'accusation, déjà très-foudroyante, semble encore acquérir, en ce qui concerne Pierre Coignard, une nouvelle gravité. On se rappelle qu'au moment où il fut arrêté il tira un coup de pistolet sur un agent de police qui voulait s'emparer de lui, et lui perça la main de part en part. Les dépositions des témoins de cette scène, qui d'ailleurs eut lieu à onze heures du soir, dans les ténèbres, établissent qu'il y eut deux détonations; de sorte que, comme il semble prouvé que Coignard ne tira qu'un seul coup, celui-ci prétend que l'agent de police ayant tiré le premier, il lui riposta. C'est ainsi qu'il espère établir le cas de provocation, à l'aide duquel il se soustrairait à la prévention d'homicide volontaire. Un fait assez remarquable, et tout à l'avantage de Coignard, c'est que l'agent de police qui a reçu cette blessure ne s'est pas présenté aux débats.

Les témoins à charge sont tous entendus : il ne reste donc plus que ceux produits par les accusés. On remarque qu'ils sont peu nombreux, et qu'en général ils ont été produits la plupart par Pierre Coignard. Ils s'accordent tous à vanter les services militaires du principal accusé; ils le présentent comme un officier plein d'honneur et de loyauté; mais en général ces témoins ont peu connu Coignard dans sa vie privée. C'est donc sur l'officier supérieur qu'ils donnent des renseignemens, et tout ce qui paraît résulter des nombreux éloges que reçoit à l'audience le lieutenant-colonel de Pontis, c'est qu'en lui se rencontraient deux personnages distincts : l'homme de parade, extérieurement fidèle aux devoirs de son emploi : c'était Pontis de Sainte-Hélène; et l'ex-forçat, faisant servir à son atroce cupidité les distinctions honorables dont il était revêtu, employant tous les instans de la vie intérieure à combiner des ruses et des forfaits : c'était alors Pierre Coignard.

Après plusieurs dépositions de peu d'importance, la liste de tous les témoins étant épuisée, la parole est donnée à M. l'avocat général.

Dans un discours que nous regrettons de ne pouvoir mettre sous les yeux de nos lecteurs, il présente au jury un exposé exact des faits résultant des débats. Il soutient les trois chefs d'accusation relatifs aux faux

attribués à Coignard, attendu que cet accusé a fait
usage de certificats de service, sachant qu'ils conte-
naient des faits faux; par exemple, sa présence à telle
armée, à telle bataille, pendant qu'il était à cette
même époque au bagne de Toulon, fait constaté par
l'arrêt du 20 juillet sur l'identité de Coignard; attendu
qu'il a également fait usage d'un acte de notoriété publique, sachant qu'il était faux, puisqu'il avait suborné
les signataires; enfin, attendu qu'il avait contribué à
faire délivrer à Lenormand des états de service faux,
pour lui faire obtenir une pension de retraite militaire.

M. Hamelin fait valoir les chefs d'accusation relatifs
aux vols commis chez mademoiselle Lefebvre et chez
le général espagnol Marty, en s'appuyant sur ce qu'on
avait trouvé au domicile de Coignard une partie des
objets volés, et que celui-ci ne pouvait indiquer d'une
manière satisfaisante comment ces objets étaient parvenus en sa possession.

La tentative de vol chez M. Richard de Montjoyeux
lui semble établie par l'unanimité des dépositions contre Alexandre Coignard, et par son chapeau trouvé
dans la pièce de la caisse, et par la reconnaissance
même qu'il a faite de ce chapeau.

Suivant le ministère public, il est demeuré constant
au procès que le cabinet où l'on a trouvé des instrumens propres à la fabrication de fausses clefs est commun aux accusés Pierre Coignard et Lexcellent.

M. l'avocat général abandonne l'accusation relative
au vol commis chez M. Sergent de Champigny et à la
tentative chez M. Dumoulin; enfin, il s'en remet à la

prudence du jury, du soin de prononcer sur l'action de l'homicide, qui ne lui paraît pas suffisamment établie.

Me Millot, défenseur de Coignard (Pierre), succède à M. Hamelin, immédiatement après un incident sur lequel nous reviendrons en terminant ce procès. Ce jeune avocat, dans un plaidoyer fort de moyens et de méthode, soutient, en citant à l'appui de ses argumens les articles du Code y relatifs, que les faux imputés à son client ne sont pas des faux de caractère authentique; qu'on ne doit voir tout au plus en eux qu'un délit qu'on doit assimiler à celui d'usurpation de titres. Il soutient également que des effets volés, quoique trouvés au domicile des accusés, ne prouvent rien contre eux, à moins qu'on ne prouve légalement qu'ils ont été les auteurs du vol; qu'on ne peut tirer contre Coignard d'induction défavorable de ce qu'il ne pouvait représenter l'Espagnol Rodrigo, de qui il les avait achetés.

« Si la police, dit l'avocat, si la police elle-même n'a pu représenter l'agent Fourchet, qui a figuré comme combattant corps à corps avec Coignard, il n'est pas étonnant qu'un prisonnier ne puisse retrouver son vendeur. »

Me Millot cherche à établir, par une série de raisonnemens présentés avec beaucoup d'art, que le cabinet où étaient les instrumens appartenait à Lexcellent, et que la présence de Coignard dans cette maison ne le constituait pas complice de ceux qui les y avaient déposés. Enfin, après avoir rendu hommage à la loyauté de M. l'avocat général, qui n'a pas trouvé, dans l'ensemble des faits ni des preuves testimoniales produites aux débats, la possibilité d'accuser Coignard d'homicide volontaire, il peint à grands traits les horribles vexations que les agens de police font souffrir aux malheureux qui tombent entre leurs mains.

L'avocat termine son plaidoyer par une énumération succincte et brillante des services rendus à la patrie par son client, et déplore le concours de circonstances qui l'a mis dans la nécessité de prêter l'appui de sa toge à celui qui long-temps prêta à la France le secours de son épée.

Me Lami, chargé des intérêts de Lenormand, présente en peu de mots la défense de ce malheureux, dont, dit-il, tout le crime est d'avoir connu Pierre Coignard.

Me Dupin jeune, qui, dans le procès en identité, avait porté la parole pour le principal accusé, défend avec chaleur, dans cette nouvelle action judiciaire, Rosa Marcen. « On vous a fait sur son compte mille et une versions, dit-il : le fait est qu'elle était fille d'un propriétaire dont la fortune était suffisante pour soutenir ses enfans; elle n'a point été couturière. A la suite de l'invasion des Français, elle se sauva à Saragosse avec ses parens, qui périrent tous. Rosa Marcen, après le siége, fut protégée par un officier français; cet officier était M. de Pontis. Depuis elle a suivi sa bonne et sa mauvaise fortune, mais elle est constamment restée étrangère à tout ce que celui-ci a cru devoir entreprendre.

» On l'accuse de complicité dans le vol du général espagnol Marty; elle a été, dit-on, chez lui, avec

Alexandre Coignard, pour explorer les lieux. Il est prouvé qu'elle était allée chez ce général pour y avoir des lettres de recommandation pour son mari, qui voulait passer en Amérique. La complicité du vol commis chez mademoiselle Lefebvre est établie sur ce qu'elle avait un cadenas de corail qui faisait partie des objets volés; mais jamais Coignard, quand il faisait un cadeau à sa femme, ne lui rendait compte d'où il le tenait. Une femme ne soupçonne pas son mari d'être un voleur; d'ailleurs Coignard était un despote chez lui, et Rosa Marcen se serait bien gardée de lui demander quelle était l'origine des bijoux qu'il lui donnait. »

Me Dupin entre dans une multitude d'autres considérations, et termine son improvisation en recommandant à la bienveillance de MM. les jurés une malheureuse qui, pour prix de ses infortunes, aurait rencontré l'infamie sur le sol hospitalier de la France.

On entend, après Me Dupin, l'avocat de Lexcellent, Me Pinet, qui soutient la réputation que depuis longtemps il s'est acquise par ses plaidoyers et ses écrits; MMes Rigal, Lorrain, Maret et Guillemin lui succèdent, et ne mettent pas moins de chaleur dans leurs discours. Ces plaidoyers, presque tous improvisés, n'ayant point été recueillis, nous regrettons de ne les pouvoir produire. Nous faisons cette remarque, afin que leurs auteurs ne croient pas que nous aurions fait un choix des discours prononcés dans cet intéressant procès.

Le 26 juin, c'est-à-dire au bout de cinq jours d'audience, M. le président a prononcé la clotûre des débats;

et, après quatre heures de séjour dans la salle ordinaire de leurs séances, MM. les jurés font connaître le résultat de leur délibération sur les vingt-sept questions qui leur sont soumises.

Rosa Marcen, la fille Laurent, les nommés Lenormand, Soffiet et Carette sont acquittés.

Pierre Coignard est déclaré coupable de faux et de la plupart des vols, mais non coupable de tentative d'homicide volontaire sur l'agent de police qui l'a arrêté. Lexcellent, son principal locataire, est convaincu de la tentative de simple vol chez M. Dumoulin. Alexandre Coignard, frère de Pierre, est reconnu auteur de la tentative de vol chez M. Richard de Montjoyeux, avec les circonstances aggravantes, et notamment les violences qui ont laissé des traces de blessures et de contusions.

Les deux femmes, introduites les premières avec les trois hommes acquittés, montrent l'émotion la plus vive et versent des larmes abondantes. Lenormand et les deux autres ne dissimulent point leur joie. Le premier crie à plusieurs reprises : Vive le Roi! Vivent nos Princes!

Les deux frères Coignard et Lexcellent sont ensuite amenés par une forte escorte de gendarmerie; Lexcellent, qui, en se voyant lié au sort des deux principaux, craint d'encourir une peine aussi grave que celle qu'il leur croyait réservée, se livre au plus profond désespoir; cependant il se remet un peu de son abattement en entendant sa condamnation à cinq années de prison seulement.

Pierre Coignard montre une rare effronterie, mais son frère laisse apercevoir une profonde consternation en entendant la lecture de la délibération du jury.

M. l'avocat général ayant requis l'application de la loi, en citant les articles du Code, M. le président demande aux trois condamnés s'ils n'ont rien à dire sur l'application de la peine. Ici Alexandre Coignard intéresse l'auditoire en demandant de quelle peine il était menacé. M. le président, sans lui répondre, l'invite à consulter son avocat, et la Cour se retire pour délibérer. Pendant ce temps Pierre Coignard se penche sur le barreau, et demande aux avocats quel sort est réservé à lui et à son frère, on le lui dit à voix base;

« Ah! j'entends, s'écria-t-il, c'est l'effet de ce fatal arrêt de reconnaissance du 20 juillet... Il faut prendre son parti! »

La Cour rentre en séance, et prononce d'abord contre Pierre Coignard la peine des travaux forcés à perpétuité, de l'exposition au carcan et de la flétrissure des lettres T. P. Le condamné dit avec un rire sardonique : « On ne parviendra pas à flétrir ainsi tant de cicatrices honorables. »

M. le président ayant lu les dispositions de la loi applicables à Alexandre Coignard, et sa condamnation à la même peine que son frère, ce malheureux s'écrie avec l'accent du désespoir : « Messieurs les juges, vous allez connaître mon innocence, je vais nommer les coupables.

Pierre Coignard. C'est Carette qui vous a mis dans cette mauvaise affaire.

Alexandre Coignard. Oui , Messieurs, oui, sans Carette, je ne serais pas ici.

M. le président. Condamnés, vous avez trois jours pour vous pourvoir en cassation ; mais, dans tous les cas, vous devez subir votre arrêt avec le courage et la résignation que l'on doit éprouver quand on a été jugé par des hommes impartiaux, et condamné justement.

Pierre Coignard. Dites indignement, car je ne vous pardonnerai jamais l'arrêt du 20 juillet...

On croyait ce procès entièrement terminé, car la justice, dans son impartiale équité, avait prononcé sur le sort de chacun des accusés, lorsqu'on apprit, le sur-lendemain de la prononciation de l'arrêt, que Rosa Marcen, Carette et Soffiet n'étaient pas mis en liberté. Alexandre Coignard, dans le désordre de son désespoir, avait fait de nouvelles révélations, et, de son côté, le ministère public menaçait encore de ses foudres ces trois individus, pour des faits non compris dans l'acte d'accusation, et sur lesquels il avait été statué le jour même où l'arrêt de la Cour d'assises prononçait leur acquittement dans le procès principal.

Le 17 juillet ces trois accusés comparurent devant le tribunal de police correctionnelle, comme prévenus d'avoir procuré à Pierre Coignard le passe-port qu'il avait falsifié, et à l'aide duquel, sous le nom de Carette, il était parvenu à se soustraire pendant un certain temps aux recherches de la justice. Le ministère public conclut à cinq années d'emprisonnement et à cinquante francs d'amende contre chacun d'eux ; mais le tribunal, déclarant qu'il n'était pas prouvé qu'ils avaient agi *sciemment*, les renvoya de la plainte, et ordonna définitivement leur mise en liberté.

Il restait donc encore à connaître quel sort attendait le pourvoi que les frères Coignard avaient formé contre l'arrêt de la Cour d'assises; ce pourvoi ne se fit pas long-temps attendre, et le 31 juillet, malgré les efforts de M⁰ Millot, la Cour régulatrice confirma la sentence des premiers juges.

FIN DU PROCÈS DE PIERRE COIGNARD.

PROCÈS

DU CURÉ MINGRAT.

NOTICE

SUR MINGRAT,

EX-CURÉ DE SAINT-QUENTIN (ISÈRE).

Au mois de mai 1822, les rives de l'Isère vinrent révéler un crime qu'avait déjà fait pressentir la disparition subite d'une femme, modèle de vertu et de piété. En rapprochant les circonstances de cette disparition des indices sanglans qui avaient été remarqués, la rumeur publique désigna comme auteur de l'assassinat un homme que son caractère sacré aurait dû mettre à l'abri d'aussi terribles soupçons.

Après des informations prises avec tous les ménagemens dus à un homme revêtu du pouvoir spirituel, ces soupçons s'accrurent, la fuite de cet homme acheva de les accréditer, et des révélations tardives changèrent en certitude les présomptions auxquelles chacun ne s'était que difficilement abandonné. Toutefois, et malgré l'évasion du coupable, la justice n'en continua pas moins ses recherches investigatrices, et bientôt un arrêt, fondé sur les preuves les plus irrécusables, condamna à la peine capitale le prêtre assassin. Mais il était absent, et souriait, du bord des frontières, à son arrêt de mort. Il comptait sur l'impunité, et tout semble prouver qu'il n'en avait pas vainement fondé l'espérance.

La famille de la victime, qui avait trouvé d'équitables soutiens dans la magistrature, crut un instant que le misérable qui l'avait plongée dans le deuil avec tant de cruauté ne pourrait se soustraire au glaive de la loi, et que le gouvernement qui le recèlait se hâterait bientôt de le repousser de son sein. Hélas ! elle ignorait qu'il est des influences devant lesquelles l'autorité suprême est quelquefois forcée de fléchir, car ce n'est qu'ainsi qu'il est possible d'expliquer l'indifférence apparente avec laquelle les plaintes de la famille de la victime furent accueillies.

Aussitôt que MM. Charnalet et Gerin, qui avaient à déplorer, le premier la perte d'une épouse adorée, le second celle d'une sœur chérie, eurent acquis la certitude que leurs démarches pour obtenir l'extradition du curé Mingrat seraient inutiles, ils traduisirent devant l'opinion publique le misérable qui les avait si cruellement frappés dans l'objet de leurs plus chères affections, autant pour se venger de l'assassin que pour faire connaître les détails de son crime que l'esprit de corps ou la calomnie avaient plus ou moins altérés. A cet effet, M. Charnalet fit rédiger sur les documens produits au procès un *Précis historique* de l'événement, et M. Gerin, lâchement présenté par de coupables calomniateurs comme le fauteur de l'assassinat, bien que depuis long-temps il habitât loin de sa sœur, reproduisit en d'autres termes les circonstances du meurtre, en y ajoutant ce qui lui était personnel dans ce drame horrible, c'est-à-dire en vouant, avec une noble indignation, au mépris public ceux qui n'avaient pas craint d'attribuer à un homme vertueux le forfait dont il poursuivait la punition, de concert avec ses parens, par toutes les voies en son pouvoir.

C'est sur ces documens et sur les relations orales du sieur Gerin lui-même que nous tracerons l'histoire de ce procès, aussi célèbre par ses détails que par la mystérieuse protection dont l'assassin a été l'objet. Nous n'omettrons aucun des faits qui l'ont suivi, ni des nombreuses et brutales persécutions que Gerin lui-même a éprouvées lorsque, pour faire connaître dans toute sa hideuse vérité le curé Mingrat, il distribuait l'histoire des malheurs de sa famille. Mais, toujours fidèles à notre impartialité, nous défierons les susceptibilités les plus haineuses de rien pouvoir relever d'exagéré dans les réflexions qui résulteront de notre récit. Elles étaient toutes légitimes sous la plume des parens de la victime : le sang de leur épouse, de leur sœur, coulait encore lorsqu'ils écrivaient les circonstances de sa mort ; le meurtrier, placé sous une puissante égide, pouvait à son gré se jouer de leurs angoisses, braver leurs poursuites actives et insulter à leur malheur. Pour nous, que la vérité doit seule conduire, qui, par notre mission, devons rester étrangers aux passions même les plus légitimes, nous dépouillerons leurs récits des exclamations de la douleur. Les faits suffiront..... Mais avant d'aller plus loin, avant de retracer les détails d'un crime que tient encore flagrant l'impunité du coupable, disons comment se passèrent les premières années de la vie de Mingrat, et par quel fatal concours de moyens un homme si pervers a apparu un instant dans la chaire de la vérité.

Antoine Mingrat naquit à Grand-Lemps, petit village du Dauphiné, à quelques lieues de Saint-Quentin. Son père, qui exerçait la profession de charron, était assez mal famé. Enclin à l'ivrognerie, il ne travaillait qu'autant que les besoins de cette passion le lui commandaient; c'est pourquoi sa famille, composée de trois enfans, et qu'il ne secourait en rien, était pour la plupart du temps réduite au plus grand dénuement.

Son épouse, dont le caractère était un mélange d'ambition et de fanatisme religieux, ne pouvait réparer, par un exemple salutaire, la désastreuse influence qu'exerçait sur sa famille la conduite de son mari. Aussi les premières années de leurs enfans se ressentirent-elles de ce spectacle de désordres et de débordemens. L'un d'eux mourut en bas âge, et Antoine Mingrat et son frère furent tous deux destinés à l'état ecclésiastique. Nous nous bornerons à raconter ici ce qui se rattache au premier; il suffira de dire que le second fut chassé du séminaire après le crime de son frère Antoine, comme si le corps entier eût voulu faire oublier qu'il avait reçu dans son sein un homme si capable de le déshonorer.

Antoine Mingrat, négligé par son père, qui dut à ses excès de n'avoir aucune tendresse pour ses enfans, devint l'objet d'une affection maternelle plus faible que coupable. Aussi à mesure que se dévelop-

pèrent en lui les défauts qui devaient un jour le conduire au crime, l'astuce et la perfidie, elle s'efforçait de
se les cacher à elle-même; et cette étrange faiblesse,
qui n'avait point échappé à son fils, semblait l'encou-
rager à y revenir. Ainsi à l'âge où tout est encore innocence et naïveté, Mingrat connaissait déjà l'art de
feindre; il s'y appliquait même : on eût dit que l'astuce
était chez lui un calcul à l'aide duquel il croyait conserver l'empire qu'il exerçait sur l'autorité maternelle.

Sa mère, peu éclairée, essaya pendant quelque temps
d'être son institutrice; mais voyant ses efforts infructueux et Mingrat indocile à ses leçons, elle abandonna
bientôt son écolier; et celui-ci ne fut pas plus tôt soustrait aux devoirs qu'on lui imposait, qu'il se livra avec
ardeur au vagabondage, si doux pour un enfant qui,
comme lui, était parvenu à secouer le frein que la
prévoyance des parens les plus insoucians impose aux
enfans. On prétend que, loin de se livrer aux jeux de
son âge, il s'était établi le censeur de ses camarades :
il se faisait raconter leurs fautes, leur infligeait des
peines; et comme ces peines étaient un mal à subir,
de juge il se faisait correcteur. Ainsi se déclaraient ses
penchans à la cruauté, penchans que servait merveil-
leusement la force physique dont il était doué.

Mingrat, que les contemporains de ses jeux et de
son enfance ne pouvaient plus souffrir, Mingrat, haï de
tous, fut obligé de quitter Lemps pour suivre sa mère,
qui, réduite à la misère par l'inconduite de son mari et
son insouciance, partit pour Grenoble, emmenant avec
elle l'objet chéri de sa prédilection.

Arrivée dans cette dernière ville, madame Mingrat tenta, à force d'intrigues, d'obtenir un diplôme de sage-femme. Les démarches que nécessitait ce dessein la tenant presque constamment hors de chez elle, son fils se trouva de nouveau livré à lui-même ; et au milieu des pensées qui vinrent l'assiéger, il réfléchit, autant que son âge put le lui permettre, aux différens états qu'il pourrait embrasser. Comme il aimait à primer sur ceux qui l'entouraient, qu'il avait entendu sa mère parler avec déférence des gens d'église, il résolut de se vouer à l'état ecclésiastique ; et son imagination, d'ailleurs active, ne s'occupa plus que du soin de s'en assurer les moyens.

« Un jour, raconte un biographe, que son enthousiasme était à son plus haut période, il fit part de son projet à de jeunes filles chez la mère desquelles madame Mingrat prenait quelques leçons d'accouchement. Celles-ci s'offrirent de le tonsurer. Antoine en fut enchanté ; il courba son front, et bientôt ses cheveux tombèrent sous les ciseaux. L'opération terminée, il vole chez sa mère ; elle était absente. Il emploie cet instant à se composer un maintien doctoral, prend un livre et s'étudie à déclamer comme les prédicateurs qu'il entendait chaque jour : car, depuis sa nouvelle résolution, il fréquentait les églises ; et, comme on le voit, cette nouvelle habitude était chez lui moins l'effet d'un vrai zèle et d'une sainte piété, que celui d'un parti sordidement calculé. Il était dans cette attitude grotesque, lorsque la porte s'ouvre ; sa mère paraît, il court au-devant d'elle, et, d'un air de triomphe, lui montre sa tonsure. Madame

Mingrat, étonnée, demande la cause de ce qu'elle attribue à un accident. « Ah! ma mère, répond Antoine avec onction, on m'a fait prêtre! telle est la volonté du Ciel.» La mère, enflammée d'un saint courroux, vole chez les joyeuses tonsurières qui s'étaient fait un jeu du désir du jeune Mingrat; elle les accable d'invectives, crie au sacrilége, les accuse de s'être jouées des choses saintes, et sort en disant que son fils n'était pas digne de recevoir les ordres.

» Arrivée chez elle, madame Mingrat veut en vain faire entendre à son fils que l'on n'a fait qu'abuser de sa crédulité ; mais Antoine s'obstine, et lui jure que sa résolution est prise, que le Ciel lui-même l'appelle à la prêtrise, et qu'il suivra sa vocation en dépit de tout. »

Cependant les démarches de madame Mingrat, pour l'obtention de son diplôme de sage-femme, étaient infructueuses; elle se vit donc forcée de retourner à Lemps : elle y ramena son fils. Son mari, qui, par ses goûts et ses habitudes, goûtait peu les projets d'Antoine, le mit en apprentissage chez un peigneur de chanvre, d'où il fut bientôt honteusement chassé pour son incapacité, sa paresse et son indocilité. Ainsi, pour un instant, il avait vu s'évanouir les rêves de grandeur que son ambition s'était créés.

Sorti d'apprentissage, Mingrat fût encore retombé dans ces rêves et ces habitudes, si l'une de ses tantes, qui l'aimait tendrement, ne l'avait appelé près d'elle pour lui donner quelques idées d'une première éducation. La patience de cette affectueuse parente fut mise à de rudes épreuves, et la plus vive tendresse put seule triompher des difficultés qu'opposait à ses desseins le peu d'aptitude de son neveu (1). Mais à cette époque, Mingrat venait d'atteindre sa seizième année : son sort n'était point encore fixé, bien qu'il fût sans état et sans fortune. Sa mère, qui ne pouvait envisager sans effroi l'avenir que sa faiblesse avait réservé à l'objet de sa vive sollicitude, résolut d'intéresser en sa faveur une dame influente et riche chez laquelle elle était parvenue à s'introduire à force de soins assidus, et à l'aide des dehors religieux que lui donnait son fanatisme aveugle. Madame de V*** voulut voir Antoine; il lui fut présenté. Elle l'interrogea sur ses goûts, son éducation et ses habitudes; on parla de religion. Mingrat, nourri de l'envie d'arriver à l'état ecclésiastique, répondit avec assez de justesse ; et telle était déjà sa prévoyante adulation, qu'il ne parla-devant cette dame que de Dieu, de son divin Rédempteur ; et, pour achever encore d'édifier ses auditeurs, il faisait à chacun de ces mots un signe de croix.

Madame de V*** était très-pieuse, Antoine le savait; aussi mit-il en usage tout ce qui peut inspirer la piété la plus fervente ; pour se donner tous les dehors d'une vocation céleste. Il leva les yeux au ciel, s'écria avec enthousiasme : Ah ! si j'étais prêtre ! et ces mots plusieurs fois répétés ayant frappé cette dame, elle lui

---

(1) Mingrat, parvenu à la cure de Saint-Quentin, nomma cette bonne parente institutrice, et bien qu'il commît par cette nomination une sorte d'injustice envers sa devancière, la vérité nous fait un devoir de dire qu'au moins en cette circonstance il s'était une fois souvenu d'un bienfait.

demanda quel motif lui faisait désirer d'embrasser l'état ecclésiastique. Il lui répondit, comme à sa mère : *C'était la volonté du Ciel!*

Madame de V***, dupe de grimaces revêtues avec tant d'art d'un voile pieux, lui promit sa protection, et ordonna bientôt au chapelain de son château de faire entrer au séminaire de Grenoble cet homme appelé, suivant elle, à donner un nouveau lustre à l'état qu'il voulait embrasser.

Quel avenir pour Mingrat ! Combien cette promesse a ranimé ses espérances! s'il en croit ses rêves ambitieux, avant peu il aura atteint les sommités de la profession qu'il embrasse. Son imagination, devançant la marche des temps, lui fait traverser d'un seul coup tous les degrés de la hiérarchie ecclésiastique.

La mère d'Antoine lui dit adieu en pleurant de joie; son ambition, celle de son fils, seront satisfaites. Mingrat est sur la route de Grenoble, lui et douze enfans d'indigens que, comme lui, on destinait au sacerdoce; choix peu réfléchi, et auquel on a dû, plus d'une fois sans doute, de voir des prêtres, oubliant la sainteté de leur mission, tarifer les sacremens et les indulgences.

Il est à remarquer que, malgré les habitudes de son enfance, Antoine n'était pas effrayé de l'austérité dont le menaçait le séminaire ; c'était une gêne qu'il avait prévue, acceptée, et dont probablement il espérait un jour se dédommager amplement et impunément ; car, comme il le disait souvent : *Oserait-on attaquer la réputation d'un prêtre ?* Toutefois, et malgré sa prétendue vocation et ses soi-disant dispositions, Mingrat une fois installé, ne se distingua ni par son application, ni par sa conduite ; il possédait un seul art, c'était celui de s'insinuer, par de basses adulations, dans la confiance de ses supérieurs. Ce fut même à ce *savoir-vivre* qu'il dut d'être choisi comme l'agent secret des délations auxquelles ont recours presque indistinctement tous ceux qui gouvernent ou dirigent un grand nombre d'individus. Mingrat se servit de cette honteuse autorité pour dénoncer ceux qui l'emportaient sur lui par le savoir ou les qualités du cœur; et, comme s'il eût été nécessaire de récompenser largement celui qui se vouait à la délation, il obtint des priviléges exclusifs, des encouragemens nombreux, tels, par exemple, que de se soustraire aux rigueurs du cloître, en s'en éloignant des jours entiers, et passant dans des lieux de débauche des momens qu'il eût pu sans crime employer à d'honnêtes distractions.

Antoine passa de cette manière le temps de ses études; enfin il en vit arriver le terme, et le sacrement de l'ordre couronna tous ses vœux. Il célébra sa première messe dans l'église cathédrale de Grenoble, et sa bienfaitrice, madame de V***, accompagnée de sa mère, vinrent s'agenouiller devant l'autel où elles avaient élevé celui qui maintenant était en possession de leur répandre des bénédictions.

A l'issue de cette solennité, Mingrat, nommé à la cure de Saint-Aupe, s'empressa de se rendre parmi ses ouailles : c'est là qu'il commença sa vie scandaleuse, et que, infidèle à ses sermens, quoique toujours fidèle à son caractère vicieux, il révéla ses penchans par de nombreuses intrigues criminelles, et par l'abus de l'autorité dont on l'avait imprudemment revêtu.

Ne serait-ce pas bien ici le cas de présenter quelques réflexions sur les dangers qui résultent de la légèreté avec laquelle trop souvent on confie aux hommes l'auguste titre de ministre saint? Hélas! combien d'entre eux ont plus nui à la propagation du christianisme, que les déclamations de démagogues athées; les fidèles et les gens de bien mécréans, trompés par un prêtre criminel, ne seront-ils pas tentés de voir l'homme sous le manteau sacré, non pas aussi pur que notre faiblesse le comporte, mais l'homme avec ses penchans plus ou moins vicieux, comme lui sujet aux passions, à la haine, à la cupidité, à la vengeance? Pourquoi donc ne pas apporter au choix des élus une sévérité plus attentive? Elle eût suffi, n'en doutons pas, pour exclure de leurs adeptes le jeune Mingrat, alors qu'il n'apportait à son noviciat qu'une protection puissante, un esprit ardent et fougueux, une ambition déréglée, et tous les élémens d'un homme dangereux pour la société, quand même il n'aurait été appelé qu'à y figurer dans la condition la plus obscure. Ceux-là même qui le revêtirent d'un des pouvoirs les plus puissans que les hommes puissent conférer, sentirent bientôt qu'ils avaient été trompés par ses doucereuses apparences; mais le mal était fait, il avait, dans l'esprit des faibles, apporté la part de discrédit que l'individualité répand sur toute la masse, quand cette individualité se montre non-seulement faillible, peccable, mais encore criminelle. On tenta alors de nier l'existence du crime, ou de lui désigner un autre auteur ; soins inutiles, la victime était encore saignante, le meurtrier avait disparu, en laissant dans sa fuite des traces du sang qu'il avait versé (1).

Mingrat, établi à Saint-Aupe, ne força plus ses inclinations ni son caractère ; sa sentence favorite lui revint en mémoire : *Oserait-on attaquer la réputation d'un prêtre !* Son presbytère devint un lieu de scandale, et bien qu'il cherchât à cacher sa conduite, on connut bientôt ses intrigues clandestines. « Des époux désunis, des filles déshonorées, voilà, dit M. Charnalet, ce qui est resté de son séjour dans ce pays. »

Plus d'une fois, usant de la force extraordinaire dont la nature l'avait doué, il s'en fit un moyen de séduction auprès de celles qu'il ne pouvait vaincre par ses discours ; plus d'une fois aussi il dut à sa brutalité ce qui n'était réservé qu'à l'amour. En vain les habitans, indignés contre lui, le menacèrent souvent d'avoir recours aux autorités pour l'éloigner d'un pays où, au lieu de vertus, il n'avait apporté que de coupables exemples ; Mingrat riait de leurs menaces et ne changeait rien à sa conduite. « La terre est muette, dit l'historien de sa vie, les fosses du cimetière de Saint-Aupe ne se rouvriront jamais pour dénoncer ses délits... Dormez en paix, fruits infortunés des coupables amours

---

(1) Les curés de plusieurs communes de l'Isère annoncèrent au prône que Mingrat avait été reconnu pour innocent, et que le seul coupable était le frère de la victime. M. le juge de paix de Saint-Quentin affirma lui-même avoir eu connaissance de ces prônes scandaleux, et déclara en même temps qu'il avait employé son zèle à en réprimer l'audace.

de Mingrat; je ne veux point troubler le silence des tombeaux ! »

Cependant, et malgré son inconcevable audace, l'indigne curé de Saint-Aupe commençait à s'apercevoir que ses débordemens étaient venus à la connaissance de ses supérieurs; déjà il n'était plus tranquille, lorsqu'une nouvelle liaison avec la fille d'un de ses paroissiens ameutant contre lui les habitans, ceux-ci se portèrent en foule vers les autorités, et Mingrat reçut l'ordre d'abandonner son presbytère. Le curé de Mirebel lui écrivit à cette occasion une lettre de reproches à laquelle nous empruntons la phrase suivante, afin de justifier nos allégations: « Mettez, disait cet ecclésiastique, une montagne entre vous et les hommes. » Hélas ! Mingrat n'accomplit pas ce vœu; chassé de Saint-Aupe, il fut envoyé expier sa conduite à Saint-Quentin; ou, pour mieux dire, cet exil ressemblait à une disgrâce. Arrivé au milieu de ce nouveau bercail, il afficha une grande austérité de principes, voulant ainsi détruire les bruits qui l'y avaient précédé. Son caractère hautain se faisait surtout remarquer dans ses sermons. Fanatique par besoin de parvenir, il voulait soumettre à un Dieu de clémence et de miséricorde, par le despotisme le plus affreux. Quelques traits de sa carrière publique feront connaître sa grossière impétuosité.

« M. C...(1), habitant de Grenoble, visitait avec un

____

(1) Cette anecdote, racontée ici, a été communiqué par la personne qu'elle concerne.

de ses amis (presque privé de l'usage de ses membres),
l'église de Saint-Quentin; ils arrivèrent au moment où
Mingrat officiait. M. C... s'était agenouillé, mais son
ami ne l'ayant pu, se courbait respec tueusement;
Mingrat l'apercevant, s'écrie : *A genoux!* Le malade
s'efforce avec douleur de plier ses membres engourdis;
mais Mingrat, non content de son attitude, s'écria, le
visage enflammé de colère : *A genoux, ou point de
communion!* Comme il se disposait à exécuter ses
menaces, M. C... dit avec force : *Continuez, monsieur, tout le monde est prosterné!* Ce mot mit fin à
cette scandaleuse scène, et Mingrat acheva sa messe. A
son retour au presbytère, il trouva M. C... qui lui fit
les reproches que méritait sa conduite révoltante; mais
Mingrat le menaça encore : M. C... sortit de chez lui,
non sans lui avoir prouvé courageusement tout le mépris dont il était digne.

» Depuis son arrivée à Saint-Quentin, les danses, les
jeux, les plus innocens plaisirs étaient défendus. Le
jour de la fête du patron du lieu, la jeunesse s'étant
réunie, animée par la gaîté, elle crut pouvoir se permettre d'enfreindre les lois de son curé : on dansa. Mingrat les épiait; il monta dans le haut du clocher, et,
regardant par un trou, il fut le spectateur des plaisirs
qu'il avait défendus dans ses sermons. Les jeunes gens
s'aperçurent des menées du pasteur, et ne firent qu'en
plaisanter; Mingrat se promit bien de prendre sa re-
vanche : le dimanche suivant, rassemblant toute la force
de son éloquence, il commença la brillante péroraison
de son sermon par ces mots dignes de remarque : « Vous

avez foulé aux pieds les cendres de vos ancêtres qui sont là-bas au diable (1). » On juge de l'effet qu'a dû produire un sermon de ce genre.

A cette époque, Mingrat avait à peine atteint sa vingt-huitième année. Des cheveux noirs et plats, un front très-étroit, des sourcils épais, ombrageant un œil brun, sombre et faux ; un regard farouche, des lèvres épaisses, n'exprimant que la colère ou le dédain ; une taille élevée, massive et presque colossale : tel était au physique l'homme que la conduite la plus coupable avait jeté, pour leur malheur, au milieu des paisibles habitans de Saint-Quentin. Naguère encore heureux et tranquilles, ils attendaient d'un nouveau pasteur les consolations de la religion et les bienfaits des exemples de piété, lorsque celui qui devait exercer sur eux cette salutaire influence ne leur apportait que des germes de discorde et un cœur corrompu par les passions les plus honteuses. Toutefois il n'y avait point encore de victimes sanglantes de ses excès, et s'ils avaient déchaîné contre lui le mépris public, au moins ils n'avaient pas encore levé sur sa tête le glaive de la loi. Il avait en effet peu d'intervalles à franchir, une résistance vertueuse pouvait le rendre comptable de sa conduite devant la justice humaine, et faire regretter à ses pairs de ne point l'avoir interdit, lorsque, informés de ses débordemens par la clameur publique, Mingrat semblait préluder au dernier des forfaits. Son rigorisme extérieur, son austérité despotique, ne pouvaient leur en imposer :

---

(1) C'est un vaste et ancien cimetière, aujourd'hui place publique.

ou c'était un voluptueux qui, sous des dehors impos-
teurs, cachait les goûts les plus dépravés, ou l'un de
ces sectateurs des Saint-Barthélemy ou des Dragonnades
dont la naissance avait été une erreur de deux siècles.
Ainsi, soit prêtre imposteur ou fanatique, il n'en était
pas moins un fléau dangereux, un homme indigne de
la mission qui lui avait été confiée.

Nous avons dit que, pour armer la justice humaine
de toutes ses rigueurs, il ne fallait à Mingrat qu'une
vertueuse résistance. Cette circonstance se présenta, et
le coupable curé, sans respect pour la morale publique, ni pour les lois divines et humaines, irrité de
n'avoir pu avilir la vertu, se vengea en faisant couler
son sang.

A un quart de lieue de Saint-Quentin, au hameau
du Gît, paroisse desservie par Mingrat, vivait en paix
un couple fortuné, Étienne Charnalet et Marie Gérin.
Retiré du service en 1817, Étienne avait rapporté dans
ses foyers, avec ses souvenirs de gloire, des marques
distinctives de son courage et une médiocre aisance.
Là, comme récompense d'une vie consacrée à la défense du pays, il reçut la main de Marie, dont l'heureux caractère et les douces vertus semblaient promettre
à Charnalet une longue série d'années coulées dans la
plus parfaite félicité.

Marie, âgée alors de vingt-six ans, joignait aux plus
rares qualités une beauté parfaite.

Les époux vivaient dans la plus parfaite union depuis six ans, lorsque Marie perdit sa mère.

Religieuse par besoin, pieuse par sentiment, elle le

devint plus encore par cet événement. La voûte du temple sacré retentissait souvent de ses prières, et tel était son zèle pour le culte saint, qu'elle ne laissait jamais échapper aucune occasion de concourir à tous les soins qu'exigeaient l'entretien et l'arrangement de l'église. Ce louable empressement, qui lui conciliait tous les éloges, fut cause que le curé ne tarda pas à la remarquer. Elle était belle, Mingrat était passionné, il n'en fallut pas davantage pour qu'il résolût d'en faire sa proie ou sa victime. Pénétrer chez elle n'était pas difficile, la visite du curé est un honneur pour les paroissiens; chacun l'envie : hélas! Marie n'eut pas besoin de la désirer.

Bien souvent Mingrat, conduit par son amour, était venu chez elle pour l'entretenir de sa coupable passion; mais celle-ci lui faisait accepter les épargnes qu'elle destinait aux pauvres, et Mingrat, réduit au silence, trouvait dans la vertu de Marie un obstacle à ses desseins.

Depuis trois mois qu'il desservait la cure de Saint-Quentin, et qu'il roulait dans sa tête des projets de séduction, il n'était point encore parvenu à faire comprendre à Marie le véritable but de ses fréquentes visites, lorsqu'il apprit par elle, le 7 mai 1822, que l'on devait célébrer, le 9, à Veurey, village à deux lieues de Saint-Quentin, une première communion. Aussitôt son imagination s'enflamme, il entrevoit la possibilité de réaliser ses coupables projets. De retour chez lui, il s'empresse de rassembler les instrumens du sanglant sacrifice qu'il se propose de consommer.

Le 8 mai, Marie Gérin s'était occupée des soins de son ménage, et Mingrat, qui n'osait trop se hâter, attendait, avec une criminelle impatience, que le jour fût avancé pour prendre le chemin du Gît. Quatre heures ont sonné : il s'arrête non loin de la demeure de Marie, chez un sieur Bourdis, et afin que l'on ne soupçonne pas ses projets, il lui dit qu'ayant appris que madame Charnalet se rendait le lendemain à Veurey, il vient la charger d'une lettre pour le curé de cette paroisse. Le fils de Bourdis s'offrit d'accompager Mingrat jusque chez Marie ; celui-ci n'osant pas refuser, ils sortirent ensemble.

Marie était seule : elle les reçut avec franchise, et leur proposa quelques rafraîchissemens. Mingrat, que la présence de Bourdis contrariait, attendit, pour parler de l'objet de sa visite, que l'importun témoin l'eût laissé seul avec Marie ; il partit en effet bientôt, et le curé se réjouissait déjà de ce tête-à-tête, quand une nouvelle visite vint le troubler ; néanmoins il resta intrépidement jusqu'à ce que ce dernier venu se fût retiré. Enfin, pour la seconde fois, il est seul avec celle dont il médite le déshonneur ou la perte. Hasardera-t-il cet aveu ? non, tout peut le trahir ; le lieu n'est pas propre à l'exécution de ses desseins : c'est au presbytère qu'il l'attendra ; aussi ne parle-t-il que du voyage de Veurey, de la lettre dont il voulait charger Marie ; mais, comme on le pressent bien, il ne l'a pas sur lui. Marie viendra se confesser à Saint-Quentin, alors il lui remettra cette lettre : tout est convenu, Mingrat se réjouit d'avance de son succès. Cependant, avant de sortir, il eût désiré informer Marie de son amour; mais par quel moyen? quels termes employer? un seul se présente à son imagination en délire; c'est par les leçons que l'on puise dans les livres saints qu'il espère faire naître en son cœur la plus coupable pensée. L'ouvrage dont il lui fait la lecture traitait de l'amour du Créateur : l'infâme n'y voit que celui de la créature. Cependant, chose remarquable, en vain il s'efforce d'y commenter les expressions au profit du feu qui le dévore, Marie, édifiée et non séduite, n'a vu, dans les expressions du curé, qu'une ferveur apostolique qu'elle fait, dans son innocence, tourner au profit de son zèle religieux. Il en est de même des gestes significatifs dont il accompagne sa lecture, elle n'y voit rien de répréhensible, rien de coupable (1).

Cependant la lecture s'achève, Mingrat recommande à madame Charnalet d'être exacte au rendez-vous; celle-ci n'a garde d'y manquer; mais avant de se rendre à l'église, elle prévient les voisines du motif qui l'y conduit : elle va, dit-elle, à confesse. La malheureuse était loin de se douter qu'elle courait à sa perte.

La malignité de celles qu'elle avait prévenues de sa démarche, déjà instruites par le jeune Vial de la

____

(1) Ce fait a été rapporté au procès par un témoin nommé Vial, qui, intrigué de la longueur de la visite du curé, était venu se poster contre la fenêtre de la cuisine, où Mingrat se trouvait avec Marie. L'œil et l'oreille au guet, il s'amusa quelque temps de la déclamation passionnée et des œillades voluptueuses du jeune cafard; il vit bien que Marie ne le comprenait pas; mais il trouva ces signes si clairs, qu'il fut s'en divertir avec quelques voisines, à l'instigation desquelles il était venu surprendre la conversation du curé.

singulière conversation du curé, s'exerça tout à l'aise, et plusieurs ne craignirent pas de supposer au pasteur les intentions les plus coupables.

Il était cinq heures lorsque Marie arriva à la porte de l'église, où elle avait rencontré la servante du curé; elle se hâta d'y entrer. La première personne qu'elle y aperçut était une dame de Saint-Michel, ancienne religieuse, qui terminait ses prières. Marie lui demanda si le curé n'était pas venu encore la confesser, la dame répondit que non; et l'infortunée, en attendant son bourreau, fut se prosterner aux pieds de la statue de la Vierge.

« Madame Saint-Michel, dit la relation de cette funeste soirée, allait quitter l'église, lorsqu'elle aperçut au fond de l'église, à la porte du clocher, voisine de l'autel, un grand fantôme noir, ne présentant ni bras ni jambes, et paraissant surmonté d'un chapeau de forme triangulaire : le fantôme approche, ou plutôt s'élance vers Marie, mais s'arrête tout-à-coup, recule, et disparaît par la porte du clocher.

» Madame de Saint-Michel, tremblante, se hâta de quitter son banc; mais, en passant devant Marie, elle s'arrêta un instant afin de pouvoir l'avertir par un signe de fuir ce lieu qu'elle craignait déjà. »

Marie, occupée de sa prière, ne tint aucun compte de ce salutaire avertissement. Ce fantôme n'était autre que Mingrat, qui, caché dans un large manteau, était venu épier Marie, et s'était retiré précipitamment aussitôt qu'il avait aperçu madame de Saint-Michel.

Sûr alors d'être seul, il dépouille son lugubre accoutrement, et s'approche de Marie. Il ne la trouve pas, dit-il, mise assez décemment pour être confessée dans l'église (1). Il l'invite à l'accompagner au presbytère, il l'entendra plus paisiblement, et pourra lui remettre la lettre en question : prétexte odieux qu'avait enfanté sa délirante imagination. Marie, soumise et confiante, suit le faux pasteur.

Arrivée avec lui dans un arrière-cabinet, dont il ferma sur lui la porte, la malheureuse connut enfin l'homme qu'elle considérait comme devant être un respectable protecteur. Mingrat ne s'amuse point à des sollicitations auxquelles il était convaincu de voir Marie résister; il recourt à des moyens plus violens, plus énergiques : il saisit d'un bras vigoureux la tremblante Marie; un bâillon, dont sans doute il s'était déjà plus d'une fois servi, l'assure de son silence; il l'entraîne sur le lit de douleur, lit affreux, qui doit bientôt servir d'autel au sacrifice.

Il nous serait, pour ainsi dire, interdit maintenant de raconter cette scène de douleur et de honte, puisqu'elle eut lieu entre le bourreau et la victime. Néanmoins, comme tout a été éclairci par les débats, et que des faits racontés par la servante de Mingrat, et des inductions tirées de l'état du cadavre, il en est résulté, pour les juges de l'assassin eux-mêmes d'irrésistibles, évidences, hâtons-nous de tracer à la hâte ces débats odieux et déchirans.

---

(1) Les dépositions des témoins sur la toilette de madame Charnalet ne concordent en aucune manière avec les déclarations de Mingrat.

Le monstre, fatigué par ses vains efforts, tourmenté par le moment qui s'écoule sans voir son triomphe accompli, effrayé des cris prolongés et sourds de la malheureuse Marie, ne voit plus que l'impérieuse nécessité d'accélérer son dernier moment. Il lui serre la gorge d'un bras vigoureux, et, son genou appuyé sur sa poitrine, il appelle et attend son dernier soupir, qu'il suspend, l'inhumain, sur les lèvres de la mourante Marie, dont la vertu et le courage semblent survivre à ses forces éteintes. Ils ne furent pas vains ces gémissemens de mort! La servante, attirée par le bruit extraordinaire qu'elle avait entendu, était montée jusqu'à la porte, et avait, par ses cris, contraint Mingrat à abandonner un instant sa victime : « Ah, monsieur! dit-elle en apercevant son maître, l'œil hagard et en désordre, que vous m'avez fait peur! J'ai cru que vous alliez mourir.—— Taisez-vous, répond le curé en délire, taisez-vous; vous êtes une imbécille. » Puis il retourne, vers le lit où Marie expire, mêler les frissons de son atroce passion au râle effrayant de la mort... A sept heures et demie le crime était consommé, l'infortunée avait cessé de vivre...

Cependant le besoin de veiller à sa sûreté rappelle Mingrat à lui-même : il se résout à éloigner sa domestique indiscrète, et à cet effet il lui ordonne de porter un journal à un sieur Heurand, qui demeurait environ à quinze minutes du bourg. Cette fille, n'osant insister, prit le journal, feignit d'obéir, et comme tout ce qu'elle avait vu lui semblait extraordinaire, elle se borna à rôder autour du presbytère. On verra plus tard, d'après les dépositions de cette fille, que le curé ne l'eut pas plus tôt éloignée, qu'il courut au fatal cabinet, et que celle-ci, étonnée de l'y voir paraître, grimpa sur un portail qui le dominait, qu'elle fut surprise par son maître, et que son indiscrétion faillit aussi lui être funeste.

Pour cette fois, il fallut bien que la servante s'acquittât de la commission que Mingrat venait de lui recommander d'un ton menaçant; et celui-ci, profitant de ces instans pour préparer les moyens de faire disparaître le cadavre, se munit d'un couteau, de plusieurs ficelles, et se mit à dépouiller entièrement Marie de ses vêtemens.

Ces premiers soins terminés, il cache soigneusement les hardes de l'infortunée Marie, à l'exception de son mouchoir de cou; attache les deux pieds ensemble avec la plus longue des cordes; les deux bras sont également attachés, croisant sur la poitrine. Sur ces entrefaites la servante arrive, et contraint le curé à interrompre son affreux travail. Il interroge cette fille sur ce qu'elle avait vu. Celle-ci déclare tout ignorer : toutefois il ne lui en recommande pas moins le silence sur ce qu'elle avait pu entendre. Contre son ordinaire, le curé n'avait pas encore soupé. La domestique, n'osant toucher à la table, prit un livre de prières; elle était occupée à le parcourir, lorsque des cris redoublés se font entendre à la porte du presbytère. La servante stupéfaite reste immobile sur sa chaise, et Mingrat se présente lui-même à la porte du presbytère, en s'écriant brusquement : Qui est là?.... C'était l'époux de Marie, qui, accompagné de plusieurs parens, venait demander au curé s'il n'avait pas vu sa femme. Mingrat répondit que non. Cependant Charnalet persiste : on lui avait affirmé avoir vu Marie entrer à l'église à six heures du soir, et le curé, embarrassé, répond en balbutiant : « En effet, je l'ai vue dans l'église, où elle priait dévotement ; elle m'a demandé à être confessée : ce que j'ai refusé, à cause qu'elle n'était pas vêtue avec assez de décence... et depuis ce moment je ne l'ai point revue. » Puis il quitte brusquement Charnalet, comme s'il eût craint qu'une plus longue conversation ne le trahît, ou que le malheureux ne fût tenté d'entrer au presbytère.

L'époux de Marie retourne chez lui, espérant encore y retrouver sa femme. Vain espoir ! elle n'a point reparu. Il revient à l'église, parcourt tous les détours du temple saint, appelle Marie... Il était loin de soupçonner qu'elle était déjà loin de lui, et que désormais elle n'entendrait plus les accens de sa voix (1).

Nous avons dit que le jeune Vial avait été au Gît témoin de la visite du curé chez Charnalet ; il avait en outre appris, par madame de Saint-Michel, la présence de Marie à l'église ; il crut donc voir dans cet événement une aventure galante, et c'est pourquoi, accompagné de quelques jeunes gens, il se promit d'en saisir tous les fils. Il laissa repartir Charnalet, et se mit en sentinelle avec les siens près d'un mur attenant au presbytère. Retournons à Mingrat.

____

(1) Pendant que Charnalet se livrait à ces recherches, Mingrat était occupé à traîner le corps de Marie vers l'Isère.

Après avoir congédié Charnalet, il se débarrassa de sa servante, qui ne couchait pas au presbytère, et immédiatement après son départ il courut auprès du cadavre de Marie, puis, le soulevant avec force, il le descendit, par une fenêtre, au moyen de cordes, au pied du mur de la maison ; puis, cachant la lumière, il vint aussitôt dans la basse-cour, s'empara de la corde, et se mit en devoir de traîner le corps inanimé de la malheureuse Marie, sur les ronces et les cailloux, jusque vers l'Isère, à un quart de lieue de Saint-Quentin. Le temps était orageux ; la nuit, sombre, semblait protéger le scélérat de son obscurité. Mingrat arrive sur le lieu que l'on appelle la Roche, où deux marches pratiquées dans le roc présentent un obstacle à surmonter ; il s'élance au-delà des escaliers, tirant après lui le corps macéré, qui, en rebondissant, laisse sur les marches rocailleuses des lambeaux de chair et des cheveux ; vestiges délateurs, qui devaient bientôt servir à convaincre Mingrat de son crime.

Cependant de cet endroit aux bords de l'Isère il y avait encore un assez long espace à traverser. Mingrat, épuisé par les efforts qu'il avait déjà été obligé de faire, cherche un moyen de rendre plus léger son pénible fardeau ; alors tirant un couteau de sa poche, il porte son premier coup obliquement depuis l'épaule droite jusqu'au-dessous des côtes gauches, et partage tout le sein droit ; mais les membres du cadavre ne cédant point à ses barbares efforts, il change d'avis, attache le corps sanglant par une jambe au plus proche noyer, s'empare de l'autre jambe, et, par de nom-

breuses secousses, il tente vainement de séparer les
jambes du tronc. Trahi par les efforts de sa rage, il
a recours à un autre moyen; il retourne au presbytère (1), s'empare d'un couteau à hacher, à l'usage de
la cuisine, qui, d'après la déposition de la servante,
était entièrement rouillé, et revient à la Roche terminer son affreux ouvrage. Cette fois, il réussit au gré
de ses désirs; la partie frappée cède, les jambes sont
séparées du tronc; il les saisit et les lance dans un ruisseau voisin qui se jetait dans l'Isère. Il revient de nouveau sur le théâtre de son affreux charnier, se charge
du tronc, et le précipite bientôt dans le fleuve, en laissant, par un calcul horrible, sur les rives de l'Isère,
le mouchoir de cou de Marie, afin de faire soupçonner
que la malheureuse se serait noyée.

Tout est consommé. Le farouche curé croit avoir
anéanti à jamais les preuves de son crime; il se hâte
de retourner dans son repaire, afin d'achever de faire
disparaître les traces de l'assassinat; mais la Providence
ne permettra point qu'il les ensevelisse; elle lui fer-

---

(1) « Les jeunes gens qui s'étaient promis de pénétrer le secret du presbytère en avaient, après quelques instans d'attente, vu sortir Mingrat.
Enchantés de cette apparition, ils ne doutèrent plus que Marie ne dût
bientôt sortir; ils se dirent tout bas : «C'est lui ; » et, craignant que, s'ils
restaient tous cinq au même endroit, ils ne le perdissent de vue, ils se
séparèrent : chacun s'assigna un côté; mais nul d'entre eux ne pensa à
celui de la Roche, et, au lieu de le suivre, ils restèrent sur le même lieu
jusqu'à deux heures du matin, où fatigués par l'orage, la pluie et le som-
meil, ils quittèrent leur poste à point nommé pour laisser l'entrée libre
au scélérat. »

Ces éclaircissemens ont été fournis au procès par les cinq jeunes gens
eux-mêmes.

mera les yeux sur des irréfragables quoique muets témoins de la barbare action qu'il vient de commettre. Il se hâte donc de dépouiller sa soutane, et, la joignant aux vêtemens de la malheureuse Marie, il les fait consumer, et en jette les cendres dans une fosse d'aisance, qu'il recouvre de terre fraîche; puis il nettoie soigneusement le couteau à hacher, se rhabille proprement (1), et attend le jour, en s'efforçant de rappeler sur son visage l'aspect du calme et de l'innocence.

Mais, tandis qu'il prenait autour de lui tant de minutieuses précautions, le voile sanglant qui couvrait son assassinat allait se lever par degrés. Quelques instans avant le jour, Joseph Michon, laboureur à Saint-Quentin, passant sous la Roche, où Mingrat avait procédé à son atroce boucherie, aperçut une place à terre, de la largeur de deux pieds, couverte de sang fraîchement repandu, et près de là une corde ensanglantée. Effrayé, il s'approche, regarde autour de lui, et trouve quelques pas plus loin, au pied d'un noyer, une place semblable à la première : il examine avec plus d'attention, et découvre bientôt un couteau à manche noir, souillé de sang, et enfoncé dans la terre. Il se persuade alors qu'un crime a été commis au pied de ce noyer, et cette réflexion lui fait jeter précipitamment le couteau dans un buisson. Cependant, pensant bientôt que cet indice pouvait conduire à déceler

---

(1) Il a été constaté au procès que sa tante, absente de Saint-Quentin, ayant emporté la clef de son armoire, il ne put se pourvoir de linge, et qu'on aperçut le lendemain de l'assassinat, par quelques boutons de sa soutane qui s'étaient détachés, que Mingrat n'avait pas de chemise.

quelques indices lumineux, il le ramasse, le lave soigneusement, et retourne chez lui pour le renfermer.

Mingrat, au milieu des sombres pensées qui devaient l'agiter, et tout entier aux précautions qu'il convenait de prendre pour cacher ses horreurs, se rappelle bientôt qu'il s'est d'abord servi d'un couteau; il le cherche, il s'aperçoit qu'il l'a oublié. Saisi d'effroi, il vole sous la Roche, où il l'avait laissé, le cherche.... Il n'y était plus! La Providence avait ordonné cet oubli, et Mingrat, dans cette troisième sortie du presbytère, avait été aperçu par deux personnes, M. F*** et son gendre, bouchers de profession, qui passaient près de la Roche. Ceux-ci, intrigués de rencontrer le curé à cette heure en un semblable endroit, et surtout étonnés de son air inquiet, agité, le considérèrent avec soin, et vinrent examiner, immédiatement après son départ, les lieux que Mingrat venait de quitter. Quel fut leur étonnement en apercevant ces places ensanglantées! mais quelle fut aussi leur insouciance, de laisser au temps le soin d'éclaircir un mystère qu'ils devaient bien considérer comme renfermant un horrible secret (1)!

Le curé est de retour chez lui, et déjà il ne voit plus que la retraite qui puisse le dérober aux dangers qui le menacent. Sa servante arrive; c'est encore pour lui un souvenir funeste et une présence importune. Il l'appelle

---

(1) On lit dans le Précis historique publié par M. Charnalet, « que ces deux personnages n'ont point été appelés en témoignage lors du procès de Mingrat, et que leur découverte n'a été connue qu'après la procédure. » Quelles considérations ont donc pu les engager à ne pas informer la justice d'un fait aussi important?

à lui, et d'une voix menaçante il lui dit : « Qu'avez-vous vu?... répondez!.. » La malheureuse ne sait que dire : « Je n'ai rien vu, répond-elle en tremblant; j'ai entendu des gémissemens; j'ai cru que vous alliez mourir. » Cependant, en faisant le ménage, elle trouve le chapelet de la malheureuse Charnalet à moitié brûlé, et un pressentiment qu'elle ne peut s'expliquer à elle-même le lui fait déposer dans un trou du mur sous le hangar. Chaque pas qu'elle fait dans la cure lui découvre un mystère étrange et sinistre; elle n'y peut plus tenir : là, ce sont des cendres et quelques morceaux de linge brûlés à demi; ailleurs, de la paille encore ensanglantée; plus loin, un lambeau de chair; enfin le couteau à hacher, qu'elle savait être rouillé, est brillant; il n'est pas douteux pour elle qu'il ait été tout récemment nettoyé. Elle se résout donc à quitter un maître sur la conduite duquel, malgré la faiblesse de son esprit, elle conçoit d'horribles soupçons. Elle court le trouver pour lui annoncer la détermination qu'elle a prise : mais, tandis qu'elle se prépare à ajouter par ses naïves remontrances aux craintes qu'éprouvait son maître, le retour du jour a accumulé sur la tête du coupable des dangers que son audace ne peut atténuer.

Nous avons laissé le malheureux Charnalet en proie aux plus vives alarmes. A peine avait-il été de retour chez lui qu'il s'était mis en route pour Veurey, où le conduisait le faible et dernier espoir de trouver Marie. Qu'on juge de son désespoir! elle n'y avait pas paru. Il revient donc en toute hâte à la ferme du Gît, où déjà le bruit de la mort de Marie s'était répandu. Son mouchoir, trouvé sur les bords de l'Isère, fit croire au stratagème de Mingrat. Cependant était-il possible que l'infortunée eût pu se traîner jusqu'à la rivière après avoir répandu autant de sang qu'on en avait trouvé? car les deux endroits que nous avons indiqués avaient été aperçus des habitans. Néanmoins on ne s'arrêta point à toutes les conjectures, à toutes les inductions qu'on aurait pu tirer de cet événement, et la cousine de Marie , suivie de quelques voisines, fut trouver Mingrat, qui se promenait gravement en lisant son bréviaire. « Ah! M. le curé, lui dit la crédule cousine, si vous l'aviez confessée, comme elle le désirait, peut-être l'eussiez-vous détournée de son fatal projet! —Je la vis en effet hier dans l'église, répondit l'hypocrite; elle priait dévotement. Elle vint à moi, me témoignant le désir d'être confessée ; mais, la voyant mise peu décemment, lui trouvant d'ailleurs l'œil hagard, je la renvoyai à un autre jour. Je suis bien aise, au con. traire, d'avoir refusé de l'entendre; car, si je l'eusse confessée, et qu'elle eût péri tout de même, l'on m'aurait donné tort, et l'on aurait dit que j'étais cause de sa mort, ayant exalté son imagination.... Pourtant voyons, descendons sous la Roche. »

Ils se rendirent en effet dans cet endroit; une foule de personnes en exploraient les alentours : Mingrat parut au milieu de la multitude rassemblée. On prétend qu'il apporta dans cette visite un front calme, quoique sévère, et que peu de personnes s'aperçurent des mouvemens cruels qui devaient l'agiter.

Après cette démarche dangereuse et hardie, Mingrat remonta chez lui, où sa servante l'attendait pour lui demander la permission de quitter son service... « Montez, votre ouvrage n'est point ici, s'écria le curé en l'apercevant. — Oh ! Monsieur, répliqua-t-elle effrayée, je n'y saurais tenir ; laissez-moi m'en aller ! » Convaincu par ces paroles que cette fille avait deviné ou découvert son crime, Mingrat la saisit d'un bras vigoureux, l'entraîne au pied du sanctuaire, et, parvenu au pied de l'autel, d'une main il retire du tabernacle le symbole de la Majesté divine, et de l'autre, en lui tenant avec force le bras tendu sur l'autel, il la contraint de jurer devant cette image sacrée qu'elle gardera le plus profond silence sur tout ce qu'elle a vu. Quel génie sacrilége avait donc pu inspirer à ce misérable la pensée d'offrir à cette fille le choix d'un serment odieux ou de la mort ! La tremblante domestique obéit, elle répète le serment que Mingrat dicte lui-même, et telle fut l'influence que les circonstances dans lesquelles elle le prêta exercèrent sur son esprit faible, qu'avant de révéler à la justice les affreux mystères de la nuit du 9 mai, elle crut devoir consulter son confesseur sur la manière dont elle devait se conduire devant la justice (1).

Mingrat, rassuré par son ascendant sur l'esprit faible et soumis de sa servante, fut plus tranquille, et la pau-

---

(1) **M. D***** lui répondit : « Vous n'êtes obligée de répondre qu'aux questions que l'on vous fera, et vous pouvez taire le reste. « Mieux informé des devoirs qu'impose aux témoins la lettre même de leur serment, il finit par lui dire : « Vous êtes obligée de raconter tout ce que vous savez. »

vre fille, terrifiée par ce qu'elle avait promis, continua
de rester au presbytère.

Cependant un événement aussi extraordinaire ne
pouvait rester soumis aux conjectures plus ou moins
inexactes des habitans de Saint-Quentin ; l'autorité
devait en cette circonstance déployer son zèle et sa
sollicitude habituelle ; aussi M. Bossan, adjoint du
maire de Saint-Quentin, ne fut pas plutôt informé de
ce qui se passait qu'il s'occupa de prendre les informations les plus minutieuses sur tout ce qui avait rapport à la disparition de la malheureuse épouse de
Charnalet. C'est du mémoire qu'il remit à la famille
de la victime qu'ont été extraits les détails que nous
publions, mémoire que nous rapporterons textuelle-
ment, afin de ne laisser aucun doute sur la vérité des
inductions qui ont été tirées de la conduite de Mingrat,
alors même que le bourreau était seul avec la victime.

Ce magistrat, après avoir consolé, autant qu'il était
en son pouvoir, le malheureux Charnalet, se rendit chez
Mingrat : « Sa figure, a-t-il dit, était tellement chargée
en couleur qu'elle était noire à force d'être rouge,
ce qui rendait sa physionomie hideuse. » Il attendait
que la conversation tombât sur le sujet qui l'avait conduit chez le curé ; mais celui-ci paraissant constamment éluder, M. Bossan se décida à l'entamer. « Monsieur, lui dit-il, vous devez avoir quelques notions
sur la situation mentale de la femme Charnalet, puisque le jour de la disparition on m'a dit que vous aviez
goûté chez elle. »

Mingrat, obligé de répondre, raconta son entrevue au

Gît avec Marie. « Monsieur, reprit encore M. Bossan, il paraît d'après ce que vous me dites que cette femme avait perdu la tête; il n'est donc pas étonnant qu'elle ait tenté de se détruire; mais ce que je trouve étonnant, c'est la qualité du couteau dont elle s'est servie (1), qu'on a trouvé sur une place sanglante au pied du noyer; il est à manche d'ébène, rond et plaqué en argent, ayant à un de ses bouts, outre la lame ordinaire, une lame de canif, et un tirebouchon sur le dos; il est presque neuf, quoique pourtant tout récemment cassé à la pointe de la grande lame. »

On pense bien que pendant cette conversation le curé devait être dans une situation embarassante : il avait les yeux fixés sur la terre, et semblait craindre de regarder son interlocuteur; d'ailleurs ce qu'il venait d'entendre l'éclairait sur un point, c'est que M. l'adjoint avait en son pouvoir le fatal couteau, sujet de toutes les anxiétés de Mingrat : l'astucieux curé crut devoir tenter de le ressaisir, et, à cet effet, il demanda, sous un vain prétexte à M. Bossan la permission de lui rendre visite; ce que celui-ci se hâta de lui accorder.

Tandis que le mystère des événemens sanglans de la Roche commençait à s'expliquer, la tante du curé (2),

----

(1) Il est bon de faire observer au lecteur que le cultivateur Michon avait remis à l'adjoint le couteau qu'il avait trouvé, et que ce magistrat avait jugé, par son inspection, qu'il ne pouvait appartenir qu'à une personne d'un certain rang; d'ailleurs celui dont s'était servi Marie était resté chez elle, et aucun des siens n'avait été égaré.

(2) Ce fut cette tante qui fit la première éducation de Mingrat, et

qui, comme on l'a dit plus haut, était à la campagne, arriva à Saint-Quentin. Les bruits sinistres qui se répandaient au-delà du bourg étaient parvenus jusqu'à elle. L'indignation publique, sans désigner précisément le coupable, répandait au loin la nouvelle du meurtre; les habitans les plus éclairés allaient déjà jusqu'à en soupçonner le curé, et partout on parlait de la visite de Mingrat chez Charnalet, du sang et des lambeaux de chair aperçus près de la Roche, et enfin du couteau trouvé non loin de ce lieu d'horreur. La tante du curé, soit par un pressentiment fondé sur la connaissance de la cruauté de son neveu, soit par curiosité, se rendit directement chez M. Bossan, afin de voir l'arme funeste dont s'était servi le meurtrier. L'adjoint, occupé à questionner le curé, était absent; elle ne trouva que son épouse, qui ne fit aucune difficulté de la lui montrer. A la vue du couteau, la tante pâlit et tremble : elle l'avait reconnu : *C'est donc là*, s'écrie-t-elle attérée par cette découverte, *l'instrument de ce grand crime!...* Puis elle se hâte de quitter madame Bossan, afin de ne pas la rendre plus long-temps témoin du trouble qu'elle éprouve.

M. Bossan arrive chez lui au moment même où la tante du curé venait d'en sortir. Cette singulière visite ajoute un nouveau poids aux soupçons qu'il a déjà conçus, et l'arrivée subite de Mingrat a presque achevé de les changer en certitude. Cependant celui-ci con-

---

qu'il avait placée institutrice dans le temps qu'il était en faveur au palais épiscopal de Grenoble.

serve encore quelque sang-froid : il vient demander à M. Bossan de lui prêter un livre dont il lui a parlé dans sa dernière entrevue, et, à la faveur de ce prétexte, il cherche autour de lui s'il ne découvrira pas l'arme délatrice. Mais elle est soigneusement renfermée : c'est une pièce de conviction trop importante pour qu'on l'expose imprudemment à tous les regards.

Quelques jours s'étaient passés sans que de nouvelles lumières vinssent éclairer l'événement du 9 mai : on remarqua seulement que Mingrat évitait, autant que possible, les occasions de se montrer en public; lorsque le 16 mai, jour de l'Ascension, à sept heures du matin, de jeunes bergers, pêchant dans le fossé qui communique à l'Isère, amenèrent au bout de leur ligne une cuisse humaine. Saisis d'épouvante, ils rejettent dans le ruisseau cet affreux objet, et s'enfuient vers le bourg, en racontant partout l'effrayant tableau qui vient de s'offrir à leur vue. M. l'adjoint, prévenu de cette circonstance, se hâte de se transporter sur les lieux indiqués par les jeunes pâtres, et, à force de recherches, dirigées par M. Bossan, en présence du juge de paix, de deux médecins, et d'une foule d'habitans de Saint-Quentin et du Gît, on parvient à retrouver la cuisse sanglante. Il résulte de l'inspection des médecins que le membre mutilé est une cuisse de femme : alors tout semble s'éclaircir. « C'est celle de Marie, s'écrie-t-on de toutes parts, car on n'a point entendu parler d'aucun autre crime dans ces parages. »

Mais quel est le criminel? On le pressent, et on n'ose se l'avouer. Toutefois il est reconnu que Marie a été victime d'un assassinat, et on s'empresse d'aller déposer dans le cimetière ce déplorable fragment.

Le curé était informé de tous ces bruits par sa tante et par sa servante; il savait aussi que son nom avait été prononcé au milieu des cris d'effroi excités par le douloureux spectacle dont la plus grande partie des habitans de Saint-Quentin venaient d'être témoins : c'est pourquoi, afin d'écarter les soupçons, qui prenaient à chaque instant plus de consistance, il fit dire à M. Bossan « qu'il était prêt à donner ses réponses, si on voulait l'interroger. » Cette proposition imprudente ne pouvait tromper que des gens peu éclairés, aux yeux pénétrans des magistrats elle ne parut être qu'un indice de plus de sa culpabilité ; aussi se promirent-ils bien de profiter de cette offre, pour le soumettre à de plus sûres épreuves.

Nous avons dit que la cuisse de la malheureuse Marie avait été déposée dans le cimetière ; mais à peine les autorités, qui avaient accompagné ce douloureux convoi, se furent-elles retirées, que Mingrat, croyant probablement à force d'audace et de témérité parvenir à écarter l'accusation muette qui pesait sur lui, courut au cimetière, ordonnant, dans sa brutale cruauté, « que, cette cuisse fût jetée dans un coin, loin des âmes justes qui reposaient dans ces lieux : Marie ne méritait aucune sépulture, puisqu'elle s'était noyée, et avait perdu son salut. Je l'ai vue, disait-il, possédée par le diable, oui, par Satan, qui la tenait dans ses bras pour l'entraîner dans l'abîme. »

Indigné d'un tel fanatisme, les assistans se retirèrent

sans obtempérer à l'ordre cruel de Mingrat, et le lendemain on se décida à prendre contre le coupable
quelques mesures de sûreté.

A dix heures du matin, le curé vit entrer chez lui
deux gendarmes. Ceux-ci avaient l'ordre de ne point
l'intimider, mais au contraire de lui dire qu'il ne devait
leur présence qu'à l'habitude qu'ils avaient de visiter
dans leurs voyages les personnes les plus notables (1).
Mingrat et sa tante, rassurés par ces paroles bienveillantes, servirent avec empressement ces hôtes redoutables; ceux-ci étaient encore au presbytère, lorsque le
vicaire de Tullin apporta à l'homicide pasteur une lettre
de la part de son curé, qui, dit-il, était pressée. Mingrat,
attendit le départ des gendarmes pour rompre le cachet de ce message, et à peine ceux-ci s'étaient-ils éloignés qu'il ouvrit la lettre et y lut ce qui suit : « Les
bruits qui circulent sur vous, à l'occasion de la disparition et de l'assassinat de la femme Charnalet, vous
font un tort infini; partez, si vous êtes coupable..., etc. »

Signé, le Curé de TULLIN.

Atterré par ce nouveau coup, le coupable curé se hâte
de suivre l'avis officieux qu'il vient de recevoir; il
ordonne à sa tante d'entasser sur lui le plus de vêtemens possible, afin d'ôter toute idée de fuite à ceux

---

(1) Le zèle que M. Bossan a montré pour Charnalet et sa famille, à la
nouvelle de son malheur, ne nous permet pas de lui faire un reproche
des ménagemens qu'il employa envers Mingrat, quoique cependant les
élémens sur lesquels se fonde la présomption paraissaient suffisans, dès
le 17 mai, pour déployer contre le curé des mesures plus rigoureuses.

qui le rencontreraient, et, son bréviaire à la main, il quitte le bourg que sa main homicide a ensanglanté. Il avait déjà fait une lieue sans rencontrer de visages hostiles, lorsqu'à Voreppe il est forcé de prendre une barque pour traverser la rivière; mais que l'on juge de son étonnement lorsqu'il y rencontre le maire de Saint-Quentin, qui suivait le même chemin que lui; tous les deux se cachent mutuellement l'objet de leur voyage; celui-ci courait à la recherche de la vérité, s'occupait des intérêts sacrés de la justice et de l'innocence; Mingrat, au contraire, fuyait pour échapper à l'échafaud; cependant ils se demandent poliment vers quelle destination ils se rendent. Le maire, M. Davin, afin d'écarter les soupçons du curé, lui dit qu'il allait à Voirons, tandis qu'au contraire il se dirigeait vers Sainte-Aupe afin de recueillir des renseignemens sur la vie antérieure de Mingrat. Le curé se rend, dit-il, directement à Sainte-Aupe pour voir ses amis.

A peine sont-ils débarqués qu'ils se quittent indifféremment et suivent un chemin opposé; la Providence avait permis que l'infâme curé se dérobât à la justice : aussitôt qu'il se voit soustrait aux regards de M. Davin, il double le pas, et se hâte de quitter un sol où chaque pas qui l'en éloigne lui fait franchir un dangereux précipice.

Le maire de Saint-Quentin, d'après les renseignemens qu'il recueillit à Saint-Aupe, ne douta plus que Mingrat, déjà si véhémentement soupçonné, ne fût véritablement l'assassin de Marie; il revint donc en toute hâte à Saint-Quentin pour ordonner l'arrestation de l'assassin; mais il n'était plus temps, Mingrat avait disparu... Il mit aussitôt plusieurs gendarmes à sa poursuite, et pendant que ceux-ci couraient après le coupable, la justice était descendue au presbytère, à l'église, où d'abord ses recherches ne produisirent aucun résultat satisfaisant. La servante restait muette à toutes les interpellations, ou ne répondait que par monosyllabes; cependant le hasard fit que l'on jeta les yeux sur le couteau à hacher suspendu dans la cuisine, et pendant l'examen qui en fut fait, la servante avoua naïvement « qu'elle ne l'avait jamais vu si propre, et qu'elle s'était contentée de l'essuyer légèrement la dernière fois qu'elle s'en était servie. » Malgré la propreté de cet instrument, on remarqua que le manche présentait à la jointure deux taches de sang. « On s'aperçut, dit le procès-verbal de cette perquisition, que la lame de ce couteau était fendue au milieu; que par l'effet de cette fente une partie obliquait à droite et l'autre à gauche, en sorte qu'en frappant de ce couteau sur un objet quelconque, il laissait l'empreinte d'un S. » La justice s'empara de ce couteau dans l'intention de l'appliquer aux parties qu'on supposait qu'il avait servi à dépecer.

Le servante, interrogée sur le couteau de poche appartenant à son maître (c'était celui qu'avait trouvé le cultivateur Michon), déclara qu'elle ne savait pas ce qu'il était devenu; mais elle en fit une description si exacte, qu'on ne put s'y méprendre, on aurait dit qu'elle avait le couteau sous les yeux. Les magistrats, satisfaits des renseignemens qu'ils avaient recueillis, se retirèrent dans l'attente d'autres événemens. Revenons à Mingrat.

Les gendarmes qui étaient à sa poursuite n'avaient pu le joindre, il les avait devancés de quelques heures; et, arrivés aux frontières, ils furent contraints de remettre à l'autorité sarde le soin d'exécuter les ordres qu'ils avaient reçus. Les carabiniers piémontais continuèrent les démarches que la gendarmerie française avait commencées avec autant de zèle que d'intelligence : ils rencontrèrent bientôt un prêtre français qu'ils crurent être celui qu'ils avaient ordre d'arrêter; mais celui-ci, afin d'obtenir sa liberté, leur affirma qu'ils étaient dans l'erreur : « J'ai, leur dit-il, rencontré Mingrat aux Échelles, où il attend sa mère qui doit lui apporter de l'argent. » Les soldats s'y portèrent en toute hâte. Parvenus à cette destination, et tandis qu'ils se consultent sur les lieux vers lesquels ils doivent diriger leurs recherches, leurs oreilles sont frappées du bruit d'une voix qui paraît sortir du fond de la grotte dite des Échelles. Ils y pénètrent et y trouvent Mingrat lisant tout haut son bréviaire. En vain il proteste de son innocence, les ordres étaient précis, il est garrotté; il a beau s'écrier *qu'on ne peut saisir un homme de sa robe,* on l'entraîne : «Vous êtes, lui dit-on, sous la protection du gouvernement sarde. » Il croyait peut-être, à cette époque, que cette protection ne le soustrairait pas à l'échafaud; les carabiniers étaient prophètes...

La nouvelle de la fuite de Mingrat ne fut pas plutôt parvenue à Saint-Quentin que tous les habitans regrettèrent qu'on n'eût pas pris des mesures plus promptes contre l'assassin; les soins et le zèle des magistrats avaient été infructueux. Le caractère sacré dont Mingrat était revêtu avait contribué à le sauver; car c'était à son titre de pasteur que le meurtrier était redevable des précautions, des ménagemens, des temporisations dont on avait usé à son égard.

Trois jours s'étaient écoulés depuis la fuite du criminel, lorsque dans les parages de Fory, à cinq lieues de Saint-Quentin, on retrouva le tronc mutilé de Marie (20 mai). L'examen judiciaire de ce cadavre eut lieu en présence des médecins. On reconnut facilement les coups de hache, les traces sanglantes du couteau, et les meurtrissures que les mains du curé avaient faites sur la victime; on put suivre de l'œil, sur ces déplorables restes, jusqu'aux moindres moyens employés par le meurtrier pour disperser en lambeaux le corps de l'infortunée Charnalet.

Le cercueil qui recélait le corps incomplet de la victime fut transporté dans le cimetière de Saint-Quentin. Les habitans de Fory et du Gît s'empressèrent à l'envi, malgré leur éloignement, d'assister à ce douloureux convoi. Quel effroi ne durent-ils pas éprouver en passant devant le presbytère!...

De retour de Fory, l'autorité s'empara de la servante de Mingrat, dont les dépositions pouvaient jeter un grand jour sur les détails du meurtre. Après de longues hésitations, fondées sur les conseils qu'elle avait reçus de son confesseur, elle se décida enfin à raconter tout ce qui était à sa connaissance; et les détails qu'elle transmit servirent, comme nous l'avons dit, à révéler toutes les horreurs de la nuit du 9 mai. Rendue à la liberté, cette fille se retira chez ses parens, aux environs de Moiran, près de Grenoble.

Mingrat, arrêté, fut conduit dans les prisons de Chambéry. Il dut à son habit de jouir d'une liberté peu commune, et en profita pour commettre à demi un nouveau crime (1). On raconte que, visité dans cette prison, on ne sait trop par quel motif, par l'un des grands-vicaires de Grenoble, Mingrat, en l'apercevant, se jeta à ses pieds, en s'écriant : *Oh! mon père, je suis coupable, pardonnez-moi.* Cet aveu public parut contrarier M. le grand-vicaire, qui fit retirer toutes les personnes présentes, et s'entretint avec lui. On rapporte, en outre, qu'interrogé par une personne sur le sujet de sa captivité, il répondit : *Hélas! que voulez-vous? l'injustice des hommes est si grande!* — Il faut espérer que des amis prendront soin de vous justifier.— *J'attends tout du Ciel et de mon innocence...*

Il paraît en effet que jusqu'à ce qu'il eût été entièrement démasqué, il s'ingénia encore à se couvrir du masque de la vertu, car tant qu'il demeura à Cham-

---

(1) « La nièce du concierge de la prison, qu'il avait remarquée, se trouvait un soir dans un passage obscur, où le scélérat était en sentinelle; il tenta de lui faire violence. Cette jeune fille jeta des cris affreux. Mingrat, craignant d'être découvert, l'avait déjà saisie à la gorge pour l'étrangler, quand plusieurs personnes, attirées par ses cris, l'arrachèrent à ses mains forcenées. On le renferma plus étroitement; et sur les plaintes des parens de la jeune fille, on obtint la translation de Mingrat à Fenestrelle, forteresse de la Savoie, à dix lieues de Besançon. »

(*Précis historique publié par M. Charnalet.*)

béry, toutes les dévotes, qui voulurent le voir par humanité, ne doutèrent pas qu'il n'eût été victime de fausses accusations; elles le considéraient comme un martyr de la méchanceté des hommes, et pour adoucir les *rigueurs* de sa captivité, elles lui envoyaient tout ce qui pouvait flatter sa sensualité.

Le magistrat de Chambéry, qui ne partageait pas cet engoûment, n'eut pas plutôt appris la nouvelle tentative de Mingrat dans sa prison, qu'il crut devoir l'éloigner. Le curé, ignorant le but de son voyage, se mit à pleurer, croyant qu'on le ramenait en France; mais la joie la plus vive succéda à sa douleur lorsqu'il apprit qu'on se bornait à le changer de prison.

Il est depuis constamment resté à Fenestrelle. Le magistrat de Chambéry, en demandant sa translation, disait « qu'il était satisfait de n'avoir plus ce monstre si près de lui. » Ainsi, chose remarquable, la mystérieuse protection qui garantit Mingrat semble imposer au gouvernement sarde l'obligation de nourrir dans son sein un monstre en horreur à ses magistrats.

Mais avant d'arriver aux réflexions graves qui se rattachent à cette révoltante impunité, rapportons ce qu'il nous est permis de dire du jugement prononcé, à huis clos, contre Mingrat, par la Cour d'assises du département de l'Isère, en faisant précéder ces détails des pièces officielles qui nous ont été confiées.

FIN DE LA NOTICE.

PROCÈS

DU CURÉ MINGRAT.

PIÈCES DE LA PROCÉDURE

ET DOCUMENS OFFICIELS.

Mémoire communiqué par M. Bossan, adjoint du maire de la commune de Saint-Quentin (Isère).

« Le mercredi, 8 mai 1822, et à six heures et demie du soir, Marie Gérin, femme d'Étienne Dory-Charnalet, sortit de sa maison d'habitation, située au Gît, hameau de Saint-Quentin, distant du bourg, et par conséquent de l'église, d'environ un quart de lieue, dirigea ses pas vers l'église, où elle entra à environ sept heures moins un quart. Elle y trouva une religieuse (madame de Saint-Michel) qui faisait sa prière, et à qui elle demanda s'il y avait long-temps qu'elle était là, et si monsieur le curé avait paru; à quoi madame Saint-Michel répondit qu'il y avait assez de temps, puisqu'elle avait presque fini sa prière; que M. le curé n'avait pas encore paru, mais que si elle désirait lui parler, elle l'irait chercher à la cure. La femme Gérin la remercia, n'accepta pas son offre, et se mit à faire le chemin de la croix dans l'église.

» Madame Saint-Michel, qui continua sa prière, était placée de manière qu'elle avait en face la petite porte de l'église qui est rapprochée au midi de celle du clocher; elle crut apercevoir à cette porte un fantôme habillé de noir, qui paraissait d'abord avoir des bras, ensuite ni bras ni jambes, et qui avait un chapeau à trois cornes. D'après sa déposition, cet objet ne fit que paraître et disparaître. Il paraît que ce fantôme était le curé qui jeta un coup d'œil rapide dans l'église, pour voir si la personne qu'il attendait était arrivée, ou s'il y avait d'autres personnes qui auraient pu le gêner. Cette réflexion n'est qu'une conjecture, la suite prouvera si elle est fondée. Madame Saint-Michel sortit et y laissa la femme Charnalet. Depuis lors elle n'a plus paru.

» Son mari, qui venait de sa journée, arriva à la maison à l'entrée de la nuit, trouva sur sa table la soupe que sa femme lui avait préparée, et son *couteau.* Inquiet de ne pas y trouver sa femme, il la demanda à ses voisins, qui lui dirent qu'elle était descendue au bourg. De suite il y descendit, et, après l'avoir demandée inutilement à plusieurs personnes, il s'adressa à Joseph Charvet, son cousin, qui lui dit qu'on avait vu sa femme à l'église à une heure assez avancée, et que peut-être monsieur le curé pourrait lui en donner des nouvelles. Il était neuf heures et demie du soir; Charnalet, assisté dudit Joseph Charvet et de sa femme, frappe à la porte du curé. Au premier coup, personne ne répond; au second coup, la servante vient ouvrir : elle est de suite suivie du curé, qui dit brusquement : Qui est là, et que me veut-on? Le mari, lui adressant la parole, lui dit : « Monsieur, je cherche ma femme partout, et je ne la trouve pas. On m'a dit qu'elle était à l'église assez tard; ne l'auriez-vous pas vue? ne pourriez-vous pas m'en donner des nouvelles?—Je l'ai vue, en effet, au moment où je suis allé faire ma prière au chœur; je l'ai laissée dans l'église, et depuis lors je ne l'ai plus revue : elle avait l'air d'être un peu égarée ; faites-la chercher. » A ces mots il se retire et ferme sa porte.

» Ceux qui étaient présens à cette entrevue ont remarqué que le curé était devant sa porte dans la position d'un homme qui a l'air d'interdire l'entrée du presbytère à ceux à qui il parle.

» C'est ici le lieu d'observer que le lendemain, au point du jour, ou, pour mieux dire, à demi-heure du jour, la femme dudit Charvet et d'autres personnes, ayant appris qu'on avait trouvé des traces de sang sous la Roche, et autres marques qui semblaient indiquer que la femme Charnalet avait voulu se détruire et avait fini par se noyer, se décidèrent à se transporter sur les lieux, en passant derrière le clocher, et que là ils trouvèrent le curé, tenant à la main son bréviaire, à qui ladite Charvet fit cette question : « M. le curé, vous nous avez dit hier soir que vous aviez vu ma malheureuse cousine dans l'église; ne vous a-t-elle point parlé? ne vous a-t-elle point demandé à se confesser, car nous savons qu'elle se disposait à aller assister à la première communion de Veurey. — *Le curé.* Elle s'est approchée de moi, m'a demandé à se confesser; mais je ne l'ai pas trouvée mise assez décemment, et, lui trouvant d'ailleurs un air égaré, je lui ai dit : Ma bonne, je n'ai pas le temps de vous entendre aujourd'hui ; revenez demain.—*La femme Charvet.* Mais, monsieur, peut-être que si vous l'aviez entendue vous auriez empêché un grand malheur, car on a trouvé des traces de sang du côté de l'Isère.—*Le curé.* Hé bien ! si je l'avais entendue, et que le malheur fût arrivé, on me l'aurait attribué. Hé bien ! allons sous la Roche... » Pendant ce colloque, ceux qui étaient présens ont remarqué que la figure du curé était extraordinaire, qu'il changeait de couleur à chaque instant, et qu'il ne parlait que par monosyllabes.

» Malheureusement lesdits jours 8 et 9 mai, M. Davin, maire, et moi, son adjoint, nous nous trouvâmes à Grenoble. J'en partis le 9 à huit heures du matin, et à midi j'arrivai à Veurey, village distant de deux heures de celui de Saint-Quentin. La première personne que je rencontrai, fut le sieur Pierre Gérin, oncle de la défunte. Il me témoigna le regret qu'il avait que je ne me fusse pas trouvé à Saint-Quentin la veille, le 8 au soir; que sa nièce avait disparu à l'entrée de la nuit; qu'il venait de quitter son mari, qui l'avait cherchée toute la nuit, et qu'il était allé à Veurey au point du jour, pensant que sa pauvre femme s'y serait rendue pour assister à la première communion qui devait s'y faire ce jour-là, sachant que sa femme avait le projet d'y revenir, et que, ne l'ayant pas trouvée, il s'était retiré pour diriger ses recherches sur d'autres points. Je me hâtai de me retirer à Saint-Quentin, malgré la pluie, et le lendemain je fis appeler les personnes qui étaient présumées avoir quelque connaissance des circonstances relatives à cet événement.

» Joseph Michon me dit qu'au point du jour, en allant travailler à son champ, le mercredi 9, il trouva sous la Roche, dans la prairie de la veuve Cottin, près d'un noyer, à environ cinq cents mètres de l'église, sur un sentier qui tend à l'Isère, une place couverte de sang, où il se trouvait quelques petits lambeaux de chair, à côté un petit couteau fiché en terre, et une corde d'environ dix-huit pieds de longueur, de la grosseur d'une corde de lessive; qu'il avait pris le couteau tout ensanglanté, et l'avait caché dans un petit buisson; que, quelques momens après, ayant réfléchi que ce couteau pourrait au besoin servir de pièce de conviction, il vint le reprendre, le lava, et le déposa chez lui. Sa narration finie, il me le remit.

» (C'est ici le cas d'observer que, quelques instans après, d'autres personnes, en suivant la trace du sang, trouvèrent, à environ quatre cents mètres de là, et toujours sur le sentier qui conduit à l'Isère, et près d'un fossé rempli d'eau, une place couverte de sang, une corde d'environ deux mètres de longueur, et une petite ficelle, et enfin, à environ trois cents mètres de là, au bord de l'Isère, le mouchoir de cou de cette malheureuse femme, mis là à dessein, sans doute pour donner à entendre qu'elle s'était noyée.)

» La vue de ce couteau me frappa : il me parut ne pas appartenir à une personne de la campagne, surtout *illétrée.* C'était un couteau de maître, en très-bon état, à manche d'ébène platiné, ayant, outre sa lame ordinaire, une lame de canif et un tire-bouchon sur le dos. A cette première époque, même quelques jours après, on pensait généralement (et je partageais à peu près cette opinion) que cette femme avait d'abord tenté de se détruire à l'aide du couteau, et qu'enfin elle avait fini par se jeter dans l'Isère. Il était donc naturel de n'avoir point de soupçons contre le curé, et cependant je pensai que le couteau lui appartenait, n'en ayant jamais vu de semblable dans la commune, et sachant que la femme Charnalet avait laissé le sien sur sa table. Je savais que le curé avait goûté chez la femme Charnalet; qu'il pouvait y avoir oublié son couteau, et que cette femme, dans l'égarement que je lui supposais alors, s'en était servie pour tâcher de se détruire.

» Pour éclaircir mes doutes, je résolus, pour la première fois, de rendre ma visite au curé. Je me rendis chez lui après sa messe, sur les neuf heures du matin (c'était le vendredi 10). Après les premiers complimens d'usage, il me dit : « Monsieur, vous paraissez asséz bien vous porter ? » Je lui répondis que oui, mais que j'étais très-fatigué; que j'étais sur pied depuis environ onze jours; que même aujourd'hui je serais allé à Saint-Marcellin, sans l'aventure de la malheureuse Charnalet. Il ne parut pas désirer que la conversation roulât sur ce sujet : nous parlâmes d'autre chose. J'y revins en lui disant : « M. le curé, on m'a dit que vous aviez vu cette femme deux fois dans la journée du mercredi ? — Oui, monsieur, et voici à quelle occasion :

» Je savais que cette femme était dans l'intention

d'aller à Veurey, le lendemain jeudi, pour assister à la première communion qui devait y avoir lieu, et comme j'avais une commission à faire faire au curé de cette paroisse, je me rendis chez elle pour la prier de s'en charger. Chemin faisant, je rencontrai le père Bourdis, son voisin, qui m'offrit à boire du vin blanc chez lui; ce que j'acceptai. La bouteille étant presque finie, je pris congé de lui, en lui disant que j'allais chez la femme Charnalet sa voisine, pour la charger d'une commission, et je priai Bourdis fils de m'y accompagner; ce qu'il accepta. Cette femme, après les complimens d'usage, nous pria d'accepter un petit goûter : nous bûmes chacun un coup, et le fils Bourdis fut obligé de nous quitter. Alors je me mis sur la porte, et, apercevant le père Cottin, je l'engageai à entrer et à goûter le vin de la femme Charnalet : il entra, but un coup et se retira. Me voyant seul chez cette femme, je m'amusai un instant à tourner un morceau de bois (le mari de cette femme est tourneur), je donnai ma commission à la femme Charnalet, et je me retirai.

» Entre sept et huit heures du soir, et du même jour, étant entré au chœur pour faire ma prière, j'aperçus la femme Charnalet qui faisait dans l'église le chemin de la croix; elle l'interrompit pour venir à moi, et me dire qu'elle désirait me parler.

» Voyant que cette femme avait un air égaré, n'ayant pour toute coiffure qu'une coiffe de nuit, pour manches que celles de sa chemise, et sans bas (elle avait des bas bleus, au rapport de ceux qui l'ont vue entrer dans l'église), je lui dis: Mon enfant, vous n'êtes pas mise décemment pour que je vous reçoive au presbytère, encore moins au confessional ; d'ailleurs je n'ai pas le temps : revenez demain. Elle continua son chemin de la croix, je finis ma prière, je me retirai en la laissant dans l'église. »

» Là il finit son récit, et fit tomber la conversation sur d'autres sujets.

» Voulant parvenir au but de ma visite, je dis au curé :

« Il n'y a rien de bien étonnant que cette femme, dont l'esprit, selon vous, paraissait aliéné, ait tâché de se détruire, en employant tous les moyens qu'elle trouva sous sa main, et enfin qu'elle se soit noyée. Mais ce qui m'a singulièrement surpris, c'est que le couteau trouvé à la première place où elle est censée s'être mutilée, ne paraît pas lui appartenir : d'abord, parce que son mari a trouvé le couteau dont elle se servait habituellement sur la table ; ensuite ce couteau n'est pas à l'usage des gens de la campagne, entre autres de ceux qui sont *illétrés ;* car c'est un couteau de maître, à manche d'ébène, platiné, ayant, outre sa lame ordinaire, une lame de canif et un tire-bou chon. »

» Mon récit fini, il garda le plus profond silence.

» Au même instant, la tante du curé, qui ignorait que je fusse au presbytère, entre chez nous pour dire bonjour à ma femme et à mes enfans. On parle de l'événement du jour, et sur ce que mes enfans dirent que le couteau était déposé dans mon cabinet, elle demanda à le voir. A son aspect elle fit un mouvement très-marqué de surprise, qu'il est facile d'expliquer.

» Le dimanche 5 mai, qui avait précédé le jour de l'assassinat, le curé avait annoncé à son prône des services de *requiem* pour tous les jours de la semaine, et entre autres, pour le jeudi, celui pour un nommé Rafin. On s'aperçut avec étonnement qu'il ne fit pas ce service.

» Une vieille femme rencontra, sur les dix heures du matin du jeudi, jour du lendemain de l'assassinat, la servante du curé, et lui demanda pourquoi le curé n'avait pas célébré le service annoncé : à quoi elle répondit que M. le curé, se sentant indisposé, avait pris une purgation.

» Mais on se rappelle que le matin du même jour, avant quatre heures, il était derrière le clocher; que, sur l'observation de la femme Charvet qu'on avait trouvé sous la Roche des traces de sang, il y était descendu avec elle et autres personnes, dont le nombre augmentait à chaque instant; que le temps qu'il mit à y descendre, à y rester et à remonter, peut être évalué à plus de deux heures; qu'à chaque instant de la matinée on le voyait hors du presbytère, ou occupé à recevoir du monde chez lui. Tout cela doit faire croire qu'il n'avait pas pris de purgation ce jour-là.

» Le vendredi 10 mai, je dressai procès-verbal de tout ce que j'avais recueilli, et l'envoyai le samedi 11 à M. le procureur du roi, à Saint-Marcellin.

» Ce jour-là et jours suivans, et le jeudi 16, jour de l'Ascension, le curé continua ses fonctions, fit les processions des Rogations, celle de l'Ascension, etc.; mais

les moins clairvoyans s'aperçurent que dans ses fonctions il avait l'esprit préoccupé, et intervertissait l'ordre
des prières.

» Le même jour 16, à sept heures du matin, on vint
m'avertir qu'on avait découvert une cuisse, ensemble
la jambe et le pied d'un corps humain, dans le fossé, et
vis-à-vis de la deuxième place couverte de sang. Après
m'être assuré de ce fait, j'en donnai avis à M. le juge
de paix, qui, assisté de deux médecins, se transporta
sur les lieux ; là ils reconnurent que c'était la cuisse
d'une femme ; que les chairs avaient été coupées et séparées par un instrument tranchant ; que l'auteur du
crime avait essayé de couper ou casser l'os avec un
gros instrument, et qu'enfin il était parvenu à déboiter
l'os.

» Alors toutes les incertitudes cessèrent ; on fut convaincu que cette femme avait été assassinée ; le couteau, les indices qu'on avait recueillis dans l'espace de
huit jours, etc., indiquaient assez l'auteur du crime.
Le lendemain, vendredi, M. le juge de paix fit un second *aller* sur les lieux pour entendre le témoignage
de quelques personnes : la gendarmerie y vint aussi,
un lieutenant à la tête.

» Sur les neuf heures du matin environ, deux des
gendarmes se rendirent chez le curé, non pour se saisir
de sa personne, ils n'en avaient pas l'ordre, mais seulement pour examiner sa contenance.

» A leur aspect, M. le curé fut déconcerté ; il bal-
butia quelques mots, et tenait entre ses dents un bout
de son mouchoir. Sa tante, le voyant embarrassé, dit

aux gendarmes que leur visite, en ce moment, paraissait extraordinaire. Ils répondirent que leur unique objet était de présenter leurs respects à M. le curé, ainsi qu'ils avaient coutume de le faire. Alors il se rassura, leur offrit à se rafraîchir; ce qu'ils acceptèrent. Leur conversation roula sur des objets étrangers à l'histoire du jour.

» Dans cet intervalle, M. le vicaire de Tullin arriva en toute hâte au presbytère, en repartit presque aussitôt, et quelques minutes après le curé disparut. Nous apprendrons plus bas ce qu'il est devenu.

» En anticipant sur l'ordre des événemens, nous remarquerons que, neuf jours après sa disparition, on a trouvé aux Tauries, sur une des rives de l'Isère, à huit lieues de Saint-Quentin, le buste de cette malheureuse femme. La justice s'y transporta, accompagnée d'un médecin, qui reconnut que la cuisse droite avait été levée de la même manière que la cuisse gauche, mais que les chairs avaient été coupées plus régulièrement, c'est-à-dire plus vis-à-vis de la jointure; il remarqua que cette femme avait une blessure transversale faite avec un instrument tranchant, depuis l'estomac jusqu'au bas-ventre, et enfin reconnut au cou des marques de strangulation. On coupa à ce buste la partie de l'os qui était nécessaire pour venir le confronter avec la cuisse, afin de savoir si les deux parties appartenaient au même corps; ce qui fut reconnu affirmativement d'une manière positive.

» Le premier témoin est la servante du curé. Ses premières réponses sont vagues et insignifiantes; cependant dans sa première, sur la demande faite par le juge de paix, elle fit la description exacte du couteau de poche de son maître : j'étais présent ; on aurait dit, en faisant la description, qu'elle avait le couteau trouvé sous les yeux. Cependant, devant le juge d'instruction, sur la présentation de ce couteau, elle a déclaré qu'il ressemblait beaucoup au couteau de son maître, mais qu'elle ne pouvait affirmer positivement que ce fût le sien, attendu qu'il y avait beaucoup de couteaux qui se ressemblaient.

» Cette fille paraît assez *brave,* et si ses premières dépositions ne sont pas satisfaisantes, c'est qu'ayant consulté M. D... sur la manière dont elle devait se conduire, M. D... lui avait dit : « Vous n'êtes obligée de répondre qu'aux questions que l'on vous fera, et vous pouvez taire le reste. »

» Par la suite, M. D..., mieux informé de la lettre du serment qu'on exige des témoins, finit par lui dire : « Vous êtes obligée de dire tout ce que vous savez. »

» Aussi a-t-elle convenu en substance que, sur les huit heures et demie du soir du mercredi 8, elle entendit des gémissemens sourds, partant d'un petit cabinet au premier étage ; que, croyant que son maître se trouvait mal, elle s'était présentée à la porte de ce cabinet ; qu'elle a appelé M. le curé, qui ne lui a pas répondu ; qu'elle voulut ouvrir cette porte, mais qu'elle s'est trouvée fermée en dedans ; qu'alors le curé, craignant qu'elle n'essayât de la forcer, lui cria d'une voix forte : « Marie, descendez, je suis à vous ; » qu'elle entendit encore des gémissemens qui ressemblaient à ceux d'une personne expirante. Elle descendit ; bientôt après le curé la suivit : que ce dernier étant descendu, elle lui dit : « Monsieur, vous m'avez fait bien peur, j'ai cru que vous alliez mourir. » A quoi il répondit avec humeur : « Taisez-vous, vous êtes une simple. »

» Elle lui dit : « Monsieur, votre souper est servi. » Alors il se mit à table, et n'y resta qu'un instant. Il se leva de table, se promena à grands pas dans le salon, puis dit à la fille : « Vous pouvez aller vous coucher. » (Depuis quelques jours la fille ne couchait pas au presbytère, mais dans la maison où la tante tenait école.) « Mais, monsieur, pour desservir ? » Le curé répondit : « Je desservirai moi-même. » Le lendemain, au point du jour, en rentrant au presbytère, elle trouva près des lieux communs des cendres encore chaudes, et autour, des vestiges de linge qui n'étaient pas entièrement brûlés.

» Je ne m'étends pas davantage sur la déposition de la servante. Je dirai seulement que mardi passé, 12 juin, elle a été interrogée de nouveau, depuis trois heures du soir jusqu'à quatre heures du matin du mercredi, et je sais positivement qu'elle a tout dit, et ce qu'elle a dit suffit au-delà pour établir la culpabilité du curé.

» La femme Charnalet était de bonnes mœurs, et jouissant d'une bonne réputation bien méritée. Elle n'avait d'autre défaut que celui de quitter trop souvent les soins de son ménage pour assister, dans les paroisses circonvoisines, aux missions, aux premières communions, et autres dévotions extraordinaires.

» Ce ne fut qu'après la disparition du curé que cinq jeunes gens laissèrent transpirer dans le public qu'ils avaient connaissance d'une particularité relative à ce tragique événement.

» Voici le résultat de leur déposition : Sachant que la femme Charnalet était entrée à l'église à la chute du jour, et que personne ne l'en avait vue sortir, sachant que son mari la cherchait en vain, ils s'imaginèrent qu'elle pourrait bien être dans le presbytère, et prirent la résolution d'épier sa sortie ; à quel effet, depuis dix heures du soir jusqu'à minuit du mercredi, ils se tinrent constamment sur la place, d'où ils apercevaient la principale face du presbytère ; à minuit, la lumière disparut ; alors ils se portèrent contre le portail de la basse-cour, d'où ils pouvaient aisément voir l'autre face du presbytère, en escaladant le mur de la basse-cour. Deux d'entre eux seulement grimpèrent contre le mur de la basse-cour, de manière cependant qu'ils ne dépassaient sa hauteur que de la tête. Ils virent de la lumière dans le salon, laquelle s'éteignit à l'instant ; alors ils virent le curé sortir de la cure par la porte-fenêtre qui donne dans la basse-cour, lequel, après avoir fait de l'eau tout près d'eux, traversa la basse-cour, et sortit par la porte au couchant, pour arriver dans la prairie du Demi-Arpent, où il se trouve un sentier qui conduit sous la Roche, lieu où l'on dit que le cadavre avait été dépecé. Alors deux d'entre eux, qui n'avaient point l'idée d'un assassinat, croyant que le curé se disposait à faire le tour de l'église ou du presbytère pour voir si quelqu'un l'épiait, firent un grand tour pour le rencontrer, mais il avait disparu. Alors ils ne songèrent plus qu'à rester en védette pour épier sa rentrée; mais deux heures sonnèrent, et, comme il pleuvait, ils prirent le parti de se retirer.

» En fouillant dans le presbytère la justice n'a point trouvé d'indices ou traces du crime; seulement, après s'être assurée qu'il n'y en avait point, et qu'il n'y avait jamais eu (depuis le peu de temps que le curé y habitait) ni hache, ni serpe, le juge d'instruction se fit représenter le couteau à hacher la viande, qui parut neuf, mais qui avait au milieu une brèche qui paraissait être récemment faite, ce qui donna l'idée que ce pouvait bien être avec cet instrument, faute d'autre plus commode, qu'on avait essayé, soit de casser ou de couper l'os de la cuisse. On remarqua en même temps que de vieux vêtemens du curé, qu'il portait quelquefois dans son négligé, avaient disparu.

» Le curé, en partant, dirigea sa route par Saint-Aupe, et de là aux Échelles. Il arriva, à la faveur de son costume, à Chambéry; mais ayant voulu revenir aux Échelles pour y voir sa mère, qu'il savait devoir lui apporter de l'argent, et comme nous avions eu le soin de faire parvenir son signalement au chef des carabiniers royaux, il fut pris par ces derniers aux Échelles, partie de la Savoie, et de là conduit à Chambéry, où il est étroitement gardé.

» Je prie ceux qui liront cette note de croire que je l'ai faite à la hâte, le frère de la malheureuse femme Charnalet, qui me l'a demandée, étant pressé de partir pour Paris; que d'ailleurs en la faisant je n'avais pas la procédure sous les yeux, et que même je n'ai pas eu le temps de la relire pour corriger les fautes qui peuvent s'y être glissées.

» Pour mémoire dressé, le 13 juin 1822, par l'adjoint de la commune de Saint-Quentin. »

Signé N. BOSSAN.

DÉPOSITION

DE LA SERVANTE DE MINGRAT.

« A l'entrée de la nuit, le nommé Rafflin, clerc de l'église, vint pour demander s'il fallait sonner le service de mort que le curé avait annoncé le dimanche pour le vendredi ; il s'adressa à moi. J'appelai le curé, que je supposais être dans sa chambre ; mais il ne répondit pas ; je pris le parti d'y monter. J'entendis des gémissemens sourds, semblables à ceux d'une personne expirante ou qui se trouve mal : le curé ne répondit pas à ma voix. J'essayai de lever le loquet, mais je trouvai la porte fermée en dedans, et craignant que je n'essayasse de forcer la porte, il me cria d'une voix forte : « Marie, descendez, je suis à vous. » Je compris alors que le curé n'était pas dans sa chambre à coucher, mais dans un petit cabinet à côté. Je descendis ; à l'instant le curé parut au haut de l'escalier, et dit : « Qui me demande ? — Monsieur, répondis-je, c'est Rafflin, qui veut savoir s'il faut, à l'angélus, sonner les glas pour annoncer le service de demain. Il répondit : « Non, » et rentra à l'in-

stant dans sa chambre, fermant sur lui la porte à clef(1).
Moi, qui avais quelques soupçons, je montai doucement près de la porte, d'où j'entendis les mêmes gémissemens, mais plus sourds (2).

» J'entendis aussi le roulement d'un lit qu'on agitait
violemment dans le petit cabinet. Les gémissemens
cessèrent enfin, et, n'entendant plus rien, je descendis.
Quelque temps après le curé descendit aussi dans le
plus effrayant désordre.

» Au lieu d'aller chez M. Huerard porter le journal,
je passai derrière le clocher, je traversai la basse-cour,
et je vins me blottir contre le portail, afin d'être plus à
portée d'entendre ce qui ce passait. Je vis avec étonnement qu'il y avait de la lumière dans le petit cabinet.
Il faut observer que le cabinet n'avait ni table, ni autres meubles, excepté le lit : qu'alors le curé ne pouvait
ni lire, ni écrire. Je n'entendais rien ; j'imaginai de
grimper sur le portail afin d'essayer si je pourrais voir
ce qui se passait en dedans : mais, en essayant d'y monter, je fis un bruit assez fort qui fut entendu du curé.
En effet, je l'entendis descendre précipitamment l'escalier et ouvrir de même les portes de la cuisine qui com-
muniquent au hangar, se dirigeant ensuite du côté où
il avait entendu le bruit, en criant à plusieurs reprises :
« Qui est là ? » Ayant peur, je ne répondis rien ; mais
le sentant approcher, je lui dis en tremblant : « Mon-

---

(1) C'est le moment où il avait laissé l'infortunée victime près d'ex-
pirer.

(2) Ce peu d'instans de repos ranima un reste de la force de la pa-
tiente, qu'il se hâta de faire évanouir sous ses féroces étreintes.

sieur, c'est moi. » Le curé, fâché, me dit : « Que faisiez-vous là, au lieu de faire ma commission ? —Monsieur, j'étais venue fermer le poulailler. —Vous mentez ; vous étiez là pour autre chose. » M'éloignant de lui doucement, je rentrai dans la cuisine servir le souper; j'avertis mon maître, qui se mit à table, et ne toucha probablement à rien, car il n'y resta qu'environ une minute ; il me commanda derechef de porter le journal...

» En entrant dans la cuisine je m'étais aperçue que l'on avait dérangé le feu, que j'avais recouvert, et même je vis qu'on avait fait grand feu il n'y avait pas longtemps. J'entrai dans la basse-cour; près des communs j'aperçus des gouttes de sang sur un peu de paille fraîchement écartée, et un petit lambeau de chair sur une feuille de noyer sèche. En regardant par le trou des communs, je vis que les immondices étaient recouvertes de terre fraîche, et, l'écartant un peu, j'aperçus des cendres et quelques morceaux de linges brûlés à demi, entre autres un morceau de drap noir, aussi à demi-brûlé ; je compris alors que le sang que j'avais vu sur la paille provenait de ce qu'on y avait entreposé des habits ensanglantés. »

DÉPOSITION

DU COUTELIER QUI A VENDU L'ARME DONT MINGRAT S'EST SERVI POUR CONSOMMER LE CRIME

« Le couteau portait l'empreinte d'une hermine : c'est le coin de M. Clare, coutelier à Grenoble. Sa première réponse devant le juge d'instruction parut insignifiante ; mais M. Gérard, juge de paix de Tullin, chargé de faire la procédure, le fit assigner.

» Il dit que le couteau portait effectivement son coin, mais qu'il y avait quelques défauts qui lui faisaient présumer qu'il ne sortait pas de sa fabrique ; puis il fit observer qu'il avait dans la campagne quelques ouvriers qui lui ébauchaient des lames. Il en cita trois demeurant à Voiron ; un autre au Grand-Lin (c'est le lieu de naissance du curé). Ce dernier, assigné et interrogé, dit : « C'est moi qui ai fait ce couteau. » Il fit remarquer à M. le juge d'instruction qu'à l'empreinte de l'hermine il manquait la patte gauche, et de suite, sortant son poinçon, il fit voir que le saillant de la patte gauche était cassé ; il sortit ensuite un rasoir sur lequel il fit de même remarquer que l'empreinte du coin était également tronquée. Sur la demande qu'on lui fit s'il se rappelait à qui il avait vendu ce couteau, il répondit : « A M. Mingrat, qui était alors curé de Saint-Quentin. »

A la suite de ces deux dépositions importantes nous pourrions encore placer celles qui résultent des interrogatoires que l'on fit subir à Michon et aux témoins appelés pendant l'instruction du procès, mais elles seraient sans objet. Le principal était de constater, par celles de la servante, les événemens de la fatale nuit du 8 au 9 mai, et, par celles du coutelier, que l'instrument trouvé par Michon appartenait bien à Mingrat. Les renseignemens recueillis et produits par M. Bossan ont suffi pour soulever le voile funèbre qui couvrait les sanglantes atrocités du coupable curé de Saint-Quentin. Bornons-nous donc à rapporter exactement le jugement prononcé par la Cour d'assises de l'Isère.

JUGEMENT

Rendu contre Mingrat, par la Cour d'assises de Grenoble (Isère).

« LOUIS, par la grâce de Dieu, Roi de France et de Navarre, à tous présens et à venir, salut.

» La Cour d'assises du département de l'Isère, séant à Grenoble, a rendu l'arrêt dont la teneur suit :

» Du 9 décembre 1822.

» La Cour d'assises du département de l'Isère, séant à Grenoble, présens messieurs de Noailles, président; Trusché, Bazile, Bardet, conseillers, et de Gilbert, conseiller-auditeur; tous délégués par ordonnance de M. le premier président de la Cour royale de Grenoble, pour former la Cour d'assises, sauf M. de Noailles, qui a été nommé par ordonnance de son excellence monseigneur le garde des sceaux ; présent aussi M. Caffarel, avocat général.

» En la cause, sur l'accusation du crime d'assassinat, précédé ou accompagné de viol, portée contre Antoine Mingrat, ancien recteur de Saint-Quentin, contumax ;

» Vu par la Cour d'assises, l'arrêt rendu par la Cour royale de Grenoble. le 5 août 1822, portant accusa-

tion contre Antoine Mingrat, et renvoi de ce dernier
devant la Cour d'assises du département de l'Isère, ledit
arrêt renfermant ordonnance de prise de corps contre
cet accusé ;

» Vu l'acte d'accusation rédigé en exécution du sus-
dit arrêt de renvoi, lequel est amené par le résumé suivant :

» En conséquence, Antoine Mingrat est accusé :

» 1º D'avoir, dans la nuit du 8 au 9 mai 1822, volontairement et avec préméditation, homicidé Marie
Gérin, femme d'Étienne Charnalet, cultivateur au Gît,
hameau de la commune de Saint-Quentin ; ce qui constitue le crime d'assassinat prévu par les articles 295,
296 et 302 du Code pénal ;

» 2º D'avoir, dans la même nuit, audit lieu de Saint-
Quentin, et dans les instans qui auraient précédé ou
accompagné l'assassinat, commis sur la personne de
Marie Gérin, femme Charnalet, et ce, à l'époque où
ledit Mingrat était ministre du culte, le crime de viol
prévu par les articles 331 et 333 du Code pénal ;

» Et dans le cas où ledit Antoine Mingrat n'aurait
pas agi avec préméditation, il est accusé d'avoir, dans
la nuit du 8 au 9 mai 1822, à Saint-Quentin, volontairement homicidé ladite Marie Gérin, femme Charnalet, lequel crime aurait été précédé ou accompagné
de viol commis sur la personne de ladite femme Charnalet; ce qui constitue les crimes prévus par les articles 295, 331, 333 et 334 du Code pénal, emportant
peine afflictive ou infamante ;

» Ouï M. l'avocat général en sa réquisition mentionnée au procès-verbal séparé du présent, et ce, relativement à l'application de la peine ;

» L'affaire mise en délibération, le président ayant posé toutes les questions résultant de l'acte d'accusation, et recueilli les voix dans l'ordre prescrit par la loi;

» La Cour déclare Antoine Mingrat coupable d'avoir, dans la nuit du 8 au 9 mai 1822, en la commune de Saint-Quentin, volontairement et avec préméditation, homicidé Marie Gérin, femme d'Étienne Charnalet ; mais le déclare non coupable d'avoir, dans les instans qui ont précédé ou accompagné cet homicide, commis le crime de viol sur la personne de ladite Marie Gérin, femme Charnalet ;

» Et attendu que les faits déclarés constans constituent le crime prévu par les articles 295, 296 et 302 du Code pénal, dont lecture a été faite par M. le président, et qui sont ainsi conçus :

» ART. 295. L'homicide commis volontairement est qualifié meurtre ;

» ART. 296. Tout meurtre, commis avec préméditation ou de guet-à-pens, est qualifié assassinat ;

» ART. 302. Tout coupable d'assassinat, de parricide, d'infanticide et d'empoisonnement, sera puni de mort, sans préjudice de la disposition particulière contenue en l'article 13, relativement au parricide ;

» Vu les articles 12, 26 et 36 dudit Code pénal, dont M. le président a également fait lecture :

» ART. 12. Tout condamné à mort aura la tête tranchée ;

» ART. 26. L'exécution se fera sur l'une des places

publiques du lieu qui sera indiqué par l'arrêt de condamnation ;

» ART. 36. Tous arrêts qui porteront la peine de
mort seront imprimés par extrait ;

» Ils seront affichés dans la ville centrale du département, dans celle où l'arrêt aura été rendu, dans la commune du lieu où le délit aura été commis, dans celle
où se fera l'exécution, et dans celle du domicile du
condamné ;

» Vu enfin les art. 368 et 472 du Code d'instruction
criminelle, dont M. le président a également fait lecture, et qui s'expriment ainsi :

» ART. 368. L'accusé ou la partie civile qui succom-
bera sera condamné aux frais envers l'État et envers
l'autre partie ;

» ART. 472. Extrait du jugement de condamnation
sera, dans les trois jours de la prononciation, à la diligence de M. le procureur général ou de son substitut,
affiché, par l'exécuteur des jugemens criminels, à un
poteau qui sera planté au milieu de l'une des places
publiques de la ville, chef-lieu de l'arrondissement où
le crime aura été commis ;

» Pareil extrait sera, dans le même délai, signifié au
directeur des domaines et droits d'enregistrement du
domicile du contumax ;

» La Cour condamne Antoine Mingrat à la peine de
mort et aux frais de la procédure, liquidés à la somme
de 425 fr. 25 c. ;

» Ordonne que l'exécution se fera sur la place publique, dite Grenette, de la ville de Grenoble ;

» Et, attendu la contumace dudit Mingrat, ordonne qu'extrait du présent arrêt sera, dans les trois jours, affiché, par l'exécuteur des jugemens criminels, à un poteau qui sera planté au milieu de la principale place publique de la ville de Saint-Marcellin, chef-lieu de l'arrondissement où le crime a été commis;

» Ordonne en outre que le présent arrêt sera imprimé par extrait, affiché et exécuté à la diligence du procureur général.

» Ainsi fait, jugé et prononcé, à Grenoble, en l'audience publique de la Cour d'assises du département de l'Isère, ledit jour 9 décembre 1822. Et ont, messieurs les président et conseillers, signé, ainsi que le greffier. Ainsi signé à la minute : Noailles, président; Trusché, Bazile, Burdel, conseillers; Gilbert, auditeur; Long, greffier.

» Mandons et ordonnons à tous huissiers, sur ce requis, de mettre le présent arrêt à exécution; à nos procureurs généraux, et à nos procureurs près les tribunaux de première instance, d'y tenir la main; à tous commandans et officiers de la force publique de prêter main forte pour son maintien lorsqu'ils en seront légalement requis; en foi de quoi le présent a été signé et scellé du sceau de la Cour. »

PROCÈS

INTENTÉS A GÉRIN, FRÈRE DE MARIE GÉRIN,
FEMME CHARNALET.

AVANT d'entrer dans le récit des malheurs que la tendresse de Gérin pour sa sœur attira sur lui, tendresse qui le porta à poursuivre sans cesse son assassin, il serait peut-être assez convenable d'examiner avec quelque soin si l'extradition, vivement sollicitée par la famille, et promise aux mânes d'une innocente victime, ne devait pas être accordée.

En effet, ce crime a-t-il acquitté Mingrat du devoir de tous les hommes envers la société? cesse-t-il de n'être plus responsable de ses actions envers elle? Car l'extradition d'un aussi grand coupable est non-seulement un droit, mais encore un devoir. Des jurisconsultes l'ont reconnu; M. Laplagne-Barris, avocat général, à l'occasion de l'extradition de la fille Pauline N*** (3 juillet 1823), l'a considérée comme étant un reste de l'autorité souveraine. « Ce droit, a-t-il dit, existe indépendamment des dispositions diplomatiques spéciales; sans doute le sol français est un asile ouvert au malheur et à la faiblesse, mais là s'arrêtent la justice et la générosité. *Nos frontières doivent être fermées pour* *les malfaiteurs, dont la présence est un fléau partout où ils portent leurs pas.* »

Hé bien ! puisque ce droit est reconnu en France, le gouvernement français ne devait-il pas exiger qu'il fût réciproque? D'ailleurs, qui donna donc à Mingrat le privilége de l'impunité? serait-ce sa fuite et sa qualité? Mais l'éloignement n'a point empêché l'extradition de tous ceux qui étaient moins coupables, et qui sont venus courber leur tête sous le glaive de nos lois. Les murs de Grenoble étaient couverts de l'arrêt qui condamnait Mingrat, tandis qu'un malheureux déserteur, chargé de chaînes, passait par la même ville pour aller habiter le bagne, et venait d'être remis aux autorités françaises par une nation bien moins voisine que la Sardaigne.

On a parlé de sa qualité, du danger qu'il y aurait, pour l'ordre ecclésiastique et la morale publique, de sévir contre un prêtre. Mais nos lois n'admettent point d'exception. On a prévu que plus d'une fois, à l'aide de cette enveloppe, l'homme corrompu pourrait sans crainte se livrer à ses goûts pervers. La magistrature a prouvé, dans plusieurs circonstances, qu'elle ne croit pas que la robe pastorale garantisse tellement l'homme des erreurs ou des crimes qu'il puisse être à l'abri de tout soupçon. Tout récemment un prêtre, que les causes de son arrestation présentent comme accusé de viol sur un enfant en bas âge, vient d'être livré aux tribunaux, et la chambre des mises en accusation, en le renvoyant devant les juges compétens et en donnant ce nouvel exemple de son intégrité, n'a pas cru avilir

la classe d'hommes à laquelle Contrefato appartient.
L'abbé Pacot (1), aujourd'hui prêtre de Saint-Sulpice,
condamné injustement à mort, à Dijon, sa patrie, ne
prouve-t-il pas encore, par ses longs malheurs, que les
lois n'ont point entendu exempter de leur action et de
l'obéissance qui leur est due, aucune classe. Elles n'ont
point admis de classes privilégiées ; et bien plus, notre
pacte fondamental lui-même ne commence-t-il pas par
ces mots : *Tous les Français sont égaux devant la loi.*
Enfin, et c'est une maxime reconnue, si des récits d'un
fait véritable il résulte du scandale, il vaut mieux laisser naître le scandale que de renoncer à la vérité.

On a contesté à M. Gérin, soit par des actions judiciaires, soit par des vexations arbitraires, le droit de
se plaindre de cet oubli du premier article de la charte
de l'humanité ; on l'a présenté comme un être remuant
et dangereux ; mais tout homme que n'intimident point
de vaines menaces en eût fait autant à sa place. La
résistance à l'oppression illégale est pour ainsi dire un
devoir que Dieu a placé dans le cœur de l'homme : il
a écrit dans sa conscience qu'il doit veiller à sa conservation et aider les autres à l'imiter. Ce devoir an-

---

(1) M. l'abbé Pacot, qui dut au dévoûment d'une fille à ses gages de
se soustraire à une mort certaine, parvint plus tard à se justifier. En
appelant son nom à l'appui de nos assertions, nous devons ajouter que,
loin d'avoir des crimes à expier, il n'avait que des vertus à produire. Son
procès eût trouvé place à côté de celui de Mingrat, comme preuve de
notre empressement à signaler les vertus qui honorent la robe pastorale,
si, imprimé tout au long il y a quelques années, il n'était parfaitement
connu de la majorité de nos lecteurs.

nonce dans celui qui l'exerce la connaissance de ses droits, et non pas un désir de célébrité, ou un esprit de turbulence. L'obéissance passive à des actes arbitraires, à des mesures de colère, annonce de l'ignorance ou de la faiblesse dans celui qui s'y soumet. Elle ne peut plus être de notre temps; c'est un principe suranné qui sépare le passé du présent, où la raison éclairée demande à grands cris la liberté civile et religieuse.

La résistance produit deux effets salutaires (bien entendu que nous entendons toujours parler de cette résistance légale qui ne s'exerce que sur des actes arbitraires), celui de rendre prudent et de contenir dans les limites de ses pouvoirs le magistrat chargé de poursuivre les coupables; celui de tenir les citoyens en éveil sur leurs droits, et de réchauffer leurs âmes, afin de pouvoir les défendre en cas d'usurpation. La résistance d'un citoyen dont la liberté est attaquée est un signal de détresse pour tous, parce que le principe méconnu à l'occasion d'un seul individu peut l'être bientôt à l'égard de toute la masse.

On ne peut voir dans la conduite de Gérin, dans sa persévérance à demander un acte de justice qu'on lui refusa sous de vains prétextes, qu'une résistance légale contre un déni de justice. Son devoir, comme frère de la victime, lui faisait une loi d'en poursuivre le meurtrier, et lorsqu'on a tenté de lui en interdire les moyens, il a dû résister par toutes les voies de droit à ces prétentions réclamées par une mystérieuse influence. L'intérêt de sa famille, le soin de son propre honneur, le lui commandaient impérieusement, et les tourmens qu'il éprouva pour obéir à ce devoir sacré prouvent qu'il l'avait compris, et qu'il était digne de le remplir.

On a vu dans la notice historique que quelques prêtres des communes des environs de Saint - Quentin n'avaient pas craint de désigner M. Gérin comme étant l'auteur de l'assassinat; nous avons, dans une note, fait justice de ces odieuses imputations (1), il ne nous reste donc plus maintenant qu'à tracer un précis de la conduite de M. Gérin; précis inséparable du procès de Mingrat, en ce sens qu'il est destiné à raconter l'historique des vexations sans nombre auxquelles le frère de l'infortunée Marie a été en butte depuis. Indigné de la protection dont Mingrat était l'objet, il s'est mis en devoir, par toutes les voies en son pouvoir, de ramener le coupable en France pour y subir le châtiment qu'il a encouru.

Lorsque M. Gérin apprit l'assassinat commis sur sa sœur, il exerçait à Paris la profession de bijoutier et de fabricant d'acier. Une aisance, fruit de ses travaux et de son industrie, le mettant à même d'aider son beau-frère, M. Charnalet, dans tout ce qu'il conviendrait de faire pour découvrir le coupable, il accourut à la ferme du Gît, et se hâta de proposer à l'époux de la victime

-----

(1) Si une retenue louable sans doute a porté la famille Gérin à taire le nom du calomniateur, la reconnaissance lui a fait un devoir de citer ceux des pasteurs dont les touchantes consolations lui ont été si douces. M. Ravix de Monteau (Isère), doit être mis en première ligne parmi ces derniers; ce vénérable ecclésiastique disait, en parlant de Marie : «Cette femme, ensemble de sagesse et d'amabilité, avait de l'éducation, même de l'esprit, une prudence à toute épreuve, une piété très-éclairée.»

tout ce qui était en son pouvoir, sa bourse, ses conseils
et l'assistance de ses recherches; on sait, par ce qui a
été dit plus haut, qu'on ne tarda pas à connaître l'auteur du crime; mais on sait aussi que lorsque cette
conviction fut pleinement acquise, déjà Mingrat s'é-
tait mis à l'abri de toutes les poursuites judiciaires,
en passant la frontière. Tous les soins de M. Gérin se
bornèrent donc à solliciter du gouvernement qu'il lui
plût d'ordonner l'extradition du coupable. Des amis
zélés, mais sans autre influence que leur amitié, aidè-
rent la famille Charnalet et Gérin dans ces douloureuses démarches, et ils reconnurent bientôt qu'elles
étaient inutiles. Parmi ceux qui offrirent leurs bons
offices, on doit citer le maire de Saint-Quentin, qui
rédigea lui-même et envoya au Roi un placet dans
lequel, après avoir exposé aux yeux du souverain les
détails de l'assassinat, les douleurs amères de MM. Gérin et Charnalet, désigné l'asile qui recélait le coupable, il s'exprimait ainsi :

« Quelle inégalité choquante va naître pour le criminel qu'on recèle! Quel est le scélérat qui ne com-
mettra un crime avec sûreté de cause, puisqu'il peut
être assuré d'un asile inviolable? On avait cru jusqu'à
ce jour que la Sardaigne regardait comme ennemi de
son repos tout fugitif condamné en France; le renvoi
de quelques malheureux déserteurs, le procès même
trop connu de *Didier*, nous en avaient presque convaincus. Mais nous sommes désabusés, l'homme le plus
coupable, le meurtrier le plus sanguinaire, l'hypocrite le plus infâme a trouvé grâce devant eux.

» Que cette nation se hâte d'effacer la tache hideuse que cette impunité attache à son honneur; qu'elle se hâte de rejeter de son sein l'anthropophage qu'elle protége, et obéisse à la voix de la justice et de notre souverain. »

S. M. daigna répondre par l'organe; de M. de La Châtre, l'un des premiers gentilshommes de sa chambre, que justice serait faite à la demande de cette famille, et l'invita à s'adresser à M. le garde des sceaux, exécuteur suprême des lois.

Fort de cette réponse, M. Gérin crut un instant qu'il obtiendrait l'extradition qu'il sollicitait avec tant d'ardeur; mais en vain il montra cette lettre, en vain il invoqua le nom du Roi; repoussé des bureaux, il ne put obtenir aucune réponse du ministre auquel le souverain l'avait si gracieusement recommandé. Peut-être, et c'est un doute qu'émet Gérin lui-même, le garde des sceaux a-t-il ignoré ses démarches; ou plutôt quelques agens secrets subalternes sont parvenus à étouffer ses justes plaintes, et à fausser l'ordre et la promesse descendue du trône.

Affligés du peu de succès de leurs démarches, les deux beaux-frères s'adressèrent à la Chambre des députés, et l'honorable M. Casimir Perrier, que les victimes de l'arbitraire trouvent toujours quand il s'agit de les venger, se chargea de leur pétition, et la déposa lui-même sur le bureau de l'Assemblée législative.

Cette pétition fut renvoyée à une commission pour l'examen de son contenu, et enfin elle apparut à son tour sur le feuilleton; analysée succinctement par le rapporteur, un *ordre du jour* l'écarta. Ainsi, pour la troisième fois, la malheureuse famille voyait ses plaintes repoussées et ses gémissemens mis à l'interdit. Nous ne rapportons pas ici toutes les expressions que ce funeste ordre du jour a arrachées à la sensibilité des pétitionnaires ; ce qu'il y a de plus remarquable dans les réflexions que cette mesure leur a inspirées, c'est qu'il paraît que le motif de la pétition avait été si peu indiqué par le rapporteur de la commission à l'examen de laquelle elle avait été soumise, que l'Assemblée en l'écartant n'a cru voir qu'une réclamation qui ne pouvait être fondée. Cependant on le sait, rien de plus sacré. Peut-être Mingrat avait-il encore trouvé des protecteurs jusque dans le sanctuaire des lois.

De nouveau déboutée de ses prétentions, la famille de Marie s'adressa à la Chambre des pairs. Cette fois elle fut plus heureuse, l'Assemblée renvoya la pétition au ministre de la justice ; mais l'influence qui avait rendu négatives les promesses royales elles-mêmes, parut encore exercer son empire sur cette recommandation nouvelle ; dès lors elle crut devoir, en désespoir de cause, s'adresser à l'opinion publique : c'est de cette époque que datent les précis historiques publiés simultanément par MM. Charnalet et Gérin ; précis qui nous ont été fort utiles, et desquels nous avons cependant retranché tout ce qui nous a paru n'avoir qu'un intérêt de localité.

Les nombreuses démarches que M. Gérin avait faites afin d'obtenir l'extradition du coupable donnèrent à ses occupations une direction si opposée, que sa fortune s'en ressentit. Comme nous l'avons déjà dit, il avait aidé de sa bourse son beau-frère, et ses relations commerciales ayant été interrompues, il crut devoir jusqu'à la fin poursuivre Mingrat, afin que, même dans son exil, il apprît qu'on veillait encore sur lui, et qu'au moins la vindicte publique n'avait pas oublié son attentat.

M. Gérin, après avoir visité le théâtre douloureux de l'assassinat, après avoir été porter sur le tombeau de sa malheureuse sœur le tribut de ses larmes, résolut d'ajouter un nouvel attrait aux détails qu'il publiait sur l'assassinat. C'est pourquoi, accompagné d'un dessinateur et d'un lithographe, il se rendit à Fenestrelle, afin de saisir fidèlement les traits du curé. Plus tard il s'occupa de faire graver une série de dessins représentant Mingrat dans toutes les circonstances de l'assassinat; mais la police en ayant eu connaissance, les fit saisir et brûler. Tous ces soins achevèrent de le rendre de plus en plus moins florissant. Il en était réduit là lorsqu'il forma le projet de parcourir les foires afin de se livrer de nouveau à son commerce. C'est de ce moment que datent toutes les vexations dont il a été l'objet.

Nous ne nous attacherons point à tracer un itinéraire exact de Gérin, nous ne nous occuperons pas même de mettre un ordre chronologique dans le récit des actes arbitraires exercés sur lui et sur son épouse; nous nous bornerons à raconter quelques-uns des faits principaux, c'est-à-dire deux des procès qu'ils ont eu à soutenir, lui et son épouse.

Le 24 juillet 1826, Gérin et son épouse arrivèrent à Niort, et résolurent de déballer leur magasin de bijouterie. Pendant quelques jours, c'est-à-dire jusqu'au 27, la police de la ville les laissa loisibles d'exposer leurs marchandises; mais dès qu'on eut aperçu l'enseigne que Gérin avait choisie (*Au Frère de la Victime du curé Mingrat*), et que, devancé par sa réputation, on eut appris qu'il se proposait de vendre les brochures que Gérin et son frère avaient fait rédiger sur l'événement, on se hâta de prendre des mesures pour arrêter cette publication.

Le commissaire de police, d'après un ordre de M. Roussy, préfet du département de Niort, accompagné de deux gardes de la ville, se rendit au domicile de Gérin : son épouse était seule; le fonctionnaire public lui demanda l'exhibition d'une permission qui l'autorisât à vendre le *Précis historique sur Mingrat.* Sur la réponse négative de madame Gérin, ce fonctionnaire public déclara qu'il allait procéder à la saisie des exemplaires de l'ouvrage; mais comme il n'était porteur d'aucun ordre écrit, madame Gérin s'opposa à ce que la saisie eût lieu. Le commissaire de police, irrité de ce qu'il appelait une rébellion coupable, n'en exécuta pas moins les ordres qu'il avait reçus, et se mit en devoir de faire perquisition dans les malles de Gérin. Il paraît que rien n'annonçait extérieurement qu'il fût revêtu d'un caractère légal : il n'avait ni ordre écrit ni écharpe; cependant il n'en continua pas moins ses recherches, et la femme Gérin, en voyant sa résistance inutile, confia la garde de son magasin à l'un de ses confrères et se rendit en toute hâte chez M. le procureur du roi, afin de lui rendre compte de la saisie, qu'elle disait être arbitraire, que l'on opérait chez elle. La plaignante ne rencontra que M. Brune, substitut du procureur du roi, qui la renvoya devant M. le préfet, en déclarant que ces sortes de récriminations n'étaient pas de sa compétence. Ce refus acheva d'exaspérer madame Gérin, déjà si vivement affectée de la scène qui venait de se passer chez elle. « Le commissaire de police, dit-elle en quittant M. Brune, n'emportera pas mes livres sans me montrer un ordre quelconque, et sans me laisser copie de son procès-verbal. » Elle est bientôt de retour à son magasin. Les agens de l'autorité attendaient sa présence pour enlever les exemplaires du *Précis* qu'ils avaient saisi ; mais comme le commissaire de police continuait à se refuser à donner copie de son procès-verbal, et que la résistance qu'il avait éprouvée lui avait fait perdre la modération dont il devait donner l'exemple, la femme Gérin s'opposa de nouveau à ce qu'il emportât les livres saisis, et celui-ci, pour terminer le débat, fit donner, par un des gardes qui l'accompagnaient, ordre à la gendarmerie de lui prêter assistance : il courut lui-même à sa rencontre, et bientôt les gendarmes arrivèrent. Le commissaire de police leur intima aussitôt l'ordre de s'emparer de madame Gérin ; mais ils ne crurent pas devoir obtempérer à cet ordre, et l'on se borna à emporter les livres, objet de la contestation. Le lendemain, 28 juillet, sur le procès-verbal dressé et communiqué au procureur du roi, M. Babinet, juge d'instruction, décerna un mandat d'amener contre madame Gérin. Cette pièce ayant servi de base à l'action judiciaire intentée à la sœur de la victime de Mingrat, nous en rapporterons la substance :

« Nous, François Duval, commissaire de police de la ville de Niort, département des Deux-Sèvres, ayant voulu saisir l'ouvrage ayant pour titre : *Précis historique sur le curé Mingrat, assassin de Marie Gérin, femme Charnalet*, au domicile de Gérin, etc., son épouse nous a dit d'un ton fort irrité qu'elle n'obéirait pas à notre réquisition. Nous nous présentâmes de nouveau avec les gendarmes Coindreau et Vast. A notre arrivée dans ladite boutique, la dame Gérin nous dit *qu'elle se moquait de nous et de notre écharpe.* Elle s'avança sur sa porte, et, en présence d'une quantité d'habitans assemblés, elle cria à toute voix et à plusieurs reprises, *que nous étions le complice et le protecteur des scélérats, le protecteur de l'assassin Mingrat,* puisque nous nous opposions au débit de son *Précis historique;* mais que nous nous repentirions de cette démarche, parce qu'elle nous ferait figurer dans son ouvrage comme le protecteur des assassins; que M. le procureur du roi, ou plutôt son substitut, chez lequel elle était allée, était un jeune homme qui ne savait rien et ne connaissait pas les lois; qu'au surplus elle était *très-protégée* (1), et que ceux qui la persécuteraient

---

(1) Depuis les vexations sans nombre éprouvées par Gérin et son épouse, des hommes trop puissans, pour n'être pas mieux informés, leur ont souvent répété qu'ils avaient des protecteurs parmi les constitu-

seraient tancés par ses *protecteurs* et auraient place dans son ouvrage, et qu'il lui était recommandé de tenir note de tout ce qui lui arriverait de désagréable (1).

» Nous avons su également que pendant que nous étions sorti de la boutique pour aller chercher les gendarmes, elle tint les mêmes propos aux gardes qui y étaient restés, qu'elle dit tout haut que nous n'agissions que par hypocrisie, etc., etc.

» Tous ces propos injurieux, diffamans et calomnieux, tenus publiquement et à haute voix devant un rassemblement contre un fonctionnaire *décoré de son écharpe*, et dans l'exercice de ses fonctions, constituent, etc. »

Nous avons dit qu'un mandat d'amener avait été lancé contre madame Gérin : l'exécution en fut confiée au maréchal-des-logis de gendarmerie Bertrand, qui se hâta de se présenter au domicile de la prévenue. Elle était absente : le gendarme, dépassant encore les ordres qu'il avait reçus, signifia l'ordre qui lui avait été remis à M. Gérin, et le conduisit en prison. Cependant Bertrand, reconnaissant l'erreur qu'il venait de com-

---

tionnels. L'état de la fortune de Gérin, son caractère, répondent bien péremptoirement à ces assertions ; et d'ailleurs devrait-on jamais leur imputer à crime d'avoir, par leur constance à poursuivre l'assassin de leur sœur, par leurs malheurs même, intéressé en leur faveur ? Cependant le fait n'est pas exact, et l'intérêt qu'ils ont inspiré, la *protection* dont ils auraient été l'objet, n'ont malheureusement pour eux été que trop stériles.

(1) C'est en effet de ces *notes* que nous nous servons aujourd'hui ; mais notre ouvrage prouve bien que, si nous les mettons à profit, elles n'ont point été recueillies pour nous.

mettre, s'il est vrai qu'il y avait seulement erreur dans son fait, remit son prisonnier entre les mains du geôlier, et se hâta de retourner chez le commissaire de police, et substitua le nom de M. Gérin à celui de son épouse. Néanmoins l'erreur n'en était pas moins commise, et, bien que sa piété conjugale l'eût fait se réjouir de cette méprise, ce n'en était pas moins une nouvelle vexation, une nouvelle violence, un nouvel abus de pouvoir. Le lendemain cette erreur fut réparée, Gérin fut mis en liberté; mais, hélas! à quel prix! son épouse venait de reprendre sa place. Dans les excès d'une douleur bien légitime, madame Gérin nous a raconté les angoisses qu'elle éprouva dans sa prison : confondue avec des malfaiteurs, son sort était, dit-elle, à peu près le même; sa conscience seule pouvait la préserver des humiliations dont elle était abreuvée. Mingrat, le meurtrier de sa sœur, resté impuni; les malheurs que ce crime avait attirés sur sa famille; le lieu de douleur et de honte où elle était condamnée à demeurer; la rigueur même des magistrats de Niort, tous ces sujets de tristesse et d'effroi n'étaient-ils pas bien capables d'irriter ses esprits!

« Le 29 août, écrivait la prévenue, je fus conduite par les gendarmes chez M. Babinet, juge d'instruction, accompagnée d'une femme condamnée depuis à dix années de détention. Je fis aux questions qui me furent adressées les réponses suivantes : — Je n'étais point autorisée à vendre les *Précis historiques*. — Je présentai l'ouvrage au commissaire de police à sa première réquisition; mais je m'opposai à ce qu'il l'emportât tant qu'il ne me laisserait pas copie du procès-verbal qu'il venait de dresser ; sur son refus de me laisser cette copie, je persistai dans ma résistance. — J'ai dit aussi, mais c'est à quoi se sont bornées mes récriminations, que ceux qui trouvaient à redire à notre conduite, ceux enfin qui s'opposaient à ce que nous vendissions l'ouvrage en question, protégeaient le crime, et que nous étions assez malheureux, sans qu'il fût utile d'ajouter à nos tourmens. — J'ai dit qu'il était surprenant qu'un substitut du procureur du roi ne reçût pas ma plainte et se bornât à me renvoyer au préfet.

» Aussitôt que mon interrogatoire fut terminé, M. le juge d'instruction fit appeler mon mari pour lui en donner connaissance. Cet examen terminé, il renvoya brusquement M. Gérin, puis, s'adressant au gendarme Vast, il dit : *Reconduisez cette femme en prison ; ayez soin de veiller sur elle, vous m'en répondez.*

» Que de rigueurs pour un aussi mince délit ! » s'écrie madame Gérin. Puis elle rend compte des sensations pénibles qu'elles lui firent éprouver. Il ne nous appartient pas de les rapporter. Il est un fait plus remarquable que nous nous contenterons de citer ; il suffira à lui seul pour démontrer sous quelle influence ces rigueurs étaient dirigées.

Le 31 juillet, c'est-à-dire trois jours après son arrestation, madame Gérin, qui recevait tous les jours la visite de M. Guillon, aumônier de la prison de Niort, eut avec ce dernier, et à sa sollicitation, un entretien particulier. L'aumônier débuta par demander à la prévenue la cause de sa captivité, qu'il ne pouvait ignorer. « Je suis, répondit madame Gérin, victime des vexations de la police, et ma sœur a été assassinée par Mingrat. — Ce n'est pas vrai, interrompit M. Guillon, vous en imposez ; vous vendez un ouvrage qui n'est qu'un tissu de mensonges. Vous êtes une tête exaltée, et si vous ne cessez pas de répandre partout que votre sœur a été assassinée par Mingrat, je vous ferai mettre au cachot. »

Surprise d'une semblable apostrophe, madame Gérin se borna à présenter à l'aumônier le tableau de ses malheurs, et, désespérant de le convaincre par le récit touchant de ses chagrins, elle finit par lui demander, comme une faveur insigne, de la laisser désormais tranquille attendre la décision du tribunal qui devait prononcer sur le délit qu'on lui imputait. La prévenue eut encore à subir plusieurs conversations de cette nature ; le geôlier lui-même ne craignit pas de l'intimider par de lâches pronostics ; mais, forte de sa conscience, persistant dans sa conduite, elle repoussa ces menaces indirectes par le mépris, attendant impatiemment le jour solennel de l'audience pour se réfugier sous la protection sacrée de la magistrature.

Toutes ces tribulations avaient un but, celui de condamner la sœur de Marie Charnalet au silence ; et si tout ce que nous avons déjà rapporté n'en offrait pas une preuve convaincante, nous citerions encore les tentatives de M. Maupin, curé de Saint-André. Comme M. Guillon, il vint trouver madame Gérin dans sa prison : « Vous avez donc, lui dit-il entre autres choses, l'intention de parcourir toute la France et d'y distribuer

le libelle mensonger que vous avez apporté ici? Si c'est
là votre dessein, nous y mettrons bon ordre. *Vous êtes
soutenue par le parti libéral,* on ne l'ignore pas. »

Ces entretiens, les insinuations qui les accompagnaient, apprirent à madame Gérin qu'elle devait être
plus circonspecte, au moins pendant le temps que dure-
rait sa captivité, et attendre en silence l'ouverture des
débats : elle eut lieu le 4 août.

Après l'exposé de la cause, on procède à l'audition
des témoins.

M. Larabrie. Je vis le commissaire de police avec
les gendarmes dans le magasin du sieur Gérin. Le commissaire ordonna aux gendarmes de conduire M. Gérin à la commune. Son épouse lui défendit d'y aller;
le commissaire intima à la force armée l'ordre de conduire madame Gérin au violon. Celle-ci répliqua qu'ils
n'en avaient pas le droit; puis elle ajouta : « Est-ce que
vous voudriez empêcher de vendre le livre qui parle
de l'assassinat commis par Mingrat, dont ma sœur a
été la victime? » Les gendarmes étaient dans le magasin quand je suis arrivé.

Madame veuve Goder. J'étais dans le magasin de
M. Gérin quand le commissaire de police y est venu
pour saisir les livres qu'on y vendait. M. le commissaire n'était point alors décoré de son écharpe; il ne la
prit que lorsqu'il vit que madame Gérin ne voulait pas
lui laisser saisir ses livres. Je ne l'ai point entendue lui
adresser aucun propos outrageans, seulement elle lui
a dit, en le voyant emporter ses livres : « Vous êtes donc
le protecteur du curé Mingrat? Trente commissaires de

police comme vous ne me feraient pas peur, parce que je suis honnête femme. » Avant cette sortie de madame Gérin, le commissaire lui avait dit, à plusieurs reprises, qu'elle le lui paierait.

Le témoin, interpellé sur la question de savoir si le refus de madame Gérin de lui laisser emporter les livres n'était pas motivé sur celui que faisait le commissaire de police lui-même de lui donner copie de son procès-verbal, a répondu que oui, et que M. Gérin étant arrivé sur ces entrefaites, il lui offrit une plume et de l'encre pour le rédiger. Madame Goder termine sa déposition en ajoutant que madame Gérin avait plusieurs fois réclamé l'exhibition de l'ordre de saisir.

Après l'audition de ces deux témoins M. l'avocat du roi demande un délai afin d'en faire entendre de nouveaux ; et malgré Me Tirant, chargé de la défense de la prévenue, le tribunal ordonne la remise à huitaine, motivée en outre sur l'absence d'un second substitut du procureur du roi, le premier, présent à l'audience, refusant de le remplacer.

Madame Gérin allait être reconduite en prison par les deux gendarmes qui l'avaient déjà accompagnée, lorsqu'elle s'avance vers M. le président en fondant en larmes : « M. le président, s'écrie-t-elle d'une voix entrecoupée par les sanglots, je dois enfin me plaindre : on me tourmente de mille manières en prison, on me menace du cachot pour le reste de mes jours. »

M. le président, avec bonté. Qui vous tourmente ainsi, madame ? — *Rép.* Les prêtres, monsieur, qui sont sans cesse autour de moi.

« Il serait difficile, disent les journaux du temps, de peindre l'émotion pénible que cette exclamation fit pénétrer dans le cœur des nombreux habitans que cette cause avait attirés. » Il paraît que le tribunal partagea cette émotion, car madame Gérin fut débarrassée pour quelque temps des obsessions qu'elle avait eu à souffrir.

L'affaire est de nouveau appelée à l'audience du 11 août, et les témoins à charge arrivent en nombre; un seul témoin à décharge, *M. Hippolyte Plissen,* dépose des faits suivans : « Le jour qu'on a saisi des livres à M. Gérin, je vis passer les gardes de la ville avec beaucoup d'exemplaires sous le bras. J'avançai avec M. Larabrie (premier témoin entendu) vers le magasin de madame Gérin. Le commissaire de police y était avec deux gendarmes. La prévenue disait qu'elle ne croyait pas trouver à Niort des protecteurs de Mingrat. A ce mot, le commissaire de police commanda aux gendarmes de s'emparer de madame Gérin, en lui disant qu'elle le lui paierait; elle lui répondit qu'elle ne le craignait pas, qu'elle était honnête femme. »

On procède à l'audition des témoins à charge.

Pierre Coindreau, premier gendarme. Le 27 juillet dernier, vers trois heures, on nous envoie trouver le commissaire de police, qui disait à ses deux gardes : Enlevez ces livres. Madame Gérin l'interrompit en disant : « Ah! vous soutenez le crime, vous voulez empêcher de saisir l'ouvrage qui rappelle l'assassinat de ma belle-sœur : soyez persuadé que vous trouverez place dans mon livre. » Elle paraissait animée, et il me semble qu'elle voulait injurier le commissaire de police en s'exprimant ainsi.

Vast, second gendarme. Après avoir rendu compte du même propos que le témoin précédent, il ajoute : En outre, je l'ai entendue dire que M. le substitut du procureur du roi ne savait pas grand' chose. Je n'ai pas trop fait attention aux autres propos qui se tenaient. Il y avait devant le magasin un rassemblement considérable, formé pour la plus grande partie d'enfans.

Jacques Roy, garde champêtre à Niort, accompagnait le commissaire de police chez madame Gérin ; il aida à déposer au milieu de son magasin les exemplaires du *Précis historique.* Sur l'ordre du commissaire, on se disposait à les enlever, quand la prévenue dit, en s'y opposant, qu'elle n'était pas fâchée de cette aventure, que le commissaire était le protecteur des scélérats et des brigands. Il l'a également entendue parler irrévérentieusement des capacités de M. le substitut.

Félix Leroux, garde messier, est le témoin le plus important de ceux produits par l'accusation, et, comme on le verra, malgré la prudence de sa déposition, il ne s'accorde pas complètement avec les précédens.

« Le 27 juillet dernier, dit-il, M. le commissaire de police m'envoya chercher, chez M. Gérin, un ouvrage intitulé : *Précis historique de Mingrat.* Je m'y rendis. Cette dame m'en confia un que je portai à M. le commissaire de police, et une heure après environ j'y retournai avec lui, accompagné du garde Roy. Le commissaire demanda à voir les exemplaires de l'ouvrage qu'elle possédait; elle les lui donna, et nous reçûmes l'ordre de les saisir. Mais madame Gérin s'y opposa fortement en disant que c'était sa propriété. Sur ce refus, le commissaire sortit pour requérir la gendarmerie. Madame Gérin dit qu'elle n'était pas fâchée de cette scène, que ce serait un article de plus dans son livre. Au retour de M. Duval, et en présence du gendarme, elle lui répéta ce dernier propos, en ajoutant qu'elle le ferait figurer comme le protecteur des brigands et du curé assassin Mingrat. Je n'ai point entendu que madame Gérin ait tenu ce dernier discours pendant l'absence du commissaire de police, et pourtant, étant placé tout près d'elle dans le magasin, je n'aurais pas manqué de l'entendre. Je n'ai point remarqué si pendant tous ces débats M. Duval avait son écharpe, mais je la lui ai vue lorsqu'il est sorti de la maison. Madame Gérin a dit qu'elle exigeait copie du procès-verbal; qu'il fallait qu'il se fît chez elle; son mari offrit vainement de l'encre et du papier au commissaire de police pour qu'il le rédigeât, il s'y refusa complètement.

Les témoins entendus, ouï M. l'avocat du roi, et Me Tirant, défenseur de la prévenue, le tribunal, après *cinq quarts d'heure* de délibération, considérant qu'il y avait eu des injures adressées au commissaire de police, mais qu'il y avait des circonstances atténuantes, condamna madame Gérin à *quinze jours de prison*. Mais sur l'appel *à minimâ* du ministère public, la cause fut renvoyée devant la Cour royale de Poitiers. De son côté madame Gérin s'était pourvue contre la décision des juges de Niort.

Reconduite en prison après son arrêt de condamnation, elle reçut bientôt assignation à comparaître devant la Cour royale de Poitiers. Elle apprit en même temps qu'elle devait être escortée par la gendarmerie. M. Gérin, dont le cœur était navré par les coups successifs qu'il venait de recevoir, obtint, à force d'instance et de sollicitations, et comme faveur spéciale, que son épouse fît le trajet de Niort à Poitiers en diligence, escortée par un gendarme, dont il paierait les frais. Le 28 août elle arriva dans cette dernière ville, et fut réintégrée dans la maison d'arrêt.

Le 1er septembre, après l'exposé de la cause, Me Pervinquière, chargé des intérêts de madame Gérin, soutint, avec autant de logique que de clarté, d'abord que le commissaire de police n'était pas revêtu de son écharpe lorsqu'il était venu dans le magasin ; que cela résultait des dépositions des deux témoins entendus devant le tribunal de Niort ; que la dame Gérin, étrangère à cette ville, ne pouvait connaître la qualité du commissaire de police. Il en tira la conséquence qu'il n'y avait point de délit, puisque la dame Gérin n'avait pas pu avoir l'intention d'outrager le commissaire de police dans l'exercice de ses fonctions.

Subsidiairement, il invoqua plusieurs circonstances atténuantes. « L'assassin de Marie Charnalet, sœur de Gérin, dit-il, n'a pas encore subi la peine due à son crime. La dame Gérin a paru trouver extraordinaire qu'on voulût l'empêcher de distribuer et lui enlever une brochure dont elle est propriétaire, et qui n'a pour but que de faire connaître au public le détail du forfait dont Mingrat s'est rendu coupable. Elle a demandé l'exhibition de l'ordre en vertu duquel on procédait à la saisie. Le commissaire de police a refusé de le lui montrer. Il s'est également refusé à dresser son procès-verbal dans le magasin, quoiqu'on lui offrît tout ce qui était nécessaire pour le rédiger. De plus, il s'est retiré en menaçant la dame Gérin, en lui disant, à plusieurs reprises, *qu'elle le lui paierait.* D'un autre côté, les propos que l'on impute à la dame Gérin n'ont pas été tenus publiquement, c'est dans l'intérieur du magasin que la scène s'est passée. L'outrage, s'il y a vraiment outrage, n'a donc pas le caractère de gravité qu'on voudrait lui donner. »

Le ministère public soutint l'accusation avec force, et conclut à une peine infiniment plus grave que celle prononcée par les premiers juges ; mais la Cour, considérant l'existence des circonstances atténuantes invoquées par le défenseur, confirma purement et simplement le jugement dont était appel.

Nonobstant la confirmation de la sentence des premier juges prononcée, la saisie des livres avait eu lieu ; mais il n'y avait eu aucun jugement prononcé à cet égard. Gérin avait demandé un délai de trois semaines pour se procurer différentes pièces nécessaires à sa défense, qui prouveraient qu'il était propriétaire du *Précis historique* saisi à son magasin, et que ce livre avait été publié pour sa justification. Ce délai lui avait été accordé, et, en attendant que la cause fût appelée, on lui signifia que son épouse serait reconduite sous escorte à Niort, pour l'exécution de l'arrêt prononcé. Mais, avant de quitter Poitiers, la vérité nous fait une loi de payer un juste tribut d'hommages à un respectable pasteur, M. Pascal, vicaire de Saint-Hilaire, dont la conduite, la bonté, les soins paternels et obligeans, la charité évangélique, et les bienveillantes consolations, contribuèrent à rendre moins amers les douloureux momens de captivité auxquels madame Gérin avait été condamnée. C'est encore aux renseignemens que nous a fournis M. Gérin que nous empruntons ces détails. Nous nous empressons de les recueillir, afin de trouver matière à répéter encore que les exhortations de la bienveillance sont plus capables de calmer les irritations d'un cœur ulcéré, que ces mesures haineuses par lesquelles les minces agens de l'autorité cherchent à fixer les regards et les faveurs du pouvoir auquel ils se dévouent. Ce vertueux pasteur, loin de parler à madame Gérin du sujet de sa captivité, se contenta de la plaindre, de l'exhorter à la patience : « Je ferai, lui disait-il, des vœux pour voir arriver le terme de vos chagrins. »

Le jour du départ de madame Gérin arriva : cette fois elle ne put obtenir la faveur d'être reconduite en diligence, sous la surveillance d'un gendarme : quelles qu'eussent été les propositions de son mari, on se refusa de les entendre ; il lui fallut souffrir l'humiliation d'une escorte, comme une criminelle ; heureusement que partout sur son passage elle rencontrait des marques non équivoques de l'intérêt que le public prenait à sa situation : à chaque village qu'elle traversa, les habitans rassemblés lui témoignaient la part qu'ils prenaient à ses peines, et gémissaient, en silence, des mesures rigou-

reuses employées contre une femme condamnée, après
deux audiences solennelles, à *quinze jours* de détention. « A Lusignan surtout, nous raconte Gérin lui-
même, la foule se précipita autour de la voiture de
mon épouse pour la voir de plus près et lui offrir ses
services, ovation nouvelle dans un pays où elle n'était
connue que par ce que la voix publique avait raconté
de son procès et des malheurs de sa famille. « La diligence qui précédait la charrette où madame Gérin avait
été placée avait annoncé son arrivée prochaine; alors
les habitans de se rassembler comme pour assister à
un spectacle extraordinaire : il est vrai qu'à quelques
égards, il avait au moins l'attrait de la nouveauté. Plusieurs personnes de ce petit bourg proposèrent à madame Gérin de lui porter un lit dans sa prison : on eût
dit, au nombre d'offres de cette nature qui lui furent
faites, qu'ils auraient tenu à honneur de diminuer autant qu'il était en leur pouvoir l'impression défavorable
que devait léguer à sa mémoire le souvenir des afflic-
tions qu'elle avait ressenties dans leurs contrées.

Pour la première fois, dans les notes qui nous sont
soumises, nous lisons qu'elle eut à se louer d'un geôlier,
et c'est celui de Lusignan dont il s'agit : à son arrivée
au greffe, celui-ci lui permit de respirer un instant en
liberté devant la porte de la prison, où se trouvait une
promenade publique. Pendant cette nuit de captivité
madame Gérin n'eut encore qu'à se louer des égards
du concierge-greffier de la prison. Le lendemain, à la
pointe du jour, la captive reçut l'ordre de se mettre en
route; et, comme l'autorité s'était aperçue qu'elle avait

été à Lusignan l'objet d'une attention toute particulière, que sa présence avait été le signal d'attroupemens
dans lesquels on murmurait les mots d'*arbitraire* et de
vexation, on lui ordonna de partir seule, à l'avance,
se réservant bien toutefois de ne point la perdre de
vue. Le 4 septembre, madame Gérin arriva à Saint-
Maxence : même foule, mêmes égards des habitans et
du concierge de la prison : le sort de la récluse semblait s'améliorer. Gérin lui-même, jusqu'ici l'objet de
l'animadversion de tout ce qui portait le nom d'autorité, de police, n'eut qu'à se louer des égards du commissaire de police de cette ville : ce dernier poussa
même l'attention jusqu'à le recommander aux bons
soins de son hôtelier. Ce fut ainsi que madame Gérin
arriva à Niort, où elle retrouva ses fers, sa prison, ses
douleurs, moins cependant les obsessions de l'aumônier.

Ce fut le 22 septembre qu'éclata le nouveau procès
dont, comme nous l'avons dit, M. Gérin avait obtenu
la remise : il ne s'agissait plus maintenant que de savoir
s'il pourrait vendre et distribuer le *Précis historique
de Mingrat,* qu'on lui avait saisi. Cette affaire était
d'autant plus importante, que le succès de Gérin disait
implicitement que la saisie opérée chez lui, saisie qui
avait amené la captivité de son épouse, était arbitraire.

A cette audience M. l'avocat du roi soutint la prévention, en s'appuyant principalement sur un arrêt de
la Cour de cassation qui déclare encore en vigueur le
réglement sur la librairie du mois de février 1783.

Me Tirant aîné, qui, dans le procès de madame Gérin, avait montré toute la noblesse de son caractère unie à la force d'un beau talent, s'attacha à détruire toutes les objections du ministère public, avec une grande force de logique et une éloquence rapide et animée. Après avoir appuyé sa dissertation sur les diffé-rentes lois qui régissent la matière, il a défini avec soin ce qu'était la profession de libraire; puis, rappelant les malheurs de cette famille si digne d'intérêt, il a ajouté que, frère, héritier (1) de la victime massacrée sans avoir laissé d'enfans, M. Gérin, couvert de glorieuses cicatrices reçues en face des ennemis de son pays, avait dû repousser, avec toute l'indignation que prête une noble énergie, la calomnie qu'il avait trouvée à son retour dans ses foyers : « Car, dit-il en terminant, tous les genres de crime semblent s'être rencontrés dans cet horrible assassinat; le frère qui pleurait sa sœur fut lui-même accusé de fratricide!... »

Le jugement sanctionna la distinction établie par l'avocat « entre le libraire et l'homme qui flétrit l'in-famie dans un livre, en vengeant, autant qu'il est en lui, une mémoire chère et sacrée. »

Attendu, déclara le tribunal, que le prévenu Gérin n'est ni libraire, ni crieur, ni brocanteur de livres; que dès lors les lois citées ne sont pas et ne peuvent pas être

____

(1) Gérin, bien loin de profiter de ses droits, aida de sa bourse son beau-frère. C'est un fait que nous croyons devoir consigner ici, en exprimant le vœu bien sincère que Charnalet veuille bien s'en sou-venir.

II.   25

applicables, la Cour le renvoie *sans frais* des fins de la plainte. »

Ainsi se terminèrent ces scandaleux débats, qui, il faut bien le dire, tournèrent tous à la confusion de ceux qui les avaient provoqués. Gérin, renvoyé de l'accusation qui pesait sur lui, dut croire qu'il pouvait désormais vendre et distribuer paisiblement la notice sur Mingrat, objet de si vives récriminations; erreur: acquitté à Niort, ville où sans doute l'indulgence ne l'avait point accueilli; plus tard, également innocenté à Nantes, on lui suscita à Rennes un procès pour le même motif; procès qui d'ailleurs n'avait lieu que sur l'appel du procureur du roi de Nantes, appelant de la décision des premiers juges.

Me Bernard, chargé de la défense de Gérin devant cette Cour, après avoir tracé un tableau rapide et touchant du crime de Mingrat, et donné à son client les justes éloges qu'il méritait pour avoir courageusement poursuivi la vengeance légale du meurtre de sa sœur, aborda la question de droit, question grave et déjà plusieurs fois résolue à l'avantage des prévenus, par les Cours royales de Paris et d'Orléans. Puis, invoquant plusieurs arrêts de la Cour de cassation, il conclut, à la suite d'une série de raisonnemens forts de logique, que jusque là il n'était plus permis de poursuivre ceux qui se livraient à la profession de la librairie sans brevet. M. l'avocat général Kermarec, admettant les conclusions de Me Bernard, conclut à la confirmation du jugement du tribunal de Nantes, et la Cour, après des *considérans* développés avec une rare précision, sans s'arrêter aux motifs des premiers juges, mit l'appellation au néant.

Par ces arrêts successifs Gérin se trouva à l'abri de toutes poursuites, et put librement distribuer le livre qui racontait les principales circonstances du meurtre de sa sœur. Cependant, comme ce n'est pas tout profit que de braver certaines opinions et d'attaquer même avec raison un membre de certain parti, on lui suscita de nouvelles tribulations. Ce fut son adresse que l'on trouva répréhensible; à elle seule, elle comprenait la substance d'un volume : *Au Frère de la Victime du curé Mingrat!* La police correctionnelle de Caën le condamna à trois jours de prison, en lui intimant l'ordre de l'enlever; et, dans d'autres villes, la réputation qui l'avait précédé, et l'enseigne elle-même, le mirent en butte à de nouvelles tribulations; voici à ce sujet une lettre qu'il écrivit du Mans à l'un de ses correspondans :

« MONSIEUR ***,

» Nous sommes arrivés au Mans pour la foire, dans la conviction que nous pourrions nous y livrer tranquillement à notre commerce; mais M. le maire n'a pas plutôt appris, par le bruit public, notre arrivée, qu'il a fait défendre à l'adjoint de nous donner un emplacement : en vain nous avons réclamé, nous lui avons fait voir que, puisqu'il restait encore des places vacantes, il y avait dans ce refus au moins de la mauvaise volonté. Vous ferez ce que vous voudrez, a répondu M. l'adjoint Jannard, mais on ne vous accordera point d'emplacement.

» Je sais que si j'avais consenti à ne pas vendre le *Précis historique*, et à changer d'enseigne, cette permission m'aurait été donnée; mais, en distribuant cette notice, j'use d'un droit que plusieurs arrêts successifs m'ont reconnu; et, quelles que soient désormais les rigueurs de l'autorité, les menaces, je ne cèderai pas, c'est un parti pris. Mingrat paraît être pour toujours à l'abri de la condamnation qui pèse sur lui, ma sœur n'est pas vengée, la publicité de son infamie nous fera justice de la protection qui l'environne. »

Après avoir quitté le Mans, M. Gérin se dirigea vers Angers, où il rencontra les mêmes difficultés; enfin, et c'est un fait que nous tenons de Gérin lui-même, ces exactions d'un nouveau genre le mirent souvent dans la nécessité de vendre au poids ses bijoux d'or, afin de pouvoir exister. Ainsi, atteinte à sa liberté, tort à sa bourse, tout se rencontre dans cette réunion de circonstances; son honneur seul est resté pur des tracasseries qu'on lui a suscitées : encore n'a-t-il pas tenu à l'esprit de parti de lui ravir, par de perfides insinuations, le seul bien qui lui restât.

En continuant ses voyages, M. Gérin entra dans la Vendée. Les persécutions antérieures auxquelles il avait été en butte ne laissèrent pas de lui donner quelques craintes sur le sort qui l'attendait dans des contrées présentées par certains hommes comme faciles à fanatiser; mais, chose remarquable, il y trouva assistance et protection; autorités, habitans, tous s'empressèrent à l'envi de lui témoigner la part que l'on prenait à ses peines; comme s'ils eussent voulu donner un démenti aux insinuations dirigées contre eux. Cet accueil fait à M. Gérin, au terme de son voyage, n'a pas peu contribué à calmer ses ennuis, et la tranquillité qu'il a depuis manifestée, le silence qu'il a gardé sur toutes les amertumes qu'il a eu à essuyer, disent plus haut que des protestations solennelles, que son intention ne fut jamais d'occuper l'opinion publique pour le plaisir d'y porter le scandale du désordre.

Nous ne reviendrons plus maintenant sur le coup terrible qu'une réunion d'autant d'événemens funestes dut porter à la fortune de Gérin. Si, moins constant à l'amitié fraternelle, il avait consenti à écouter certaines propositions, peut-être cet échec eût-il été réparé ; mais il a constamment préféré, et nous l'en félicitons, rester fidèle au culte des souvenirs. Bien des gens, moins à plaindre que lui, se seraient servis de ce prétexte pour faire un appel à la générosité de leurs concitoyens, M. Gérin ne l'a pas fait, et en cela il n'en est que plus estimable. Ces *protections* du parti libéral, dont on a tant parlé, ne sont point tombées sur lui : en agissant contre l'assassin de Marie, le frère de cette infortunée n'a point eu en vue le désir de refaire sa fortune.

La durée de ses maux, sa constance à poursuivre le meurtrier de sa sœur, n'ont eu d'autre effet que de faire déplorer ses souffrances par tous les gens de bien, et applaudir au dangereux courage d'entrer en lice contre un ennemi si puissamment protégé.

Nous n'avons point cru devoir parler, dans ce récit déjà long, des piéges tendus à Gérin ; le mystère qui couvrit ces embûches n'est point soulevé. Il eût été possible d'indiquer les instrumens et les ressorts mis en usage pour le compromettre; mais il est préférable de vouer au mépris du silence ces misérables agens des vengeances personnelles, qui croient trouver dans un peu d'or la compensation de l'infamie.

FIN DU PROCÈS DU CURÉ MINGRAT,
ET DU TOME DEUXIÈME.

www.ingramcontent.com/pod-product-compliance
Lightning Source LLC
LaVergne TN
LVHW050133060726
842524LV00001B/200